朱瑞庭 著

中国零售业"走出去"对接
"一带一路"

CHINA'S RETAIL INDUSTRY "GOING OUT"
STRATEGY ADAPTING TO "THE BELT AND ROAD"

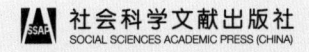

社会科学文献出版社
SOCIAL SCIENCES ACADEMIC PRESS (CHINA)

国家社会科学基金项目"中国零售业'走出去'对接'一带一路'国家战略的途径及对策研究"（16BGL012）

教育部人文社科项目"我国零售业对接'一带一路'市场的'全球本土化'战略研究"（17YJA790007）

前　言

　　零售业的国际化经营起步于 20 世纪 50 年代，到 80 年代呈现风起云涌之势。其背景在于，随着全球经济一体化的不断发展，处于全球价值链末端的零售业日益加快其国际化经营步伐，科学技术的发展对此起到了很大的推动作用。与零售业国际化的实践相对应，西方学术界对它的研究在 20 世纪 90 年代达到一个高峰，此后经久不衰并延续到现在。可以毫不夸张地说，在过去的几十年里，跨国零售巨头大举开拓全球市场的实践对经济全球化的发展产生了深远的影响。从全球范围看，由跨国零售企业在全球价值链中所处的特殊地位所决定，零售业国际化不仅是经济全球化的重要内容和组成部分，还是经济全球化的重要推动力量。

　　与跨国零售企业推动经济全球化发展形成鲜明对比的是中国零售业的发展。中国零售市场自 20 世纪 90 年代初开始实行对外开放，到目前为止，零售业国际化对中国而言主要是以中国零售企业在国内市场迎战外资零售企业为标志。虽然在过去近 30 年的竞争中，中国本土的零售企业整体实现了从当初被动防御，到积极应战，再到足以抗衡的阶段的过渡，但是，中国零售业国际化的典型特征是外资零售企业进入中国市场的"引进来"，而不是中国零售业面向海外市场的"走出去"。和中国零售业这一"引进来"的国际化相对应的事实是，改革开放至今，中国已经发展成为国内生产总值世界第二、进出口总值世界第一的经济和贸易大国。在中国制造的产品遍布世界各个角落的今天，我们有理由相信，中国产品主要是由欧美日等发达国家的跨国零售企业完成全球范围的"最后一公里"，将其送到全球消费者手里的。这些跨国公司依靠强大的技术、品牌和渠道影响力，掌握了对中国产品低价采购和高价销售的权力，成为经济全球化的最大获益者。这对中国而言无疑是一种尴尬的局面。摆脱这一困境，实质是中国要通过产业链的向外延伸，用我国企业的全程自主分销取代外商主导的低价采购，来赢得对中国产品的价格决定权和渠道分配权，打好高端产业链争夺战，从而彻底改变中国在全球价值链上长期处于低端锁定的被动局面。在这一过程中，中国零售业"走出去"具有特殊的战略意义。

"一带一路"是我国在为推进更高水平的对外开放、构建开放型经济新体制，统筹对内深化改革、对外扩大开放的新形势下提出的国际合作倡议。"一带一路"秉承"共商、共享、共建"的原则，"和平合作、开放包容、互学互鉴、互利共赢"的理念，为新时代的全球化提供了全新的视角和动力。如果我们从"一带一路"的视角来考察中国全球价值链的发展问题，就可以发现，中国零售业"走出去"具有更为重要的理论及现实意义。

在积极推进"一带一路"的大背景下，中国可以把"一带一路"沿线国家和地区作为零售业的海外目标市场，加大对"一带一路"沿线国家和地区的投资力度，并通过向中国国内采购、东道国本地采购、沿线国家采购，以及全球采购，一方面发挥对沿线国家产业体系的反向溢出效应，带动沿线国家首先进入"一带一路"区域价值链，进而参与全球价值链体系；另一方面借助由中国主导构建的"一带一路"区域价值链，推动中国自身的全球价值链延伸。具体来说，由此构建的"一带一路"零售贸易网络具有以下几个方面的积极效应：一是与国内价值链衔接，带动国内中小企业，融入全球价值链；二是通过中国对外直接投资中制造业、批发和零售业的联动发展，提升中国产业在"一带一路"沿线国家和地区的整体竞争优势，推动中国产业的比较优势向竞争优势、价格竞争向质量竞争转变，从而从根本上发展中国的全球价值链；三是通过"一带一路"区域价值链，带动沿线国家和地区的企业，尤其是中小企业，融入全球价值链，从而实现沿线国家和地区的经济升级及贸易增长。

近年来，世界范围内的逆全球化思潮不断兴起，贸易保护主义日益加剧，严重阻碍了全球投资和贸易的发展。全球化遭遇的困难并不是由全球化本身所致，而与缺乏对全球化的良善治理有直接关系。对中国而言，"一带一路"零售贸易网络是应对经济全球化治理问题的有效途径，对沿线绝大多数新兴和发展中经济体来说，可以有效规避参与发达国家主导的全球价值链的不利影响，利用自身比较优势，借由"一带一路"区域价值链参与全球价值链，从而实现自身的包容性发展。

在这样的背景下，我们就中国零售业"走出去"对接"一带一路"的有关重大问题进行了理论及实证分析。团队成员中的尹卫华对本书的第四章、常健聪对第六章、郭薇对第十章有特殊贡献。

是为序。

朱瑞庭
2019 年 10 月于上海建桥学院

目 录

绪 论 ………………………………………………………………… 1

上篇 中国零售业"走出去"对接 "一带一路"的理论框架

第一章 中国零售业"走出去"与"一带一路" ……………… 67
  第一节 "一带一路"沿线国家作为中国零售业海外目标
      市场的必要性 ……………………………………… 67
  第二节 "五通"对中国零售业进入"一带一路"
      市场的支撑作用 …………………………………… 75

第二章 中国零售业"走出去"对接"一带一路"的理论模型 …… 83
  第一节 融入途径 …………………………………………… 83
  第二节 融入模式 …………………………………………… 85
  第三节 融入战略 …………………………………………… 86
  第四节 融入策略 …………………………………………… 87
  第五节 融入保障 …………………………………………… 89

中篇　中国零售业"走出去"对接"一带一路"的实证研究

第三章　中国零售业"走出去"对接"一带一路"的途径 …… 93
第一节　"一带一路"沿线国家和地区作为中国零售业目标市场 …… 93
第二节　"一带一路"沿线国家和地区零售市场测度 …… 98

第四章　中国零售业"走出去"与关联产业联动发展 …… 106
第一节　零售业国际化背景下的关联产业 …… 106
第二节　"一带一路"背景下中国产业的国际转移 …… 112
第三节　中国零售业关联产业优势分析 …… 116
第四节　中国零售业"走出去"对接"一带一路"的实证检验 …… 119

第五章　中国零售业"走出去"的市场开发战略 …… 136
第一节　零售业跨国经营的市场开发战略 …… 136
第二节　中国零售业的"一带一路"市场开发 …… 143

第六章　中国零售业"走出去"的"全球本土化"经营战略 …… 153
第一节　跨国经营的"全球本土化"战略 …… 154
第二节　零售业"全球本土化"经营战略 …… 159
第三节　中国零售业"全球本土化"经营战略的实施 …… 180

目录

第七章　中国零售业"走出去"的风险管理 …… 190
第一节　"一带一路"风险概述 …… 190
第二节　中国零售业海外投资风险管理 …… 200

下篇　中国零售业"走出去"对接"一带一路"的政策建议

第八章　中国零售业"走出去"对接"一带一路"的对外政策建议 …… 209
第一节　政策沟通 …… 210
第二节　战略对接 …… 229
第三节　商贸对话 …… 232

第九章　中国零售业"走出去"对接"一带一路"的对内政策建议 …… 237
第一节　宏观层面 …… 238
第二节　中观层面 …… 242
第三节　微观层面 …… 244

第十章　网上丝绸之路建设 …… 247
第一节　我国跨境 B2C 出口电商概况 …… 248
第二节　跨境 B2C 第三方交易平台评价 …… 269
第三节　相关政策建议 …… 286

结　语 …… 289
一　主要研究结论 …… 289

二 研究局限与展望……………………………………………… 293

附　录……………………………………………………………… 295
《中国零售业"走出去"与"一带一路"》
企业调查问卷…………………………………………… 295
《跨境 B2C（出口）第三方交易平台评价指标选择》
调查问卷………………………………………………… 308

参考文献………………………………………………………… 313

绪　论

　　从全球价值链的角度来看，零售业的国际化滞后于制造业的国际化，这与零售业居于价值链的末端有关。但是，无论是以贸易总值，还是以贸易增加值统计，零售业对全球价值链的牵引作用，都要比一国某一特定的制造业部门、单个制造企业更为显著。从全球范围看，由跨国零售企业在全球价值链中所处的特殊地位所决定，零售业国际化不仅是经济全球化的重要内容和组成部分，还是经济全球化的重要推动力量。自20世纪80年代以来，跨国零售巨头大举开拓全球市场的实践对全球化的发展产生了深远的影响。

　　改革开放至今，中国已经成为国内生产总值世界第二、进出口总值世界第一的经济和贸易大国。但是，我国在国际分工中长期处在"微笑曲线"的低端，相反，欧美日等发达国家依靠其跨国公司强大的技术、品牌和渠道影响力，掌握了绝大部分资源的价格决定权和渠道分配权。要彻底改变这种被动局面，必须通过产业链的向外延伸，用我国企业的全程自主分销取代外商主导的低价采购，打好高端产业链的争夺战。在这一过程中，中国零售业"走出去"具有特殊的战略意义（宋则，2012；朱瑞庭，2015）。"走出去"是中国零售业过去近30年以"引进来"为主的对外开放的必然延伸，是中国参与全球价值链的重要内容，是增强中国零售业国际竞争力的重要保证。

　　习近平主席在系列重要讲话中强调，站在新的历史起点上，必须以更加积极有为的行动，推进更高水平的对外开放，以对外开放的主动赢得国际竞争的主动。"一带一路"倡议正是在这样的新形势下提出的。根据中国政府公布的文件精神，共建"一带一路"的核心是以"政策沟通、设施联通、贸易畅通、资金融通、民心相通"（以下简称"五通"）为主要内容的合作，这为我国零售业企业"走出去"提供了巨大的空间和市场机遇。中国零售业海外目标市场选择、市场进入以及风险管理等关键决策领域，与"一带一路"在理念上高度契合，在内容上高度重叠。为此，应该积极探索中国零售业"走出去"对接"一带一路"的联动发展问题。

当前，全球范围内零售业国际化的实践如火如荼，国内外相关的研究方兴未艾。我国零售业的对外开放正处于从"引进来"到"走出去"的新阶段、转变的关键时期，越来越多的国内零售企业开始试水海外市场。但是，中国零售业自身的国际竞争力不强，国际化经营还面临很多外部的困难和制约，包括发达国家市场饱和、对中国投资的敏感度提高，发展中国家基础设施落后、市场进入障碍众多、政策不稳定、投资风险高等不利因素。在积极推进"一带一路"建设的大背景下，中国零售业必须一方面充分利用"一带一路"带来的机遇，加快"走出去"的步伐；另一方面通过零售业"走出去"，来拓宽贸易领域，优化贸易结构，促进贸易平衡，从而充实和丰富"一带一路"建设的内涵。通过中国零售业率先进入"一带一路"沿线国家和地区，构建"一带一路"零售贸易网络，既是沿线国家参与全球价值链，也是中国深度参与全球价值链，尤其是复杂全球价值链的有效、可行途径。这是研究中国零售业"走出去"对接"一带一路"的宏观背景和基本假设。

本书将以中国零售业"走出去"为新时期扩大和深化对外开放的牵引，讨论中国零售业"走出去"对接"一带一路"的途径及对策问题。研究将围绕中国零售业"走出去"对接"一带一路"的理论模型，阐述中国零售业"走出去"对接"一带一路"的必要性和可行性，在两者对接、联动发展的途径、模式、战略、策略以及保障基础上提出中国零售业"走出去"对接"一带一路"的政策建议。研究的主要目标是，厘清我国零售业"走出去"服务于"一带一路"的理论脉络，通过理论模型的构建和检验，为我国零售业"走出去"对接"一带一路"找到理论依据、实施路径和政策建议，从而实现两者之间的对接、联动发展，发挥"一带一路"的整体最大效应。

为了实现这一研究目标，需要在理论上回答三个不同层面且又具有紧密逻辑联系的问题：一是为什么中国零售业"走出去"要对接"一带一路"；二是如何实现中国零售业"走出去"战略和"一带一路"的对接、联动发展；三是如何保障中国零售业"走出去"对接"一带一路"。这就是本书上篇、中篇、下篇的主要内容。为了保持研究的完整性，绪论部分主要介绍零售业国际化的理论框架、文献综述，中国零售业跨国经营现状，"一带一路"沿线国家和地区零售市场，在此基础上提出"一带一路"零售贸易网络的命题，并探讨其和中国全球价值链发展的关系问题。最后是本书的研究思路及方法。

一　零售业跨国经营：理论框架

零售业国际化是指向海外目标国和区域市场的顾客提供跨境销售服务。从研究的层面及内容来看，用来解释零售业国际化经营的理论既包括一个经济体的宏观、中观层面，也包括一个零售企业的微观层面。此外，这些研究既包括从经济理论，也包括从政策层面对零售业国际化经营的讨论。

（一）宏观经济学解释

在传统经济学的历史发展过程中，宏观经济学理论都认为，国家之间存在社会及工作分工，每个国家应该专注生产自己有成本优势的产品。按照这样的解释，发展中国家就可以通过低工资、学习能力等因素对贸易产生积极的效应，这使得以规模经济为特征的大规模生产得以实现。此外，不同国家之间不同的原材料结构和科技发展水平也可以成为国际化经营的原因。到了 20 世纪 60 年代，相对发展优势理论逐渐成熟，在之后的发展中，有关不利于国际化经营的理论和解释开始出现，比如，地理距离产生的成本上升以及政治和文化障碍会阻碍国际化经营（朱瑞庭，2015；Lingenfelder，1996）。

在零售业跨国经营的宏观经济学解释中，外贸理论、竞争理论及产业经济学是主要的经济学基础［朱瑞庭，2015，2017（c）］。基于不完全市场竞争的现代外贸理论认为，随着各种形式贸易的产生（包括垄断或寡头垄断），规模经济成为可能，由于各个国家拥有不同的生产条件，具备不同的生产优势，需求结构具有明显的差异性，国际化零售企业应运而生。当"走出去"的零售企业在国外发现市场机会，目标国的分销系统和流通市场的效率将得到完善和提升，这是因为，在具有进攻性的市场战略指导下，企业可能会降低销售价格，在增加销售量的同时也为当地居民带来了消费上的福利；外国零售商的进入打破了东道国的固有经济结构，东道国的零售商必须迎战作为"入侵者"的外国零售商，以求保住自己的市场份额。

根据现代竞争理论的解释，因为零售市场的参与者具备很强的竞争精神，随着国际化活动的增加，自由进入零售市场将越来越受到限制，新进入者实现盈利愈加艰难。零售企业合作集团的产生将削弱自由竞争，因为这样的集团往往被少数几个大的零售商控制，小公司因此被剥夺了参与自由竞争的资格。零售企业在一个地区的战略联盟的市场影响力的增强会减弱贸易企业之间的竞争，因为这种竞争已经从众多的贸易企业之间转移到多家企业集团之间了。这样一来，企业竞争被集团竞争所取代，而集团内企业的合作在很大程度上被大企业所掌控。伴随零售企业规模的扩大，它们的经营效率提高了，消费者的福利水平也提高了。随着市场上一些企业被淘汰，零售市场整体销售体系的效率得到了提高，流通企业在市场上得到了更多的话语权，这将降低生产制造商的权力集中程度。零售商和贸易商的进一步国际化将使零售业市场权力产生，而且这种权力链条很难被其他企业的创新打破。为了抵御外国零售商进入市场，国内零售商采取的战略不但影响到外来者，也会对制造商和消费者产生显著影响［朱瑞庭，2015，2017（a）］。

产业经济学的 SCP 理论用于分析特定产业市场结构（Structure）、市场行为（Conduct）和市场绩效（Performance）之间的关系。结合零售市场 SCP 的特征，一个国家经济结构的国际化程度越高，那么零售业跨境扩张经营的流动性障碍就越容易被接受。如果忽略短期和中期利益的话，流通企业就将具有尽可能快的跨境扩张速度。通常情况下，流通企业会在国内市场拥有一定的绝对和相对规模之后，考虑扩张到国外经营。在国际化经营进程中，随着市场范围的扩大，业务流程创新对于流通企业的成功来说具有越来越重要的意义，因为进行国际化经营的企业比在国内经营的企业具有更大的盈利潜力和更高的分散风险的可能性。此外，流通企业的国际化经营将增强或者推进整个行业的竞争，进而影响行业的市场结构。比如，自 20 世纪 80 年代以来，欧洲零售市场的日趋成熟使流通行业兼并重组出现高潮，其结果是零售市场的份额被更具竞争优势的企业获得（Lingenfelder，1996）。类似的情形同样出现在眼下的中国零售市场。

在传统的国际贸易学和区域经济学基础上衍生而来的空间经济学在过去 20 多年里得到了长足的发展。空间经济学研究经济活动的空间差异，在宏观层次上解释现实中存在的各种经济活动的空间集中现象，在微观层次上探讨影响企业区位决策的因素。作为微观经济主体的企业，其追求市场接近性优势的行为往往会导致市场具有拥挤性效应，从而产生产业集聚。在空间贸易成本较高的情况下，这种由市场拥挤产生的集聚力就会扩散，成为一种分散力，其结果就是产业在区域间扩散。宏观经济活动的空间模式就是由市场邻近性和市场拥挤性的这种动态变化所塑造的。在这一过程中，不同区域的贸易政策、贸易自由度等因素会一起对宏观经济活动空间模式的演变产生影响。对跨国零售企业来说，目标市场的选择开始是由以地理相邻为特征的市场邻近性决定的，随着目标市场范围的扩大，文化相似性进而加入市场邻近性的范畴当中，从而又反过来拓展了零售商目标市场的选择范围。跨国零售商海外目标市场的突破在很大程度上取决于东道国零售市场的开放度和集中度，在很多情况下，外部环境的重大变化（比如自贸区的形成）也会对零售商的目标市场选择产生影响，尤其是在这种变化与零售业关联产业发生联动时。

（二）微观经济学解释

微观经济学的直接投资垄断理论认为，一个企业只有在具备与东道国当地企业相比的竞争优势，并且能够因此受益的情况下才会去国外进行直接投资。换句话说，企业进行海外投资的前提条件是公司具备某些竞争优势，包括通过对外经济关系的国际化能够在企业内部节约成本，通过投资组合多样化减少公司风险，通过在东道国的直接投资能够绕过贸易保护措施对于出口的限制，等等。在一个寡头垄断市场，企业互相模仿、追随市场领导者的行为，在这种情况下，企业国际化经营可以归因于寡头垄断市场的竞争效应。一个外国公司进入现有的寡头垄断市场的时候会干扰现有的市场结构和行为模式。因此受影响的企业会通过降价、产品差异化、企业合并或者针对直接投资者的母国所采取的活动来保护自己。在一个国际化企业参与的市场中，具有科技创新能力的企业通过开发、转移自己的技术和知识，或者进行技术交换，产生进行国际化经营的决定性动机（Lingenfelder，1996）。

根据"零售之轮"（Wheel of Retailing）理论，零售组织如同产品一样也有生命周期，其在国内的发展大致会经过三个阶段。第一个阶段，首先是立足某一特定的区域市场，通过满足这一市场的需求来谋求在该市场站稳脚跟。然后进入第二个阶段，即实施国内跨区域扩张，如果这一阶段的业务发展顺利，则企业的扩张速度会不断加快，经营网点不断增加，网络不断延伸，无论是企业的规模还是组织形式都会发生很大的变化。与此同时，企业对资金、人才、管理等各类资源的需求也会急剧增加，可以说这个阶段是机遇和风险交织并存的阶段。在第三个阶段，零售商在经营过程中会通过经营模式、商品种类、业态等方面的不断创新来加快市场渗透，增加对竞争对手的市场压力，减少竞争对手复制、增强自己竞争力的能力，挤压市场空间，从而确保自身在国内市场的稳固地位。当零售商在国内市场具备相对于竞争对手而言明显的竞争优势的时候，企业就会寻求国际化的扩张。换言之，只有在国内市场处于扩张以及渗透阶段的零售商才会开展国际化经营（Lingenfelder, 1996）。

交易成本理论讨论所有为促成交易形成而产生成本的原因，及其对国际化经营的影响。比较而言，较低的产品价格和较小的企业规模会给零售企业国际采购带来积极影响。如果向某个国家的供货频率不高，而且每次供货量也不大，但是有持续性的交易成本，这样的话，生产商就会更愿意选择国际采购。由于信息不对称，零售企业在市场风险控制方面往往处于有利地位，所有不具备国际经验的制造商更倾向于国际采购，因此更有利于推动贸易活动进行。与国内市场相比，国外市场的复杂性和供求条件的特殊性，使零售企业在以合作方式进入市场和自己独立开设批发商店两者之间更倾向于选择前者。随着进入外国市场所面临风险的增加，零售企业控制其在外国市场介入的力度的意愿也会更强烈。

有关零售商跨国经营的成功因素的研究是过去一段时间西方学术界的热点之一。企业成功的多层次性、经营环境的不断变化、国际冲突和文化冲突等因素为零售企业国际化经营的成功提出了更高的要求（Wrigley et al., 2005），但是，总的来说，零售企业可以在海外取得成功，特别是在下列情况下（Burt et al., 2003）：第一，企业具备非常好的国际化能力；第二，企业在进入国外市场前就已经具备一定的规模；第三，企业管理层有经营国外市场的能力和准备，如搜集与国外市场相关联的信息,与国外重要贸易伙伴的交往等。从长远的角度来看,决定零售企业跨国经营成功的重要保障有:企业提供的商品满足东道国当地的需求,比如消费者的偏好等;企业在国外设立机构拓展市场得到母国的持续性支持;企业具备参与价格竞争的能力;经营业态的定位和沟通策略可以在不同国家做到规范统一,形成品牌效应(朱瑞庭,2015;Lingenfelder,1996)。

(三) 战略管理视角的解释

从全球价值链的视角来分析,零售业的渠道策略有别于制造业的分销策略,零售业跨国经营的渠道策略包括全球采购。全球采购是指利用全球资源,在全世界范围寻找供应商,寻找质量最好、价格合理的产品。全球采购需要企业建立自身的全球采购系统,成为国外企业(包括生产企业与流通企业)采购商。对于零售企业来说,全球采购的关键在于发现合适的供应商。在这里,对供应商的评估至关重要,主要评估价格、质量、交货与服务等方面,此外,还要考核供应商所在地的环境。零售企业推动国际采购的强度越大,就越能激发国内生产商调整它们的效率和状态,以适应在世界市场上起主导作用的条件,这一点同样适用于跨国经营零售企业所在的东道国生产商。而全球采购的强度和安排主要由企业战略所决定。建立跨境信息技术网络的可能性将促进货物的物理分销。如果要采购的商品的市场具有很强的竞争性,零售企业就会同时进入其他重要的市场进行采购。通过全球采购,零售企业打开了销售的战略窗口(推动企业进入目前仅仅进行单边采购的国家市场、在外国生产自己的品牌产品等),全球采购增强了零售企业的盈利能力。此外,全球采购受全世界公认的采购法则的制约。全球采购组织的游戏规则和任何形式的贸易保护方法,都会给零售企业的全球采购带来困难(Lingenfelder,1996)。

跨国零售企业所涉及的经营网络非常复杂。战略网络产生于企业之间基于环境的相互依赖,这些相互依赖可能来自产品标准化协议、市场

绪 论

开发渠道共享、制定标准和倡导兼容技术等诸多方面。战略网络相互依赖关系的基础是网络主体间的相似利益。战略网络的形成需要在合作原因上达成一致，在同一时期建立、根植于同样的区域文化的相似产业的企业会发现它们有相似的利益，它们在产品、标准制定和行为规范上实现利益共享。

战略联盟就是两个或两个以上的跨国公司为了达到各自和共同的战略目标，在相互合作、共担风险、共享利益的基础上形成的一种优势互补、分工协作的网络化联盟。它可以表现为正式的合资企业，即两家或两家以上的企业共同出资并且享有企业的股东权益，或者表现为短期的契约性协议，即两家公司同意就某个特定事项，例如开发某种新产品等问题进行的合作。正是因为这样的特性，战略联盟和战略网络经常被放在一起讨论。

就零售业而言，战略联盟的成功在根本上取决于加入联盟的零售企业不会在企业类型上也不会在企业经营上进行彼此之间的竞争。只有那些懂得在国外市场建立战略网络（进行国际扩张）和战略联盟（进行国际渗透和整合）的零售企业，在国际化经营上才会取得成功。自20世纪80年代末期开始，国际化经营的快速发展使零售企业纷纷布局和占据国际上有吸引力的战略网络（Lingenfelder，1996）。

零售业战略网络的最优配置取决于基本的目标设定、贸易伙伴机会主义行为的危害性、战略网络成员与成员之间地理上和心理上的差距，以及成员各自所处的不同的环境状况。如果成员的战略和企业结构彼此兼容，那么，战略联盟和一个跨境经营的垂直战略网络就可以长期存在。战略网络的真正意义在于，形成一个高度正式的组织，成员能够为彼此提供较多的信息交换和经验交换方面的投入，并且能够与其他成员分享由此产生的收获。其中，战略网络管理的轴心公司有调查成员之间组织文化差异扩大化的任务，并检验差异扩大化问题是否可以得到解决，且在一定情况下提供合适的解决方法。

零售业国际化也是企业不断追求规模经济效应的结果。规模经济效应是指适度的规模所产生的最佳经济效益,在微观经济学理论中,它是指由生产规模扩大而使长期平均成本下降的现象。经济学中的规模效应是根据边际成本递减推导出来的,就是说,企业的成本包括固定成本和变动成本,在生产规模扩大后,变动成本同比例增加而固定成本不增加,所以单位产品成本就会下降,企业的销售利润率就会提高。和规模经济效应相似的理论有经验曲线效应。经验曲线是一种表示生产单位时间与连续生产单位之间的关系曲线,又称为学习曲线。学习曲线或经验曲线效应表示经验与效率之间的关系。当个体或组织在一项任务中习得更多的经验时,效率会变得更高。

规模经济效应和经验曲线效应可以用来很好地解释零售业国际化水平不断提高的趋势,因为在人们的意识里,基于经验曲线或者规模经济效应所带来的价值,比跨境经营活动所产生的成本要多得多。此外,国际化层面的决策和运作过程的标准化为规模经济效应所需的费用节约创造了重要条件(Lingenfelder,1996)。

作为经验曲线效应的结果,在国外市场上作为先驱者(第一个外国投资者)进行经营活动的企业会给模仿者的市场进入造成障碍,而这种市场进入障碍的高度取决于先入者和第一个模仿者的市场进入时间的差别,而障碍的规模取决于两者经验的差别。国际化经营的零售企业的规模化经济效益的来源见表0-1。

表0-1 国际化经营的零售企业的规模化经济效益的来源

规模效应来源		国际化领域	
		采购	销售
静态	中心成本的缓慢增长	提高国际采购机构的生产要素(尤其是人员)的效率	在所有的国家市场上,采用由企业集中制定的营销方法
	投入能够节约成本的技术	构建国际的自动订货系统	构建大型分销中心
	规模扩大带来的成本降低	降低采购门槛	通过卫星在不同国家做广告节目来降低广告宣传成本

续表

规模效应来源		国际化领域	
		采购	销售
动态	学习效应	在国际层面采用符合本国特殊性的最优转账付款模式	通过销售活动的国际财务控制来增加利润
	协同作用的应用	把采购专业知识集中在国际采购部门	新的企业类型的产生
	通过技术革新和商品创新带来的效率提高	投入专家系统	国际标准化市场分类的构成

资料来源：Lingenfelder（1996），第186页。

最后，对零售业国际化的讨论无法绕开波特的全球化理论。根据波特的"价值链"概念，零售业日渐成为全球经济的重要分支，因此进行国际化经营将成为企业取得成功的战略选择。波特认为，零售企业必须在那些拥有巨大市场潜力，并且其市场进入受到贸易保护措施严重伤害的国家占得一席之地。此外，零售企业的国际管理从一开始就应该认真研究多国性或者多地区性带来的影响，以地区中心为导向，因为这样才能够调控国际市场进入和国外市场的经营活动。鉴于国际化经营的复杂性，从企业在国外市场所追求的目标、市场进入战略及其市场经营战略的角度讲，把价值链上基本商务活动的关键性战略决定进行集中化管理是必要的。在这里，现代信息及通信技术的快速发展为分布在不同国家和地区的企业各个部门彼此之间的国际协调提供了关键性的便利。所以，为了实现效率目标而把全部决策权力向一个地方集中是没有必要的。根据波特的"钻石模型"，零售企业的国际竞争优势来源于母国，是在国内市场受到六个要素的相互作用和整合的结果，其中要素条件、需求条件、市场支撑及保障、企业战略及竞争方式是四个关键的基本要素，而政府促进政策和机会两个辅助要素的作用同样不可忽视（波特，1997）（见图0-1）。

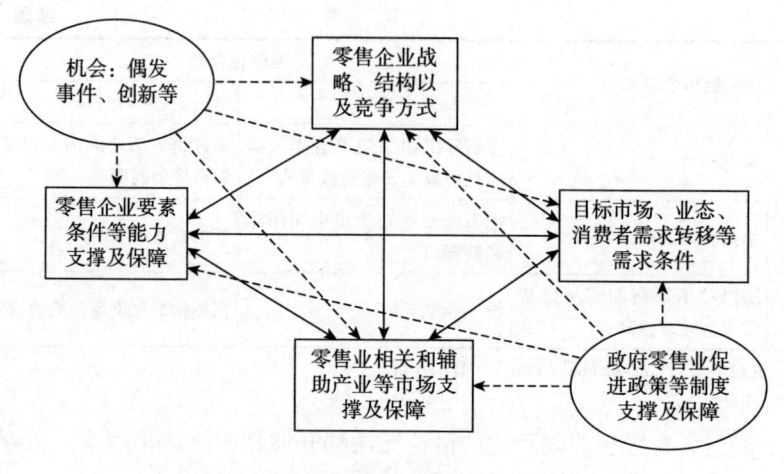

图 0 – 1　零售业国际竞争优势"钻石模型"

二　零售业海外目标市场选择研究综述

长期以来，海外目标市场的选择是西方零售业国际化研究的重要内容。大量相关研究构建了零售商海外销售目标市场选择的理论框架，这一框架由地理、经济、文化三个基本要素组成，并随着零售业国际化的发展逐渐扩展到包括公共政策、零售结构等因素在内的理论模型中（Burt，1993；Treadgold，1988；Alexander，1997）。这一模型为国际零售商海外扩张的市场选择，尤其是国际化初期阶段的市场选择提供了理论依据。

零售业国际化开始于 20 世纪中叶，80 年代之后快速发展。伴随着零售业国际化的实践探索，关于零售业国际化的研究持续至今，始终是西方零售研究的一大热点，其中海外目标市场选择又构成了零售业国际化研究的重要内容（Vida，Fairhurst，1998；Sternquist，1997；Lingenfelder，1996）。理论研究通过逻辑演绎指出，影响企业海外目标市场选择的主要外部因素包括目标国的宏观政治经济环境、社会文化差异、政府管制、市场容量和潜力等（Alexander，1990；Dupuis，Prime，1996）；决定企业海外目标市场选择的内部因素则是企业自身拥有独特的竞争优势（Vida et al.，2000）、零售专业技能（Kacker，1985）、本土化适应性（Palmer，Quinn，2005；Coe，Lee，2013）、供应链管理（Colla，Dupuis，2002）、国际化团队（Bianchi，2011）以及持续创新（Alexander，2013）等方面的关键能力。研究零售企业的国际化经营实践，进一步巩固了理论研究的成果。Hutchinson等（2005）的实证研究指出，地理距离和企业规模并不是决定性因素，零售企业可以在海外市场占得先机的前提主要是在特定细分市场中拥有强大的产品和品牌战略。Lenartowicz和Balasubramanian（2009）的研究表明，以发展中国家为目标市场，要对其零售市场的结构—行为—绩效、当地供应商以及目标消费者进行全面评估。在跨境电子商务快速兴起的背景下，Tong（2010）、Akhlaq和Ahmed（2015）的实证调查发现，有用、方便和舒适是增强跨境网络购物意愿的主要因素，各种类型的购物风险和不确定性则会对网络购物产生显著的消极影响，为此，政府和网络零售商应该致力于完善基础设施，改进法律保护措施，降低购物风险。这对跨境电子商务企业的海外目标市场选择依据提出了新的视角。

20世纪90年代以来，随着我国零售市场对外开放，跨国零售巨头先后进入我国市场，国内学术界开始关注零售业的跨国经营。早期国内学术界的研究焦点集中在跨国零售企业进入中国市场的动因、模式、业态、选址、经营管理等中国的市场战略以及中国零售业的应对策略上（夏春玉，2003；郑后建，2005；汪旭晖，2006）。胡祖光等（2006）认为，"应培育本土零售企业的核心竞争力，以弱胜强来应对外资零售企业的进入"。汪旭晖（2006）从不同的角度分析了零售企业竞争优势的形成机理和路径，汪旭晖和翟丽华（2011）建议要从国家产业政策、环境以及企业自身观念、人才等方面入手，有效利用外资零售业FDI的溢出效应。荆林波和王雪峰（2012）提出，应该在国家层面给予流通业明确的"先导产业、基础产业或战略产业定位"。

自21世纪初我国实施"走出去"战略以来,学术界开始讨论中国零售企业的"走出去"问题。贺爱忠(2002)、汤定娜和万后芬(2004)认为,开拓国外市场是中国零售企业成长的必由之路。汪旭晖(2005)建议中国零售企业应综合考察东道国环境以及零售商自身的专业技能、国际化经验等特定因素,认为东南亚地区是比较理想的首选市场。张德鹏等(2008)、林红菱和张德鹏(2009)比较系统地构建了中国零售企业跨国营销的战略框架,并提出了分类风险管理策略。茹莉(2007)强调了我国零售业海外投资实施本土化策略的重要性。汪旭晖等(2014)的研究发现,零售专业技能的本土化对企业海外市场绩效有显著的正向影响,中国企业应该把握好零售专业技能本土化的动态演进规律。宋则(2012)提出我国零售业国外抢滩、国内整合的"两头扩网"战略,认为零售业"走出去"既有助于解决我国服务贸易失衡的问题,也是建立与我国经济和贸易大国地位相称的世界服务贸易新格局的需要,为此建议将中国零售业"走出去"上升为国家战略(朱瑞庭,2015)。毕克贵(2011,2013)指出,我国零售业"走出去"具有促进我国商品全球分销、合理规避反倾销的特殊意义,强调政府政策在其中应发挥双重导向作用,提出了我国零售业国际化的政策保障体系框架。

总体而言,已有国内外研究主要从地理、经济、文化、社会、政治等层面,构建了零售业海外目标市场选择决策的理论框架,其中,地理、文化、社会、政治等因素又主要通过经济因素影响目标市场选择决策。随着实证研究的不断深入,相对宏观的理论框架逐渐向零售市场组织与结构特征、零售企业竞争力特征等中微观因素拓展(Burt,1993)。按照决策主体的视角进行划分,又可以将这些海外目标市场选择的影响因素归纳为外部因素和内部因素两大类。其中,宏观经济因素以及中观零售市场特征(包括组织与结构因素等)属于外部因素,微观零售企业竞争力特征属于内部因素。这里我们汇总了西方文献理论和实证研究中达成广泛共识的影响零售业海外目标市场选择的因素,并对其进行了分类整理（如表 0-2 所示）。

表 0-2 零售业海外目标市场选择的影响因素

类别		因素	影响强度
外部因素	宏观经济因素	目标国市场吸引力（需求规模、空间距离）	+++
		市场潜力（需求成长性）	+++
		需求结构	+++
		经济差异性（考虑地理、文化、社会、政治影响）	+++
	中观零售市场特征	国内外市场的同质性	+++
		市场进入成本	++
		价格竞争烈度	++
		市场渗透率	++
		市场退出障碍	+++
		价格—成本水平	++
		竞争对手的差异度	++
		投资回报率	+++
内部因素	微观零售企业竞争力特征	国际化经营理念	+++
		零售业态的定位	+++
		进入的先发优势	++
		决策的集中化	++
		企业规模	+++

注：+++代表得到实证研究的普遍验证；++代表得到实证研究的多数验证。
资料来源：根据 Lingenfelder（1996）p.336，p.436 表格整理。

在探讨零售业海外目标市场的选择问题时，内部因素可以看作特定时间范围内的常数，外部因素才构成海外目标市场选择的主要依据。在零售业国际化初期，零售企业海外目标市场选择的实践显示，出于对海外市场机遇快速响应的考虑，外部宏观经济因素在市场评估和投资决策中往往被优先考虑，特别是目标国市场的需求成长性一直是跨国零售企业选择目标市场的重要依据。但随着零售业国际化经营的不断深入，海外目标市场选择的传统依据正在被不断突破。对零售业海外投资最新实践的研究发现，零售企业越来越重视中观零售市场特征，特别是由此决定的价格竞争烈度。下面对地理距离、市场潜力、行业竞争和市场便利性四个方面进行深入分析。

1. 地理距离

地理距离作为零售业海外目标市场选择的首要因素，在欧洲零售业早期的国际化实践中表现得非常明显。比如，西欧国家零售业的跨国经营与欧盟的经济一体化进程密切相关，在开始阶段主要集中在欧盟范围内，到了20世纪90年代初，随着苏联解体和市场化的推进，一些西欧的零售企业开始相继进入匈牙利、捷克、波兰等东欧市场。从整体的发展阶段来看，世界范围内的零售业国际化往往滞后于制造业国际化。换言之，零售业的国际化需要以跨国采购网络的构建为前提。与制造业的海外直接投资相比，零售业的海外经营把价值链延伸到了更广泛的国际网络之中，因为商品和服务的提供需要与目标国当地的消费者紧密结合，出于控制风险，零售商在国际化经营的初期往往会选择离本国距离并不遥远的国家开展业务。此外，零售企业选择地理相邻的国家作为目标市场的原因之一是受到目标国当地供应商范围、数量以及生产能力的制约，完全依靠当地市场的采购无法满足市场需要。在这样的背景下，尤其是对于食品以及日常消费品的零售商来说，地理相邻的市场更有利于发挥母国市场上商品及服务供应商的可靠和便利优势，以缩短运输距离，降低物流成本，提高合作效率。

2. 市场潜力

跨国零售商在进行海外市场选择时，通常把目标市场分为工业发达国家和发展中国家两种类型。这两种类型的国家各自的环境特点不同，除了宏观经济因素方面的差异外，人口结构、购买力、零售市场竞争强度以及业态分布等，都会对跨国零售商的市场选择带来很大的影响。根据德勤的《全球零售业创新报告》，发达国家最大的问题是政府限制过多，严重制约了零售商的扩张。这些国家的另一个严重问题是，经济增速较为缓慢，失业率较高，人口老龄化问题日趋严重，再加上整体信贷环境的收紧，使得整个国家的消费能力日益降低，严重影响零售企业的盈利和投资回报（DTTL，2015）。此外，这些国家零售巨头林立，市场成熟，跨境零售商很难寻找到一个新的蓝海。

发展中国家则呈现另外一种景象。总的来看，发展中国家投资优惠多，经营费用低，竞争对手少，其零售市场的共同特点是，伴随经济的转型和成长，对外部的开放度越来越高，区域融合加深，国内零售行业的集中度低，市场潜力大。从庞大的消费潜力来评价，新兴市场无疑更能赢得零售商的青睐。这些国家的零售业发展处于较为初级阶段，当地的零售企业经营能力较差，顶尖零售企业依靠创新的运营模式，可以在这些新兴经济体中迅速占领市场，成为龙头型企业，赚取大量利润。此外，从政府角度来说，引进外资有利于促进当地经济发展和就业，因此这些国家可能会为外国企业（不仅仅是零售业企业）提供相对优惠的政策，帮助企业更好地发展。但是，利丰的研究提醒全球零售商，虽然全球企业加速扩大在新兴市场的业务，但仍面对很多挑战，如市场不成熟、消费者分散、文化差异、政策限制、物流配套不足等。例如，印度政府在2012年1月统一开放零售业，但是规定任何国际零售商进入印度，需要有至少30%的产品材料采购自本地小厂商（Li & Fung，2012）。从这个意义来说，跨国零售商目标市场的选择实际上是对目标国市场的机会及其风险进行权衡和评估的结果。毫无疑问，在风险可控的情况下，投资回报率高的发展中国家是重要的目标市场。

3. 行业竞争

根据波特的国家竞争优势理论，推进企业走向国际化竞争的动力可能来自国际需求的拉力，也可能来自本地竞争者的压力或市场的推力（波特，1997）。创造与维持产业竞争优势的最大关联因素是国内市场强有力的竞争对手。在国际竞争中，成功的产业必然先经过国内市场竞争，迫使其进行改进和创新，海外市场则是竞争力的延伸。而在政府的保护和补贴下，放眼国内没有竞争对手的"超级明星企业"通常并不具有国际竞争力。在一个国家的零售业向国际化经营转型之后，零售企业就会利用母国和目标国市场上消费者需求的同质性,在目标国市场获取经验曲线效应,从而实现竞争优势。当然,这种竞争优势会随着竞争对手的加入而逐渐消失,目标国的零售结构也会发生同质化的改变。在国际化经营进程中,随着市场的扩大,业务流程创新对于零售企业的成功来说具有越来越重要的意义,反过来企业也会具有更大的盈利潜力和更低的经营风险。此外,零售企业的国际化经营将提高整个行业的竞争水平,进而影响行业的市场结构(Lingenfelder,1996)。比如,自20世纪80年代以来,欧洲零售市场的日趋成熟使流通行业兼并重组出现高潮,其结果是零售市场的份额被更具竞争优势的企业获得。类似的情形同样出现在眼下的中国零售市场。

跨国零售商所面对的竞争,除了由采购网络的国际化而导致的垂直竞争加剧之外,在水平竞争层面主要是相同零售业态之间的竞争。所以,跨国零售商会优先考虑在目标市场引进迄今为止尚未存在或者竞争强度不大的零售业态,以弥补市场空缺,掌握市场主动权(Lingenfelder,1996)。即使像家乐福这样在本国开展多业态经营的跨国零售巨头,在目标国引进的也往往是其在母国市场取得极大成功的经营业态,因为这些业态在母国往往处于生命周期中的成长或者成熟期,它们在目标国具有相对于竞争对手的持续的竞争优势。对日常生活用品以及食品零售商来说,由于其水平竞争还表现为不同业态之间的竞争,因而竞争的强度更大,其市场机会很快被竞争对手识别、模仿和利用。此外,由于零售业态在很大程度上受特定店铺销售面积限定,跨国零售商目标市场的选择还必须与店址的选择相结合。对于百货公司、大型超级市场等业态来说,选择一个理想的店址并不是一件容易的事,比如,英国零售商马狮公司在法国、比利时、荷兰、西班牙的经营都曾遭遇选址的困难。零售业在东欧国家早期的国际化经营还表明,虽然引入波兰、匈牙利、捷克以及俄罗斯等国的是面积较小的连锁折扣店、超级市场等业态,这些业态往往也是零售商在母国取得极大成功的业态,但是它们在东欧国家的门店集中在这些国家的首都或者主要的大城市,而且其经营往往需要经过五年左右的时间才会走上正轨（Lingenfelder，1996）。

4. 市场便利性

市场便利性包括市场进入以及市场退出两个方面。对于国际化经营的零售企业来说，便利的市场进入和退出可以降低跨国经营的难度，降低经营风险。前面已经提及，发展中国家虽然市场潜力较大，总体上对外资也持欢迎态度，并为此提供优惠政策，但是其缺点是投资环境差，投资限制多，消费水平低，市场容量小，市场排斥力量大等。跨国零售企业能否进入以及如何进入这些市场，在很大程度上是由这些国家的市场，特别是零售市场的环境因素所决定的，包括贸易政策、税收政策、消费价格通胀等一系列与零售业国际化经营高度相关的可测指标。这种市场环境的复杂性往往会对国际化经营的零售企业提出严峻挑战，需要企业不仅在战略层面，同时也在经营管理层面加以正确应对。国际零售巨头在欧洲的跨国经营，特别是在苏联解体以后的经验表明，在目标国市场的进入时间以及方式事关抢占市场先机、掌握市场主动权，从而决定企业国际化经营的成败。所以，跨国零售巨头一方面会尽可能早地进入相对陌生的国家市场，另一方面从一开始就会做好失败的风险防范，把风险限制在可控范围之内。与此同时，进入时间与方式的确定还要密切观察竞争对手的市场反应，分析消费者的接受程度，加强对与工会、供应商以及国家机构之间的关系的管理。

三 中国零售业跨国经营的现状

（一）中国对外直接投资概况

改革开放初期，中国企业开始进行对外投资尝试。1991年以前，中国对外投资以在对外贸易基础上发展起来的窗口公司、贸易公司或少量初级加工业的投资为主，投资规模较小，年度总投资额不超过10亿美元。根据联合国贸发会议统计，截至1990年底，中国对外直接投资存量为44.55亿美元。该时期对外投资基本上处于自发状态，总体特点是，单个项目投资规模小、投资领域窄、投资方式相对单一。20世纪90年代，中国企业第二产业对外投资发展较快，境外装配加工投资增长迅速，并有几项较大规模的境外能源资源投资。进入21世纪以来，中国对外投资规模不断攀升，投资结构进一步优化，投资区位分布更为广泛，投资行业领域更加丰富，投资主体日趋多元，展现出良好的发展态势。

自2013年中国提出"一带一路"倡议以来，中国对外投资进入全新的发展阶段。目前，中国对外投资快速发展，投资规模已稳居世界前列，不仅增强了中国企业的国际竞争力，推动了中国经济的转型升级，而且与世界各国实现互利共赢、共同发展，为建设开放型世界经济做出了积极贡献。根据国家发改委发布的《中国对外投资报告》，截至2016年末，中国对外直接投资分布在全球190个国家（地区），涵盖国民经济18个行业大类；从规模上看，国有企业仍然是中国企业"走出去"的主力军，但民营企业发展势头迅猛。2015年我国对外投资额首次超过利用外资额，2016年达到1961.5亿美元，由2002年的全球第26位跃升至2016年的第2位，同期占全球比重也由0.5%提升至13.5%，首次突破两位数。2002~2016年，对外投资流量年均增长率为35.8%。在对外投资存量方面，2007年首次突破千亿美元，2015年突破万亿美元，2016年攀升至13573.9亿美元，对外投资存量由2002年的全球第25位上升至2016年的第6位。

总体来看，中国企业对外投资的迅速增长，反映了中国经济实力的不断增强和对外开放水平的显著提高，以及中国与世界各国经济联系日益紧密。但是，与全球第二大经济体的经济地位相比，中国对外投资规模仍然相对较小。中国对外直接投资存量占GDP的比例长期低于世界平均水平。2016年，中国对外直接投资存量占GDP的比例为11.4%，而发达经济体的比例为44.8%。这表明，中国对外投资仍然具有较大的增长潜力。需要指出的是，中国企业对外投资还面临不少风险和挑战。一方面，国际投资环境变化影响中国对外投资的稳定发展。发达国家经济增长乏力，部分国家投资保护主义倾向有所增强，以国家安全为由，对包括中国企业投资在内的外国投资进行严苛审查，影响了中国企业的正常商业投资。另一方面，中国企业国际竞争力和抗风险能力仍有待增强。与在国际投资市场经营多年的外国跨国公司相比，中国企业是后来者，在技术、品牌、跨国经营和风险应对等方面还存在一定差距，在全球价值链中的地位和影响力相对较低和较弱，对外投资的质量和效益有待进一步提高。

（二）中国批发和零售业对外直接投资概况

自21世纪初开始，我国实施"走出去"战略，中国零售业的"走出去"问题同时被提了出来。从2004年起，商务部开始重点培育以国有企业为主的20家大型商贸流通企业，即所谓的"国家队"，计划通过5~8年的努力，整体增强它们的国际竞争力。进入"十二五"以后，国家明确了把流通业作为基础性、先导性、战略性产业的重要地位，提出要加快有实力的中国流通企业实施"走出去"战略，并在政策上予以支持。在国家层面的政策带动下，我国各地方政府都相继出台了扶持和支持本地大型商贸流通企业的配套政策和措施。但是，对这些国家和地方政府着力培育流通企业的跟踪调查和分析表明，这些企业的国际化经营主要局限在海外采购和批发贸易上。面对国家对其国际化的召唤和推动，它们对"走出去"更多的是观望和犹豫。

根据《2016年度中国对外直接投资统计公报》的数据，截至2016年末，我国累计对外直接投资为13573.9亿美元，2008~2016年各年末中国对外直接投资存量中，批发和零售业投资存量逐年上升，分别为298.6亿美元、356.9亿美元、420.0亿美元、490.9亿美元、682.1亿美元、876.4亿美元、1029.6亿美元、1219.4亿美元、1691.7亿美元。2016年末，批发和零售业投资存量占中国累计对外直接投资的12.5%，位列租赁和商务服务业、金融业之后。截至2016年，中国对各洲直接投资存量前五位的行业中，批发和零售业位居亚洲（1170.0亿美元）、拉丁美洲（371.4亿美元）的第三位，欧洲（78.7亿美元）的第四位，大洋洲（16.3亿美元）的第五位。2016年批发和零售业对外直接投资为208.9亿美元，同比增长8.7%，占对外直接投资流量的10.7%，主要为批发贸易类投资。从空间分布看，中国内地批发和零售业投资的国家（地区）主要集中在中国香港地区，2016年，批发和零售业投资存量累计达1039.34亿美元，对香港地区批发和零售业的直接投资为149.31亿美元，同比增长4.3%，占对香港直接投资的13.1%。2016年，对欧盟的投资存量中，批发和零售业为72.59亿美元，占对欧盟投资存量的10.4%，主要分布在荷兰、法国、英国、德国、卢森堡等；其中，直接投资为16.22亿美元，占对欧盟直接投资的16.2%。从2016年中国对东盟投资存量的行业分布情况看，批发和零售业为96.9亿美元，占中国对东盟投资存量的13.5%，主要分布在新加坡、印度尼西亚、泰国、越南、马来西亚、菲律宾等；其中，对东盟批发和零售业直接投资为19.63亿美元，占对东盟直接投资的19.1%，主要分布在新加坡、泰国等。2016年，中国对美国批发和零售业投资存量为40.18亿美元，占6.6%；其中对美国批发和零售业直接投资为9.58亿美元，占对美国直接投资的5.6%。此外，2016年，中国对澳大利亚批发和零售业的投资存量为11.59亿美元，占对澳大利亚投资存量的3.5%，对澳大利亚批发和零售业的投资流量为2.15亿美元，占对澳大利亚投资流量的5.1%；2016年，中国对俄罗斯批发和零售业的投资存量为4.1亿美元，占对俄罗斯投资存量的3.1%，对俄罗斯批发和零售业的投资流量为0.52亿美元，占对俄罗斯投资流量的4%。2016年末，中国对外直接投资者（简称境内投资者）达到2.44万家，其中批发和零售业境内投资者为7012家，占28.7%，列制造业之后。从中国境外企业分布的主要行业情况看，批发和零售业、制造业、租赁和商务服务业是境外企业较为聚集的行业，累计数量超过2.3万家，占中国境外企业总数的62.7%。其中批发和零售业企业超过1万家，占中国境外企业总数的

28.7%。从经营主体看，主要是经营规模不大的民营企业，而且大多为制造型商贸企业，并非独立型商贸企业。从经营方式看，主要是经营批发市场，经营业态较为单一。总的来说，中国零售业对外直接投资项目少、金额小，和中国经济的国际影响力不相匹配。

2016年是中国企业对外投资并购最为活跃的年份，共实施完成并购项目765起，涉及74个国家（地区），实际交易总额为1353.3亿美元，其中直接投资为865亿美元，占实际交易总额的63.9%，占当年中国对外直接投资总额的44.1%。其中，批发和零售业并购82起，直接投资为28.2亿美元，占实际交易总额的2.1%。

2016年中国企业对"一带一路"沿线国家并购项目为115起，并购金额为66.4亿美元，占实际交易总额的4.9%。其中，马来西亚、柬埔寨、捷克等国家吸引中国企业并购投资超过5亿美元。2016年末，中国对"一带一路"沿线国家的直接投资存量为1294.1亿美元，占中国对外直接投资存量的9.5%。存量位列前十的国家是：新加坡、俄罗斯、印度尼西亚、老挝、哈萨克斯坦、越南、阿联酋、巴基斯坦、缅甸、泰国。

（三）中国零售业"走出去"概况

由于我国现行统计制度无法对批发和零售业的对外投资进一步细分，我们只能基于媒体报道和企业公告的零售业对外投资案例，来探讨中国零售业"走出去"存在的问题和障碍。下面我们从个案来分析中国零售业"走出去"的情况。

1999年8月2日，首创集团旗下的北京天客隆集团有限责任公司在政府的积极推动下，迈出国际化经营的步伐，其位于莫斯科的超市正式开业，向俄罗斯顾客提供质量高、价格合理的中国商品。这是天客隆的第一家海外店铺，也是我国大型零售企业中第一家在境外开业的超市，成为当年国内零售业界关注的热点。但是，2003年6月，这个占地6000多平方米，位于寸土寸金的新阿尔巴特大街上的中国超市，仅仅经营了三年多，便不得不正式关门。在莫斯科开店期间，天客隆集团共投入近5500万元人民币，还欠下5000万元人民币的房租，巨额的投入只产生了几十万美元的现金回报。

2006年12月3日，北京华联以并购的模式从新加坡知名地产商嘉德置地手中购得新加坡西友百货，这既是我国第一家进入新加坡市场的零售企业，也是我国零售企业第一次以并购的模式进行国际化经营。当时，北京华联集团也计划扩大在新加坡的业务，并在达到一定规模后，进一步进军马来西亚和泰国等其他东南亚国家市场。

上海联华创建于1991年5月，是上海首家以连锁经营为特征的超市公司，2003年6月27日，上海联华在香港主板市场挂牌上市，通过招股形式进入国际资本市场，向国际化迈出了重要的一步。2003年6月，联华超市与比利时有关合作方达成合作意向，成立了上海联华欧洲公司。当时的主要考虑是，欧洲市场的华人较多，消费市场也是巨大的，质优价廉的中国商品既受到华侨华人的欢迎，也迎合了外国人的喜好，因此中国商品在欧洲的潜力十分巨大，企业可以借此为今后进一步进入欧洲市场做准备。2003年11月，联华超市又与日本第八大零售连锁企业Izumiya株式会社正式签订合作协议书，开始实施其进军日本市场的计划。根据合作协议的规定，中日双方将互不在对方国家开店，而主要是在商品供应及经营技术方面进行合作。通过与日本企业的合作，不仅丰富了国内市场，而且有效提升了联华超市在国际上的品牌形象。

2004年5月10日，上海新天地在日本大阪最繁华的中央区日本桥开设了第一家购物中心，这是我国资本首次进入日本零售市场，而这家购物中心也成为当时日本最大的销售中国商品的商店。"上海新天地"购物中心是由我国民间资本在日本设立的中文产业股份有限公司出资设立并经营的，是我国资本在日本开设的最大规模的零售商店。上海新天地日本店的总营业面积有3200平方米，投资总额约为5亿日元，有员工近100名，其中日本员工约占60%，华人华侨员工占40%左右。

国美电器集团成立于1987年1月1日，2003年11月国美电器在香

绪 论

港开设一间包括四层楼面、面积近3000平方米的电器超级卖场，迈出中国家电连锁零售企业国际化第一步；2004年国美电器在香港上市。国美希望通过进入香港市场，集聚人才、积累经验、树立品牌，凭借自己的采购、经营、管理等优势，抢占香港家电的市场份额。国美认为，香港是国美进军国际市场的桥头堡，在条件成熟时，国美会大举开拓国际市场。2006年2月，在内地家电零售专卖店日趋饱和、开店成本越来越高的背景下，为获取境外开店的经验，为今后在海外布局打下基础，国美电器澳门分店在繁华的澳门中区开业，该门店共两层，经营面积为1700平方米。后续的经营状况表明，国美在香港的发展并不顺利，香港国美在2003年开业到2013年6月的9年多时间里累计亏损约2亿港元。

苏宁创办于1990年12月26日，2004年7月苏宁云商集团股份有限公司成功上市。2009年6月25日，苏宁宣布以每股12日元的价格认购日本LAOX公司6667万股定向增发股份，总投资为8亿日元（约5730万元人民币），注资完成后苏宁拥有LAOX公司27.36%的股份，成为其第一大股东，日本观光免税株式会社成为第二大股东，持有23.94%的股份。此次合作，既是我国企业首次收购日本上市公司，也是我国家电连锁企业第一次涉足国外市场。2009年12月30日苏宁又收购了香港本土零售商镭射公司，开始了其国际化战略的第二步。香港镭射公司创建于1976年，前身是香港旺角相机中心，后发展成为在香港地区连锁经营的电器零售商。苏宁认为，收购镭射进入香港市场并不意味着苏宁的全面国际化，但香港市场是中国内地本土企业国际化的桥头堡，如果在香港做好了，那么"走到全世界都不怕"。按照苏宁电器的计划，收购镭射是启动苏宁在香港发展的标志，包括镭射已有的22家门店在内，苏宁电器计划3年内在香港共实现50家门店的网络布局，抢占25%以上的市场份额。苏宁在日本通过全球采购、资源整合，增强了LAOX公司在当地的竞争力，经受住了日本大地震带来的严峻考验，扭转了并购之前的经营亏损局面。在香港，苏宁高举高打，连锁拓展、销售规模突飞猛进，顺利完成苏宁品牌的本土化转型，从苏宁镭射复合品牌向独立的苏宁品牌发展。2013 年，苏宁启动新一轮海外扩张。新一轮海外扩张从印尼、马来西亚、新加坡、泰国、越南等东南亚国家开始起步。2015 年以来，香港苏宁已经先后多次考察东南亚市场，借助香港对东南亚贸易辐射优势，拓展面向东南亚各国的贸易业务。在开启东南亚市场初见成效之后，苏宁将启动欧美成熟市场的新扩张。目前，苏宁已经与美国、英国、日本的行业投资者展开对接，目标锁定发达市场行业巨头，择机以资本并购重组方式予以掌控，以奠定苏宁在国际同行业的龙头地位。2020 年以后，苏宁海外扩张的视野将聚焦俄罗斯、中亚、中东、南美、印度等新兴市场。在开拓东南亚实体店市场的同时，苏宁加快了发展跨境电商的步伐，苏宁旗下的苏宁国际已在网上平台开设了东盟馆，未来还会打通国内商品进入东盟市场的通道。海外购捷克馆也已经上线。出口方面，其自主产品 lacute 纸尿裤已出口俄罗斯，后续 lacute 及其他生活电器将陆续出口东南亚及中东欧国家。

2014 年 4 月 4 日，三胞集团旗下南京新百以 2 亿英镑收购英国老牌百货弗雷泽（House of Fraser）89% 的股权，成为中国有史以来最大的零售业海外投资案例。英国弗雷泽百货商店集团创立于 1849 年，是英国最大的零售企业之一。这一收购的背景是国内百货经营同质化现象严重，和弗雷泽的合作可以实现南京新百与国际接轨，有助于传统百货向现代百货转型。对弗雷泽来说，其看中中国发展带来的机会，进入中国市场是其目标，与南京新百的合作可以把弗雷泽的品牌带入中国市场，帮助弗雷泽成为更具影响力的国际品牌。根据双方的合作协议，南京新百将利用自身渠道优势和市场影响力，为弗雷泽进军中国提供便利。同时，南京新百对亚洲市场的熟悉程度，也将有利于弗雷泽进一步完善自有品牌的供应链，降低生产成本。另外，三胞集团也将为弗雷泽注入更多资金，支持其未来的发展。收购以后，弗雷泽的原经营团队得以继续保留。三胞集团认为，中国企业"走出去"更多的是买资源、买工业企业，但是零售是渠道，渠道也是资源，未来中国制造业会产生过剩，如果自己有了国外的渠道，那么对中国制造业过剩可以产生很重要的意义。此外，三胞集团可以学习弗雷泽百货自1849年建立起的品牌以及积累的供应链管理经验。南京新百期望通过收购英国百货弗雷泽增强品牌影响力，特别是通过引入弗雷泽成熟的自有品牌和买手制运营模式，其发展态势如何，值得持续观察。

京东成立于1998年，2004年正式涉足电商领域。2014年5月，京东集团在美国纳斯达克证券交易所正式挂牌上市，是中国第一个赴美上市的大型综合电商平台，并成功跻身全球前十大互联网公司排行榜。京东在跨境进出口业务方面都制定了详细的发展规划，全面加速国际化进程。在进口业务方面，成立了"京东全球购"平台。京东全球购采用"大牌入驻+品牌直供"的模式，2015年"法国馆"上线，正式开启京东全球购海外第一站。2016年10月，沃尔玛全球购旗舰店正式入驻京东，打通了美国、日本两大国际供应链。2016年底，京东全球购平台引进来自70个国家和地区、近2万个海外品牌，SKU（库存量单位）数量近千万。已开设的国家馆有"欧洲馆""韩国馆""日本馆""澳大利亚馆""美国馆""加拿大馆""新西兰馆"；已开设的地区馆有"台湾地区馆"和"香港地区馆"，中国消费者足不出户即可享受全球优质商品。在出口业务方面，京东采取自营模式，在业内首倡"品质电商"，即通过专业买手采购优质品牌商品。京东的多语言全球售跨境贸易平台en.jd.com，致力于满足全球用户需求，立足全球供应链，以"全球化+本地化"模式带动海量"中国好商品"与"中国好商家"走出去。海外业务已在俄罗斯（开通俄语网站）、印度尼西亚展开布局。

阿里巴巴于1999年在杭州创立，2016年4月6日，阿里巴巴正式宣布已经成为全球最大的零售交易平台。全球速卖通（简称速卖通）是阿里巴巴旗下面向全球市场打造的在线交易平台，被广大卖家称为国际版"淘宝"。速卖通于2010年4月上线，经过几年的迅猛发展，2014年，活跃买家已经覆盖全球220多个国家和地区，每天海外买家的流量已经超过2亿人次，年交易额增速超过100%，成为全球最大的跨境交易平台之一，其中无线交易额占比超过50%，速卖通App在全球100多个国家和地区的购物类App中排名第一。在2015年"双11"，速卖通当天成交2124万单，开场第2分钟，交易峰值就冲垮了俄罗斯较大的两家银行，紧接着一小时内，西班牙、以色列、乌克兰、哈萨克斯坦、南美洲等多国银行对接系统告急，速卖通不得不通过紧急限流，让各国银行"复活"。速卖通中交易额较高的五个国家分别是美国、俄罗斯、西班牙、法国、英国，此外，活跃买家还覆盖巴西、白俄罗斯、捷克等国家。2017年4月10日，全球速卖通的海外买家突破1亿人。

千百度国际控股有限公司是一家中国中高档女鞋零售集团，拥有千百度、伊伴、太阳舞及米奥四个自有品牌，并经营着娜然、ASH、JC、United Nude和French Connection五个授权品牌。2015年10月，千百度以大约1亿英镑（约合9.8亿元人民币）收购英国老牌玩具店连锁企业哈姆雷斯（Hamleys）。英国哈姆雷斯是全球最大、历史最悠久的玩具店连锁企业，于1760年在伦敦创建，其位于伦敦市中心摄政街的旗舰店，于1881年开业，至今已有两百多年的历史。这家旗舰店共有七层，是伦敦最吸引游客的地标之一。在伦敦希思罗、斯坦斯特德机场及圣潘克拉斯火车站这样的交通枢纽，哈姆雷斯设有专门的旅游店。除伦敦以外，哈姆雷斯还在英国格拉斯哥、爱尔兰都柏林、印度孟买和沙特阿拉伯等地设有门店。2003年，哈姆雷斯被冰岛零售集团Baugur收购。2009年Baugur宣布破产后，冰岛国有银行Landsbanki接管了其所持的哈姆雷斯股份。2012年9月，哈姆雷斯被法国家族控股式玩具零售集团Groupe Ludendo以6000万英镑（约合5.9亿元人民币）的价格收购。千百度希望借助哈姆雷斯这样著名的有较大影响力的零售商来增强自身在终端方面的影响力和竞争力，从而使千百度的自有品牌有很强的市场竞争力。千百度计划将哈姆雷斯引入中国内地和香港，预计会开40～50家哈姆雷斯玩具店，哈姆雷斯的团队将参与对中国市场的拓展。千百度的投资方为三胞集团，三胞集团收购英国弗雷泽百货的经验显然对千百度的收购产生了积极影响。收购哈姆雷斯被千百度视为品牌全球化和业务多元化方面非常重要的里程碑,公司打算继续收购美国、欧洲的知名品牌。

依托上述中国零售企业"走出去"的主要案例,可以对其主要特征进行汇总归纳(如表 0-3 所示)。

表 0-3 中国零售企业"走出去"案例信息汇总

年份	企业	国别(地区)	合作领域	目前状态
1999	北京天客隆	俄罗斯	超市投资	关闭(2003)
2003	上海联华	比利时	超市投资	在营
2003	上海联华	日本	供应链合作	在营
2006	北京华联	新加坡	百货并购	在营
2009	苏宁电器	日本	专业店收购	在营
2009	苏宁电器	中国香港	专业店收购	在营
2013	苏宁电器	印度尼西亚、马来西亚、新加坡、泰国、越南	专业店投资	在营
2014	南京新百	英国	百货并购	在营
2014	京东	俄罗斯、印度尼西亚	京东全球购	在营
2014	阿里巴巴	220多个国家(TOP5:美国、俄罗斯、西班牙、法国、英国)和地区	全球速卖通	在营
2015	千百度	英国、爱尔兰、印度、沙特阿拉伯	专业店收购	在营

(四)中国零售业"走出去"的特点

总的来说,目前我国零售业的跨国直接投资还处在起步阶段,虽然近年来以海外消费者为对象的跨境 B2C 电商发展迅速,但是真正意义上进入国际市场的零售企业较少,以实体店的在地商业形式进入海外市场的则更少。特别是前面提到的中国零售企业在"走出去"初期提出的许多海外扩张计划和项目进展并不顺利,很多已经"无疾而终"。此外,我国零售企业"走出去"的区域分布比较分散,零散地分布在世界各地,而且大多是海外华人在华人聚居区成立小型的零售店,销售对象也主要是当地华人,所以都没有形成规模或品牌。无论从全国范围的对外直接投资数据，还是从"走出去"的个案来看，我国零售企业"走出去"的目标市场，既有东南亚及其他地区的发展中和欠发达国家及地区，也包含英国、日本、中国香港等发达国家和地区。这说明，我国在零售业国际化的路径选择上，顺向投资和逆向投资两种路径并存。通过研究多个案例，对当前中国零售业"走出去"面临的问题进一步归纳如下［朱瑞庭，2017（c）］。

1. 尚处于起步阶段，还未形成规模

2015年，在批发和零售业投资存量的1219.4亿美元中，批发业投资占据绝大多数，而且投资对象主要是中等规模的单体批发市场，经营方式相对低端、原始。虽然近年来对零售业实体店投资有所增加，跨境B2C电商发展迅猛，但总体而言，我国零售业"走出去"仍处于起步阶段，规模、结构和速度都与我国作为经济和贸易大国的地位不相匹配。

2. 区位相对集中，难以广域辐射

截至2015年末，在中国内地批发和零售业对外直接投资存量中，中国香港的占比最高，达到73.9%，紧随其后的东盟地区、欧盟地区、美国的对外直接投资存量占比分别为6.18%、4.31%、2.80%。通过上述案例也可以看出，中国内地零售业"走出去"主要集中于中国香港、日本、俄罗斯、东南亚等周边市场，无法形成广域的市场辐射，而且进入日本、中国香港等成熟市场主要采取收购而不是投资开店的方式。这一方面说明我国零售业"走出去"缺乏必要的物流体系和供应链支撑，另一方面也说明我国零售企业尚不具备显著的国际竞争优势。虽然从市场潜力看，欧美、中东市场需求旺盛，但由于这些市场相对成熟稳定，零售企业竞争力突出，因此我国零售企业面向这些市场的国际化经营主要采取品牌收购和跨境电商的方式。

3. 市场准入严格，基础设施薄弱

在核心竞争力不支持进入欧美发达国家的前提下，我国零售企业进入发展中国家同样面临障碍。一方面，发展中国家出于对零售市场主权的考虑，往往为零售业设定较高的准入门槛；另一方面，发展中国家薄弱的产业基础和物流设施，也会对零售企业在东道国构建本土供应链形成重重掣肘。在后发的京东全球购、速卖通等跨境电商快速拓展市场的同时，先发的实体零售业却在"走出去"过程中举步维艰，正是实体零售业"走出去"存在难以克服的现实障碍的体现。

4. 业种业态单调，缺乏经营优势

目前我国"走出去"的零售业业态主要集中于超市、百货、专卖店和跨境电商，业种主要集中于综合零售和电器零售。其中，对企业品牌、经营能力和服务水平要求较高的百货业态全部采取收购目标国本土品牌的方式，对商品深度和售后服务要求较高的专卖店业态也采取了先收购后投资新建的路径，只有商品服务和售后服务要求都相对较低的超市业态直接采取了投资新建的方式，但业内先驱也付出了投资失败的代价。总体而言，"走出去"的零售业业种业态单调的根源在于我国零售业在品牌、供应链和服务方面缺乏国际竞争力，在国际化经营、本土化运作方面更是缺乏经验，由此导致市场适应性差和投资自信心不足。从另一个角度看，对供应链和服务要求最低的跨境电商近年来迅猛发展，其实也是我国实体零售业缺乏经营优势的另一种表现。

5. 目标顾客趋同，市场适应力差

为规避"走出去"的市场风险，我国零售企业在东道国市场的目标顾客主要是海外华人，选址主要集中于华人聚居区周边，因而商品定位、经营方式、人员结构、文化理念等本土化程度相对较低，导致无法形成市场认同和品牌忠诚，进一步压缩了需求规模，加剧了经营风险，错失了深度挖掘东道国市场潜力的机遇。

总之，我国零售业在"走出去"的过程中还存在不少问题。我国零售业跨国直接投资还处在起步阶段，在海外的商业存在和国际影响力十分有限，与我国作为经济和贸易大国的地位不符。造成这一局面的背后原因十分复杂。从地理距离来看，中国内地零售企业比较集中的是中国香港、东南亚、日本等周边市场，既是基于地理相邻、文化相近的考虑，也是以国内作为配送基地构建供应链的结果。从市场潜力和行业特征来看，在英国、日本、中国香港等发达国家和地区，零售行业的结构相对成熟和稳定，但是竞争激烈，对于创新能力不足的中国企业来说，很难找到新的蓝海。此外，中国零售业的目标对象大多是海外华人，主要是在华人聚居区成立小型的零售店，经营业态单一，以单店经营为主，没有形成规模和品牌效应，导致市场容量进一步受限，更难以形成国际化经营网络。从文化差异来看，中国零售企业往往难以在国际化经营中处理好标准化和本土化的关系，导致企业市场适应性较差，中国商品的价格优势也未能转化为企业的竞争优势，从而影响企业的生存和发展（朱瑞庭，2015）。

四　"一带一路"沿线国家和地区零售市场

（一）"一带一路"的时代背景

2008年，美国次贷危机引发全球金融和经济危机，世界发生复杂深刻的变化，全球经济开始深度调整。此后，全球金融危机深层次影响持续显现，世界经济缓慢复苏、发展分化，国际投资贸易格局和多边投资贸易规则酝酿深刻调整，各国面临的发展形势依然严峻。从历史维度看，人类社会正处在一个大发展大变革大调整时代。世界多极化、经济全球化、社会信息化、文化多样化深入发展，和平发展的大势日益强劲，变革创新的步伐持续加快。从现实维度看，世界经济增长需要新动力，发展需要更加普惠平衡，贫富差距鸿沟有待弥合。地区热点持续动荡，恐怖主义蔓延肆虐。和平赤字、发展赤字、治理赤字是摆在全人类面前的严峻挑战。在这样的国际背景下，逆全球化的思潮开始出现，单边主义、贸易保护主义逐渐抬头，对全球自由贸易体系和开放型世界经济带来了极大的冲击。从国内环境来看，自2012年以来，中国经济发展进入新常态。在经济发展日益融入全球价值链、对外依存度高企的背景下，中国必须改变长期以来以"引进来"为主的思路、体制和相关政策，从而过渡到实施"引进来"与"走出去"相结合的阶段，推动中国经济转型升级、创新发展，避免落入中等收入陷阱。为此，需要通过推动更高水平的对外开放，构建开放型经济新体制，培育我国经济增长新动能，建立与我国经济和贸易大国地位相称的全球贸易、全球治理新格局。"一带一路"倡议正是在这样的时代背景下提出的。

"一带一路"倡议是2013年习近平主席访问哈萨克斯坦、印度尼西亚期间提出的构想。"一带"指的是"丝绸之路经济带"，"一路"是指"21世纪海上丝绸之路"。据初步估算，"一带一路"沿线总人口约为44亿人，经济总量约为21万亿美元，分别约占全球的63%和29%。作为中国首倡、高层推动的倡议，"一带一路"秉承共商、共享、共建原则，和平合作、开放包容、互学互鉴、互利共赢理念，旨在促进经济要素有序自由流动、资源高效配置和市场深度融合，推动沿线各国实现经济政策协调，开展更大范围、更高水平、更深层次的区域合作，共同打造开放、包容、均衡、普惠的区域经济合作架构，全方位推进务实合作，打造政治互信、经济融合、文化包容的利益共同体、命运共同体和责任共同体。"一带一路"是促进共同发展、实现共同繁荣的合作共赢之路，是增进理解信任、加强全方位交流的和平友谊之路。

2015年3月，中国公布了《推动共建丝绸之路经济带和21世纪海上丝绸之路的愿景与行动》（以下简称《愿景与行动》），从时代背景、共建原则、框架思路、合作重点、合作机制、中国各地方开放态势、中国积极行动、共创美好未来八个方面对"一带一路"做了全面的规划。根据《愿景与行动》的规划，"丝绸之路经济带重点畅通中国经中亚、俄罗斯至欧洲（波罗的海）；中国经中亚、西亚至波斯湾、地中海；中国至东南亚、南亚、印度洋。21世纪海上丝绸之路重点方向是从中国沿海港口过南海到印度洋，延伸至欧洲；从中国沿海港口过南海到南太平洋"。根据"一带一路"走向，陆上依托国际大通道，以沿线中心城市为支撑，以重点经贸产业园区为合作平台，共同打造新亚欧大陆桥、中蒙俄、中国—中亚—西亚、中国—中南半岛等国际经济合作走廊；海上以重点港口为节点，共同建设通畅安全高效的运输大通道，推动中巴、孟中印缅两个经济走廊与推进"一带一路"建设关联紧密，要进一步推动合作，取得更大进展。

"一带一路"贯穿亚欧非大陆，一头是活跃的东亚经济圈，另一头是发达的欧洲经济圈，中间广大腹地国家经济发展潜力巨大。倡议一经提出，就得到了世界范围的广泛响应。2015年7月10日，上海合作组织发表了《上海合作组织成员国元首乌法宣言》，支持中国关于建设丝绸之路经济带的倡议。2016年11月17日，联合国193个会员国协商一致通过决议，欢迎共建"一带一路"等经济合作倡议，呼吁国际社会为"一带一路"建设提供安全保障环境。2017年3月17日，联合国安理会一致通过第2344号决议，呼吁国际社会通过"一带一路"建设加强区域经济合作。

2017年5月14日至15日，第一届"一带一路"国际合作高峰论坛在北京举行。论坛全面总结了"一带一路"建设的积极进展，展现了重要早期收获成果，进一步凝聚了合作共识，巩固了良好的合作态势。论坛共商了下一阶段重要合作举措，进一步推动了各方加强发展战略对接，深化伙伴关系，实现联动发展和合作共赢。《"一带一路"国际合作高峰论坛成果清单》涵盖了政策沟通、设施联通、贸易畅通、资金融通、民心相通5大类，共76大项、270多项具体成果。第一届"一带一路"国际合作高峰论坛标志着"一带一路"建设取得重大阶段性成果，为深入推进"一带一路"建设注入了强劲的动力。

（二）"一带一路"的主要内容

《愿景与行动》指出，"一带一路"沿线各国资源禀赋各异，经济互补性较强，彼此合作潜力和空间很大。"一带一路"以"政策沟通、设施联通、贸易畅通、资金融通、民心相通"为主要内容，重点在以下方面加强合作。

政策沟通。《愿景与行动》指出，加强政策沟通是"一带一路"建设的重要保障。加强政府间合作，积极构建多层次政府间宏观政策沟通交流机制，深化利益融合，促进政治互信，达成合作新共识。沿线各国可以就经济发展战略和对策进行充分交流对接，共同制定推进区域合作的规划和措施，协商解决合作中的问题，共同为务实合作及大型项目实施提供政策支持。

设施联通。《愿景与行动》指出，基础设施互联互通是"一带一路"建设的优先领域。在尊重相关国家主权和安全关切的基础上，沿线国家宜加强基础设施建设规划、技术标准体系的对接，共同推进国际骨干通道建设，逐步形成连接亚洲各次区域以及亚欧非之间的基础设施网络。

贸易畅通。《愿景与行动》指出，投资贸易合作是"一带一路"建设的重点内容。宜着力研究解决投资贸易便利化问题，消除投资和贸易壁垒，构建区域内和各国良好的营商环境，积极同沿线国家和地区共同商建自由贸易区，激发释放合作潜力，做大做好合作"蛋糕"。拓宽贸易领域，优化贸易结构，挖掘贸易新增长点，促进贸易平衡。创新贸易方式，发展跨境电子商务等新的商业业态。建立健全服务贸易促进体系，巩固和扩大传统贸易，大力发展现代服务贸易。把投资和贸易有机结合起来，以投资带动贸易发展。加快投资便利化进程，消除投资壁垒。加强双边投资保护协定、避免双重征税协定磋商，保护投资者的合法权益。优化产业链分工布局，推动上下游产业链和关联产业协同发展，鼓励建立研发、生产和营销体系，提升区域产业配套能力和增强综合竞争力。推动区域服务业加快发展。探索投资合作新模式，鼓励合作建设境外经贸合作区、跨境经济合作区等各类产业园区，促进产业集群发展。在投资贸易中突出生态文明理念，加强生态环境、生物多样性和应对气候变化合作，共建绿色丝绸之路。

资金融通。《愿景与行动》指出，资金融通是"一带一路"建设的重要支撑。深化金融合作，推进亚洲货币稳定体系、投融资体系和信用体系建设。扩大沿线国家双边本币互换、结算的范围和规模。推动亚洲债券市场的开放和发展。共同推进亚洲基础设施投资银行、金砖国家开发银行筹建,有关各方就建立上海合作组织融资机构开展磋商。加快丝路基金组建运营。深化中国—东盟银行联合体、上合组织银行联合体务实合作,以银团贷款、银行授信等方式开展多边金融合作。支持沿线国家政府和信用等级较高的企业以及金融机构在中国境内发行人民币债券。符合条件的中国境内金融机构和企业可以在境外发行人民币债券和外币债券,鼓励在沿线国家使用所筹资金。

民心相通。《愿景与行动》指出,民心相通是"一带一路"建设的社会根基。传承和弘扬丝绸之路友好合作精神,广泛开展文化交流、学术往来、人才交流合作、媒体合作、青年和妇女交往、志愿者服务等,为深化双多边合作奠定坚实的民意基础。

(三)"一带一路"的合作机制

为了推动"一带一路"建设,中国政府积极构建双多边合作机制。根据《愿景与行动》,主要内容如下。

1. 加强双边合作,开展多层次、多渠道沟通磋商,推动双边关系全面发展。推动签署合作备忘录或合作规划,建设一批双边合作示范。建立完善双边联合工作机制,研究推进"一带一路"建设的实施方案、行动路线图。充分发挥现有联委会、混委会、协委会、指导委员会、管理委员会等双边机制作用,协调推动合作项目实施。

2. 强化多边合作机制作用,发挥上海合作组织(SCO)、中国—东盟"10+1"、亚太经合组织(APEC)、亚欧会议(ASEM)、亚洲合作对话(ACD)、亚信会议(CICA)、中阿合作论坛、中国—海合会战略对话、大湄公河次区域(GMS)经济合作、中亚区域经济合作(CAREC)等现有多边合作机制作用,相关国家加强沟通,让更多国家和地区参与"一带一路"建设。

3. 发挥沿线各国区域、次区域相关国际论坛、展会以及博鳌亚洲论坛、中国—东盟博览会、中国—亚欧博览会、欧亚经济论坛、中国国

绪 论

际投资贸易洽谈会,以及中国—南亚博览会、中国—阿拉伯博览会、中国西部国际博览会、中国—俄罗斯博览会、前海合作论坛等平台的建设性作用。支持沿线国家地方、民间挖掘"一带一路"历史文化遗产,联合举办专项投资、贸易、文化交流活动,办好丝绸之路(敦煌)国际文化博览会、丝绸之路国际电影节和图书展。倡议建立"一带一路"国际高峰论坛。

根据亚洲开发银行的预测,到 2030 年,亚洲地区每年大概需要基础设施投资 1.7 万亿美元,目前每年能满足大约 8000 亿美元,基础设施投资的缺口非常大。根据非洲发展银行的报告,未来非洲每年需要基础设施投资 1300 亿~1700 亿美元,目前大约每年满足不到 1/3。即使是欧洲范围内,基础设施投资的需求也十分旺盛。为了配合"一带一路"倡议的实施,中国政府统筹国内各种资源,强化金融政策支持。中方设立了丝路基金,提出了筹建亚洲基础设施投资银行(简称亚投行,AIIB)的倡议。2014 年 10 月 24 日,21 个首批意向创始成员在北京签约,共同决定成立亚洲基础设施投资银行。至 2015 年 12 月 25 日,17 个意向创始成员已批准《亚洲基础设施投资银行协定》(以下简称《协定》)并提交批准书,从而达到《协定》规定的生效条件,亚洲基础设施投资银行正式成立。亚投行意向创始成员按大洲分,亚洲有 34 国,欧洲有 18 国,大洋洲有 2 国,南美洲有 1 国,非洲有 2 国,总计 57 国。截至 2018 年 5 月 2 日,亚投行有 86 个正式成员。作为由中国提出创建的区域性金融机构,亚洲基础设施投资银行主要业务是援助亚太地区国家的基础设施建设。在全面投入运营后,亚洲基础设施投资银行运用一系列支持方式为亚洲各国的基础设施项目提供融资支持,包括贷款、股权投资以及提供担保等,以振兴包括交通、能源、电信、农业和城市发展在内的各个行业。亚洲基础设施投资银行是继提出建立金砖国家开发银行、上合组织开发银行之后,中国参与构建国际金融体系的又一举措。亚洲基础设施投资银行不仅将为实现中国努力推动的互联互通产生极其重要的作用,从而促进作为经济增长动力引擎的基础设施的建设，还将提高全球资本的利用效率及其对区域发展的贡献水平。

2014年11月8日，在北京举行的"加强互联互通伙伴关系"东道主伙伴对话会上，习近平主席宣布，中国将出资400亿美元成立丝路基金，为"一带一路"沿线国家基础设施、资源开发、产业合作和金融合作等与互联互通有关的项目提供投融资支持。丝路基金是按照市场化、国际化、专业化原则设立的中长期开发投资基金，重点是在"一带一路"发展进程中寻找投资机会并提供相应的投融资服务。丝路基金与亚投行之间的不同在于，亚投行是政府间的亚洲区域多边开发机构，在其框架下，各成员都要出资，且以贷款业务为主。丝路基金主要针对有资金且想投资的主体，股权投资占更大比重。2017年5月14日，中国政府宣布，中国将向丝路基金新增资金1000亿元人民币。

（四）"一带一路"建设的阶段性成果

"一带一路"倡议源自中国，属于世界，是中国首创，但惠及世界，不是封闭的，而是开放包容的，不是中国独奏曲，而是世界大合唱。共建"一带一路"倡议提出以来，习近平主席的出访足迹遍布中亚、东南亚、南亚、中东欧等"一带一路"沿线地区，推动共建"一带一路"是访问的重要内容之一，也得到了相关国家和国际组织的积极回应，形成了包括凝聚合作共识、签署合作协议、推动重大项目建设、加强各领域交流合作等一系列丰硕成果。自"一带一路"倡议提出以来，我国与"一带一路"沿线国家贸易合作不断深化，与"一带一路"沿线国家的贸易增速以高于整体外贸增速的势头推动我国外贸加速回暖，成为我国外贸的新亮点，也成为国内发展和全方位改革开放的新动力（《"一带一路"贸易合作大数据报告》，2018）。根据国务院新闻办公室2018年8月27日举行的共建"一带一路"5年进展情况及展望新闻发布会发布的消息，"一带一路"倡议提出5年来，得到了全球积极响应和参与，经过5年的实践，"一带一路"建设从理念、愿景转化为现实行动，取得了重大进展，表现如下。

一是增进战略互信，凝聚国际共识。共建"一带一路"倡议和共商共建共享的核心理念已经写入联合国等重要国际机制成果文件，已有103个国家和国际组织同中国签署118份"一带一路"方面的合作协议。2017年首届"一带一路"国际合作高峰论坛在北京成功举办，29个国家的元首和政府首脑出席，140多个国家和80多个国际组织的1600多名代表参会。论坛279项成果中，265项已经完成或转为常态工作，剩下的14项正在督办推进，落实率达95%。

二是促进合作共赢，实现共同发展。截至2018年6月，与沿线国家货物贸易额累计超过5万亿美元，年均增长1.1%，我国已经成为25个沿线国家最大的贸易伙伴。我国对沿线国家直接投资超过700亿美元，年均增长7.2%。中国企业在沿线国家建设境外经贸合作区共82个，累计投资为289亿美元，入区企业为3995家，上缴东道国税费累计20.1亿美元，为当地创造24.4万个就业岗位。在沿线国家新签对外承包工程合同额超过5000亿美元，年均增长19.2%。5年来，中国加快了与沿线国家建设自贸区的速度，已与13个沿线国家签署或升级了5个自贸协定，立足周边、覆盖"一带一路"、面向全球的高标准自由贸易网络正在加快形成。中国还与欧亚经济联盟签署经贸合作协定，与俄罗斯完成欧亚经济伙伴关系协定的联合研究。

三是狠抓合作项目，形成示范效应。推动一批基础设施和产能合作重大项目陆续落地。聚焦"六廊六路多国多港"主骨架，推动一批合作项目取得实质性进展。蒙内铁路竣工通车，亚吉铁路开通运营，中泰铁路、匈塞铁路、雅万高铁部分路段等开工建设，汉班托塔港二期竣工，巴基斯坦瓜达尔港恢复运营，已具备全作业能力。中老铁路和中巴经济走廊的交通基础设施建设等项目也在稳步向前推进。截至2018年8月26日，中欧班列累计开行数量突破1万列，到达欧洲15个国家43个城市，已达到"去三回二"，重箱率达85%。

四是完善服务体系，强化金融支撑。中国与17个国家核准《"一带一路"融资指导原则》，加快推进金融机构海外布局，已有11家中

— 39 —

资银行设立71家一级机构。与非洲发展银行、泛美开发银行、欧洲复兴开发银行等多边开发银行开展联合融资合作。加强法律风险防控，启动建立"一带一路"国际商事争端解决机制和机构。

五是秉持开放包容的态度，密切文化交流。积极开展教育、科技、文化等领域合作，制定并印发了教育、科技、金融、能源、农业、检验检疫、标准联通等多个领域的专项合作规划。通过实施"丝绸之路"奖学金计划，在境外设立办学机构等，为沿线国家培育技术管理人才。2017年，来自沿线国家留学生有30多万人，赴沿线国家留学的人数为6万多人。预计到2020年，与沿线国家双向旅游人数将超过8500万人次，旅游消费约为1100亿美元。

观察过去近5年来的建设，"一带一路"倡议进一步打开了沿线国家，尤其是亚洲国家互利共赢合作的空间。根据《2018"一带一路"国家基础设施发展指数报告》，"一带一路"国际基础设施建设规模、增速继续扩大和提升，项目数量与合同金额显著增长，成为拉动总指数跃升的关键因素。随着"一带一路"相关各国对基础设施建设的关注度持续提升，各国基建市场潜力将得到进一步释放，"一带一路"沿线国家基础设施投资建设发展前景令人期待。其中，东南亚地区仍是"一带一路"基础设施合作的热点区域（中国对外承包工程商会，2018）。在东南亚，"一带一路"倡议与《东盟互联互通总体规划》的许多项目不仅重合，而且通过亚投行、金砖国家开发银行等金融机构提供资金支持。依靠中国基础设施建设领域世界一流的技术和经验，中国可以为东南亚国家提供质优价廉的商品和先进技术与成熟经验。在中亚、西亚，"一带一路"倡议为当地生产和生活基础设施建设提供了支撑，使原来阻碍各国经贸和文化交往的天堑变通途，方便了彼此间的交往，为中亚、西亚国际关系的重塑提供了基础支撑。中巴经济走廊建设不仅改变当地经济发展的基础设施，而且正在向阿富汗地区延伸。在东北亚，"一带一路"倡议提供的生产力外溢为当地经济发展，也为经济合作提供了支撑和保障（《博鳌亚洲论坛亚洲经济一体化进程2018年度报告》，2018）。

"一带一路"倡议遵循市场规律和国际通行规则，充分发挥市场在资源配置中的决定性作用和各类企业的主体作用，同时发挥好政府的作用。在"一带一路"倡议的推动下，沿线国家逐步抛弃以邻为壑的零和博弈规则，主动加入国际经济大循环，优势互补，合作共赢，推进国际经济关系现代化，为国际关系的重塑提供了动力。在这样的背景下，亚洲国家区域经济一体化呈现加速趋势。当前，从全亚洲的层面看，亚洲区域经济一体化是以"一带一路""欧亚经济联盟"为基本框架的，中俄两国推动两大设想的动力十足，而且秉承开放的态度，推进两大倡议对接。在这个框架下，其他经济体也提出了类似的市场合作倡议。通过战略对接，亚洲区域经济一体化的雏形已经显现，在全球层面的跨大西洋贸易与投资伙伴协定（TTIP）和跨太平洋伙伴关系协定（TPP）面临存亡风险、逆全球化之风抬头的情况下，亚洲区域经济一体化呈现加速发展态势，自由贸易区、经济走廊等各种经济一体化形式不断涌现（《博鳌亚洲论坛亚洲竞争力2018年度报告》，2018）。2017年，中亚、西亚经济体不断加强与中国的一体化联系，而且中东欧国家也响应"一带一路"倡议，加强了与中国的经济联系及"一带一路"倡议与欧亚经济联盟的一体化建设实质性推进。在南亚，印度加强了与印度洋沿线经济体的一体化联系，推进"季风计划"，还把目光投向太平洋西岸地区，加强了与日本、泰国等国家的经济合作。中印自由贸易区建设也已经启动可行性研究。在这样的背景下，亚洲区域经济一体化呈现不断加速趋势。总之，"一带一路"倡议正在加速改变沿线国家，尤其是亚洲国家经济关系的基础，而且亚洲区域经济一体化不断向域外扩展，成为带动新时代全球化的强大力量。

（五）"一带一路"沿线主要国别零售市场

根据"一带一路"倡议，"丝绸之路经济带"是中国与中亚、西亚各国之间形成的一个经济合作区域，其东边牵着亚太经济圈，西边系着发达的欧洲经济圈，被认为是世界上最长、最具发展潜力的经济大走廊。该区域虽然蕴含丰富的矿产和能源资源，但是交通不够便利，自然环境较差，经济发展水平与两端的经济圈存在巨大落差，整个区域存在"两边高，中间低"的现象。"21世纪海上丝绸之路"则从中国沿海港口过南海到印度洋，延伸至欧洲；或者过南海到南太平洋；或者到东北亚。参与区域涵盖东盟、南亚、西亚、东非、北非、欧洲，以及南太、东北亚等。"一带一路"所涵盖的区域面积较大，无论是经济、地理，还是人文，都是世界上最为丰富、差异最为巨大的国家和地区。在这样的背景下，沿线不同国家和地区零售市场的差异同样十分显著。下面我们选择"一带一路"沿线部分重要国家，对其国别情况及零售市场有关情况分析如下。

泰国是东南亚除了印度尼西亚之外的第二大经济体，在过去十年里，泰国是东盟地区最为活跃的零售市场，批发和零售业以平均7%～8%的速度保持高速增长，到2018年，零售市场规模预计达到968亿美元。2013年泰国互联网的普及率为14.6%，远低于新加坡的88.1%和马来西亚的61.1%，网络零售的潜力巨大，到2018年预计年均增长13%。泰国还是世界上主要的旅游目的地，与此有关的零售业也将长期分享红利。泰国本土零售业较为发达，业态较为丰富，但是竞争强度为中等，市场处于不断成长之中，远未达到饱和状态，对市场新进入者，包括网络零售商而言，仍然具有很强的吸引力。正大集团（CP All）、Central Group是泰国较大的本土零售商，居2017年全球零售商250强榜单第81位和第138位。

印度的零售业比较落后，除了在新德里、孟买等城市现代商业较为发达以外，整个国家以小型零售点为主，市场分散，购物非常不便，行业集中度低，没有一家零售商进入全球零售商250强榜单。2013～2015年，印度零售业复合年增长率达到8.8%，年销售额超过1万亿美元，主要零售企业有Future、Flip Kart、Shoppers Stop、Pantaloon、RPG、DS等。考虑到印度庞大的人口基数和经济潜力，印度的零售市场是全球有待开发的大市场。但是，印度的基础设施普遍落后，配送体系构建难度大，对外资零售业限制较多。从2017年开始，印度大幅修订零售业外商投资指引，当中所载规例均已生效，不但取消多项投资限制，也厘清了监管制度。整体而言，修订相关规例的目的是方便海外投资者在印度开展商业经营。这是该国成为全球主要制造业枢纽的先决条件，与"印度制造"策略一致。这些修订影响印度众多领域，尤其是初创企业、单一品牌零售商、电商及现有监管机构。对于初创企业，印度首次允许初创企业资金全部来自外国创业投资基金。相关投资必须向印度证券交易委员会（SEBI）登记，否则须受1996年《证券交易委员会（创业投资基金）规例》监管。对于单一品牌零售商，原本强制规定必须向本土供应商采购30%的货品，现获豁免，为期3年，但仅限于高科技领域。此举为苹果及电动车制造商特斯拉等企业带来利好。单一品牌零售商无须再开设传统实体零售店。不过，若这些零售商的外资持股比例超出50%，则仍须遵守本土采购规定。对于与电子商贸相关的规例，此前规定，网店向单一供应商或一家关联公司采购产品的上限为其销售量的25%。但在新规例下，25%可以是任何一个财政年度的销售额，而非销售量。新规定也厘清了印度现行监管机构的权限，例如，对银行、矿业、国防、广播、民航、电信或医药相关领域的投资，必须向联邦部门申请审批；与初创企业、食品店以及单一和多品牌运营商相关的零售投资项目则由印度产业政策及促进部负责审批。

哈萨克斯坦是中亚地区经济发展最快的国家，经济总量占中亚五国的2/3，政治稳定，自然资源丰富。该国不仅是通往欧亚经济联盟市场的大门，也是进入欧盟、中国、东南亚国家以及其他环太平洋国家市场的大门。2015年哈萨克斯坦零售总额为2880亿元人民币，是科尔尼发布的全球零售业发展指数榜单10强之一。得益于互联网覆盖率的提高，配套的法律法规、支付工具以及基础设施等，电子商务是目前增长最快的零售业态之一，网上购物金额占到全部零售金额的26%。近年来，哈萨克斯坦为发展经济，推出了包括"光明之路"在内的一系列建设计划，营商环境大为改善，包括税收便利度在内的很多指标在全世界名列前茅。

土耳其是"一带一路"沿线重要的支点国家。作为新兴的工业化国家，土耳其的零售业目前正在转型中，是快速发展并持续成长的产业之一。2015年土耳其零售市场规模达12525亿元人民币，年增9%，从业人员为380万人，零售商店达45万家。在土耳其，虽然传统的杂货店仍然非常普遍，但连锁超市、大型量贩店及购物中心等现代业态正在快速兴起，并逐渐改变当地人的消费习惯，伊斯坦布尔更被全球跨国巨头视为全球最有潜力的零售市场。BIM Birlesik Magazalar A. S. 是土耳其国内最大的零售商，居全球零售商250强榜单第147位，Hepsiburada 是土耳其最大的在线零售商。

阿联酋盛产石油，属于高收入国家，在全球竞争力排行榜中位列第12，其税收便利度更是位列全球第一。阿联酋零售业发展势头良好，其零售业发展指数名列全球第七位。据科尔尼估测，2015年阿联酋零售业市场总额为690亿美元，年增长率为6%，人均销售额超过7100美元，为海湾地区最高水平，这也是全球零售商青睐阿联酋市场的主要原因。虽然阿联酋零售市场趋于饱和，但成熟的市场体系以及低风险优势仍对零售商充满吸引力，迪拜是世界著名的奢侈品消费市场，现有零售市场面积约为300万平方米，新建零售商铺仍在增加之中，竞争压力继续增加。Emke、Majid Al Futtaim Holding LLC 是阿联酋较大的本土零售商，在全球零售商250强榜单中列第153位、第160位。

捷克位于欧洲大陆中东部，占据欧洲中心的战略位置，是欧洲经济走廊的天然枢纽，境内有发达的铁路、公路、内河航运以及航空运输，零售分销网络便捷，是"一带一路"沿线重要国家之一，在新亚欧大陆桥经济走廊里占据重要位置，在连通中欧贸易中发挥重要的作用。捷克于2006年被联合国列入发达国家，稳定的政局、较为健全的法律制度、较少的民族和宗教冲突、良好的社会秩序，增加了对外商投资的吸引力。捷克的全球竞争力排名靠前，腐败情况不严重，营商环境优良。

俄罗斯地跨欧亚大陆北部，是世界上面积最大的国家。近年来，受经济制裁的影响,俄罗斯石油出口收入大幅减少,经济大受影响,2015年零售总额暴跌10%,投资重挫8.4%,工业产量减少3.4%。俄罗斯自然资源总量居世界首位,工业、科技基础雄厚,但产业结构不均衡,加工业和机械制造业投入不足,发展缓慢。俄罗斯对外资优惠政策较多,但是法律法规政策多变,缺乏连续性,与外商投资相关的法律还不够完善,而且国内腐败问题严重。截至2015年底,俄罗斯有零售企业27.4万家,个体经营户163.2万人,零售集市2200个,市场摊位62.5万个。零售企业中微型企业占比达67%。近年来,超市、便利店等现代业态逐渐为广大消费者认可,销售份额稳步上升,特别是,俄罗斯消费者对网络购物的兴趣浓厚。PJSC Magnit、X5 Retail和Lenta是俄罗斯较大的零售商,在全球零售商250强榜单中列第61、71、212位。

需要指出的是,"一带一路"沿线国家和地区在政治、经济、法律、文化等宏观环境方面的差异巨大,经济发展受全球经济波动的影响较大,政策不太稳定,基础设施比较落后,互联互通水平较低,当地供应商的能力有限,销售网络的建设困难较大,这些都增加了投资和经营的风险。除了上面的市场准入以及贸易便利指标之外,全球竞争力排名、国家主权信用评级、总体风险水平、消费价格通胀指数等,也可以与零售分销网络风险指数一起对目标国与零售经营有关的风险等级做出辅助性评价。上述7个"一带一路"沿线重要国家的主要经济贸易指标列于表0-4。

表0-4 "一带一路"沿线重要国家主要经济贸易指标

指标	泰国	印度	哈萨克斯坦	土耳其	阿联酋	捷克	俄罗斯
人口数(百万人)	67.4	1311.0	17.7	76.7	8.7	10.5	143.5
GDP(10亿美元)	395.3	2087.3	182.8	726.2	298.6	180.0	1233.3
GDP增长率(%)	2.8	7.3	1.2	3.9	3.3	4.4	-3.7
人均GDP(美元)	5865	1592	10327	9468	34321	17142	8594
零售分销网络风险指数	2	2	2	2	2	1	2
消费价格通胀指数(%)	-0.9	4.9	6.6	7.7	4.1	0.3	15.5

续表

指标	泰国	印度	哈萨克斯坦	土耳其	阿联酋	捷克	俄罗斯
营商环境便利度排名	49	130	41	69	31	36	51
纳税便利度排名	70	157	18	—	1	122	47
全球竞争力排名	30	44	34	40	12	29	45
国家主权信用评级	BBB+	BBB-	BBB+	BB	AA	AAA-	BB+
总体风险水平	48	50	59	51	31	28	59

注：表中人口数、GDP、GDP 增长率、人均 GDP、零售分销网络风险指数、消费价格通胀指数、总体风险水平指标根据 The Economist：*One Belt, One Road*：*An Economic Roadmap* 整理得到，数据年份为 2015 年。其中，零售分销网络风险指数中 0 为无风险，4 为高风险；总体风险水平最高值为 100。表中其他数据来自世界银行《2015－2016 全球竞争力报告》《2016 年营商环境报告》。

五 基于"一带一路"零售贸易网络的中国全球价值链发展

（一）零售业国际化与全球价值链的关系

当今的全球经济是以全球价值链为特点的。20 世纪 80 年代以来，信息通信技术发展迅速，国际贸易成本快速下降，由发达国家跨国公司主导，在全球范围内掀起了一场全球价值链革命。在这一过程中，发展中国家通过对国际先进技术与管理经验的学习、模仿，逐步参与到了国际分工以及全球价值链中，促进了自身的技术进步与生产效率提升（邵朝对、苏丹妮，2017）。

一般意义上，全球价值链被"分割"为研发、设计、原材料与零部件生产及供应、成品组装、物流配送、市场营销、售后服务等环节。根据"微笑曲线"所揭示的全球价值链不同环节的"增加值"高低变化规律，成品组装环节实现的"增加值"最低。而"微笑曲线"较高的两端的环节，一边是研发、设计，另一边是市场营销、售后服务，中间的原材料与零部件生产及供应、物流配送也都属于服务贸易，这些环节属于服务贸易比较重要的、增值较多的内容（见图0-2）。可见，全球价值链的中高端基本上以服务贸易为主，服务贸易在整个全球价值链中的作用不可忽视。由于跨国公司甚至国家在全球价值链各个环节上寻找竞争优势从而在价值增值的时候，不脱离跨境商品和服务的供应及流动，因此对全球价值链的讨论往往和全球供应链联系在一起。

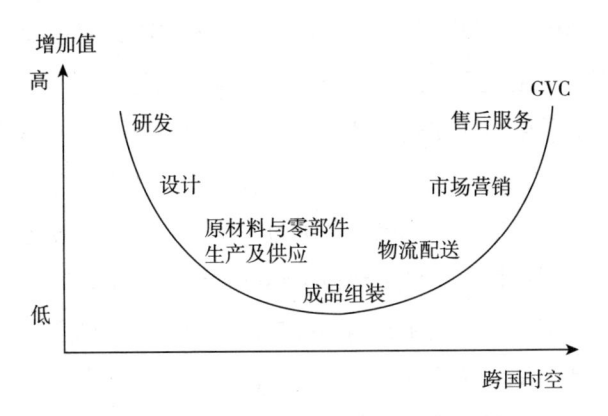

图0-2 全球价值链的"微笑曲线"

在过去的30多年时间里，跨国公司是全球化发展的发起者，全球价值链通常由跨国公司协调，其价值链中的增加值贸易形态在很大程度上为跨国公司的投资决定所左右，所以跨国公司是全球供应链的设计师。国际贸易过程中产生的收益更多地集中在跨国公司手里，跨国公司也是全球化最大的获益者。欧美、日本等发达国家的跨国公司，依靠其强大的渠道优势，通常是全球价值链"更下游"、增加值也相对更高的物流配送、市场营销、售后服务等"任务或活动"的提供者（周升起等，2014），同时也是获取价值增值主要部分的厂商。此外，从贸易统计的角度来看，接受直接投资较多的发达经济体，对全球价值链的参与程度往往较高，而且往往会通过贸易创造较多的国内增加值。

随着全球化进程的加快，跨境贸易往来愈加频繁，全球供应链的地位变化使全球供应链网络发生了巨大的变化。完善全球供应链成为发达国家的优先考虑。以西方国家大型跨国公司的全球化为基础，其全球供应链的增长不仅为企业自身，同时也为一个行业甚至一个国家带来巨大利益（Li & Fung，2016）。经济全球化是经贸发展融合的必然产物，而全球价值链则是经济全球化中各国对扮演不同国际分工角色的自然选择。

以美国为例，为继续领导世界，美国对其全球战略布局进行了大规模调整，于2012年推出了《全球供应链安全国家战略》。这一国家战略的基本目标：一是促进商品高效与安全运输；二是培养一个有弹性的供应链，即能够承受不断变化的威胁和危害，可以从中断中迅速恢复的全球供应链系统，稳定、安全、高效、有弹性的全球供应链系统。从这两大目标的设定可以看出，美国试图通过不断强化全球供应链系统风险识别与评估，加强运输基础设施建设与运输透明化技术研究，推进信息共享与智慧供应链发展，强化国内标准与法律规范，推进全球供应链治理结构改造，特别是贸易便利化与区域经济合作，加强全球资源整合，确保美国的全球进出口贸易（丁俊发，2016）。自特朗普上任以来，美国的全球价值链战略有了新的特点，具体表现为：通过行政命令、税改方案，甚至行政威胁等方式，限制国外进口，号召、迫使美国企业回迁美国，使用本国原材料和劳动力，从价值链上游环节重塑价值链，从而形成"美国国内价值链"。特朗普的贸易保护政策所带来的全球价值链"回撤"，对"中国制造2025"的"围堵"，对知识产权的频繁调查，包括对中兴公司发布的"禁令"，以及对中国公司如蚂蚁金服、华为、支付宝等的美国并购的阻挠，都对中国构建全球价值链带来阻碍（唐宜红、张鹏杨，2017）。特朗普的贸易保护政策本质上是落实"美国优先"原则，一方面用高关税牵引制造业回流，实现进口替代；另一方面要求主要贸易伙伴进行贸易干预，进口更多美国产品，其目标包括技术遏制、改善贸易失衡、破坏产业链、阻止产业升级等，所有这些都是对自由贸易原则的违背。

根据发达国家的发展经验，一国要想实现在全球价值链中分工地位的提升，构建自身主导的价值链是避免陷入"嵌入式困境"、有效提升自身分工地位的重要途径。联合国贸易和发展会议（2013）认为，各国需要根据各自的具体情况和要素禀赋仔细权衡参与全球价值链的利弊，采取有选择性的促进全球价值链发展或由全球价值链主导的发展战略，并通过政策制定使全球价值链在发展服务方面发挥重要作用，这些政策方针包括：将全球价值链纳入产业发展政策（例如瞄准全球价值链的任务和活动）；通过创造一个有利于投资和贸易的环境和建立必要的基础设施促进全球价值链发展；培养当地公司的生产能力和当地劳动力队伍的技能。全球价值链为发展中国家提供了融入世界经济的新机会，使其在全球贸易中的参与程度提高并且实现出口多元化。但是，能够真正深度参与全球价值链的发展中国家的数量还较少，中国就是其中最好的例子。一个国家通过国际分工和国际贸易参与全球价值链来促进经济增长，不仅取决于自身，也取决于邻国，包括三个方面：作为某个行业少数的创新中心所带来的集聚效应；决定全球价值链结构变化的网络联通性；周边经济体结构完备，与别国互联互通良好，单位劳动成本低。缺乏这些优势的"坏邻居"会对地区内贸易，从而对经济增长产生不利影响，这种负面溢出效应对于内陆国家来说更加明显（杜大伟等，2017）。

《全球价值链发展报告（2017）》的研究表明，2000年统计的133个中低收入的发展中国家，有79个国家在2015年经济有所增长，人民生活水平也有所提高，而这79个国家正是在全球价值链中参与较多的国家。这在一定程度上证明，能不能融入全球价值链，对于发展中国家提升自身经济水平及人民生活水平，具有非常关键的作用（杜大伟等，2017）。中国进入全球价值链比较早，自改革开放以来，尤其是开放经济特区、各类工业园后，中国对外资的引进不只是把一套加工工序带入中国和增加就业机会，而且对整个生产的组织、人才的培养、组织观念和管理水平的提升等很多方面具有促进作用，这就是参与全球化、融入全球价值链的外溢效应（杜大伟等，2017）。进入21世纪以来，全球价值链推动了全球经贸治理结构的嬗变，深刻影响了中国等发展中国家的经济全球化战略，这对于中国推进更高水平的对外开放和构筑新型开放经济体系具有重要的启示。经济全球化发展到今天，一方面使制造业和零售业的时间上的差异性变得越来越模糊，另一方面使商品和服务贸易的结构关系发生实质改变。与此对应的是，20世纪80年代以来，世界上越来越多的增加值贸易来自服务业，其中分销增加值又占了出口服务增加值的1/3。但是，基于贸易增加值前向分解法的研究结论表明，中国服务贸易的整体及细分部门的国际竞争力不强，中国在服务贸易领域还只不过是服务贸易"大"国而不是"强"国，并且中国服务产业的增加值率远低于欧美发达国家，中国存在服务产业增值能力较弱、经济绩效偏低的问题。为了改善中国服务贸易竞争力整体不强且服务产业的经济效率、质量不高的现状，应逐步推动由以往劳动密集型的传统服务业向知识、技术密集型的生产性现代服务业转变，从"要素驱动"转向"创新驱动"，优化对外服务贸易结构，大力发展高技术含量和高附加值的高端服务业，实现服务产业从比较优势向竞争优势转变，使中国从服务贸易大国转变为服务贸易强国（程大中等，2017）。有关全球价值链的研究还表明，开发服务业的对外贸易和投资对于加深经济一体化是有力的促进，参加区域内深度贸易和投资协定有助于促进区域发展，如果涉及区域内多个国家，则这一策略会更加有效（杜大伟等，2017）。随着美国和一些欧盟成员国经济恶化，贸易逆差不断扩大，对中国而言，借助"一带一路"倡议带来的区域经济一体化、扩大亚洲内部市场对于促进全球价值链的进一步增长和为全球贸易增长提供新的动力至关重要，为此要与主要贸易国家和"一带一路"沿线国家进行磋商与合作，推动建立有利于完善供应链利益联结机制的全球经贸新规则（《博鳌亚洲论坛亚洲经济一体化进程2018年度报告》，2018）。

自20世纪80年代以来，跨国零售巨头开始大举开拓全球市场，对经济全球化的发展产生了深远的影响。其主要背景是：发达国家国内市场的饱和、竞争的加剧、人员国际流动的增加、基础设施的改善、垂直营销中零售商市场力量的增长。所有这些因素成为推动和拉动零售业国际化的主要力量。其结果就是，跨国零售巨头深度参与了全球价值链的构建和塑造。众所周知，服务以不同于商品的方式促进了全球价值链的产生，其价值的创造方式有时是与商品价值链不一样的。服务构成了价值链的重要连接环节，同时，服务也是在企业内部提供的或是企业之间交易中被采购的投入。服务业的价值创造有时不遵循线状价值链的模式，产品从上游向下游序贯移动，在每个阶段添加新的价值（蛇形价值链），以网状活动的形式（蜘蛛形价值链）来实现。在整个全球价值链的服务分节化生产过程中，有一个环节具有非常特殊的地位和意义，即处于价值链另一端的营销或分销服务。分销服务之所以十分重要，是因为其确保产品能被送达消费者。显然，分销服务代表的是全球价值链的最终阶段。由于跨国零售企业选择在全球范围内采购商品，其参与全球价值链显然以蜘蛛形价值链为主要特征，这些价值链不仅在商品和服务跨国界交易时是"全球性"的，在国外建立跨境分支机构时，这些价值链也是"全球性"的。从这个意义上说，跨国零售业不仅能促进全球价值链产生，还是连接全球生产和消费的关键环节。在这样的背景下，如果以商品和服务跨越国境次数的多少，把全球价值链分为简单的和复杂的全球价值链，那么，分销环节参与全球价值链的强度指数、长度指数都会超过其他环节（杜大伟等，2017）。换言之，在全球价值链扩张的过程中，分销环节作为全球价值链的最终阶段，对全球价值链的构建和塑造具有其他环节不能替代的影响和作用。这一点在沃尔玛、亚马逊、家乐福等跨国零售巨头的海外业务发展及其对全球化的影响中已经得到充分体现。

（二）"一带一路"零售贸易网络对中国全球价值链发展的影响

制定自己的全球供应链战略，在不断开放中构建和主导全球价值链，从而摆脱我国长期以来所处的全球价值链从属地位，是我国参与全球化进程亟待解决的问题。中国拥有全球最多的人口，是全球第二大经济体、第二大进口国和消费国。目前，中国已经进入消费规模持续扩大的新发展阶段，消费和进口具有巨大增长空间。未来五年，中国将进口超过10万亿美元的商品和服务，这为世界各国企业进入中国市场提供历史性机遇。2018年11月5~10日，中国首届国际进口博览会在上海举行，有172个国家、地区和国际组织参会，3600多家企业参展，超过40万名境内外采购商对接洽谈，共达成578亿美元意向成交额。中国国际进口博览会是迄今为止世界上第一个以进口为主题的国家级展会，是国际贸易发展史上的一大创举。这体现了中国支持多边贸易体制、推动发展自由贸易的立场，是中国推动建设开放型世界经济、支持经济全球化的实际行动。中国将把国际进口博览会打造成世界各国展示发展成就、开展国际贸易的开放型合作平台，也将其打造成一个推进"一带一路"建设、推动经济全球化的国际公共产品，同时其也是践行新的发展理念、推动新一轮高水平对外开放的一个标志性工程，不仅要年年办下去，而且要办出水平、办出成效、越办越好。随着对外开放广度和深度不断提高，我国企业参与全球价值链的广度和深度也将不断提高。到2030年，中国将成为一个进口大国，并且将构建起自身的全球价值链网络。在中国全球价值链的发展中，往全球价值链"微笑曲线"两端攀升是价值链升级的关键，而与此匹配的跨国投资是价值链延伸的途径，其中，高新技术以及流通领域跨国企业或将成为中国全球价值链发展的引领。

根据英国市场调查机构IHS Markit 2017年2月发布的《全球采购调查趋势》，依靠一流的基础设施、技能熟练的劳动力以及工艺创新且蓬勃发展的工厂，长期以来，中国深深地嵌入"亚洲工厂"的庞大供应链之内，将来自世界各地的零部件与原材料顺畅地组装起来，并根据全球消费者变幻莫测的口味迅速做出调整。报告认为，现在全球供应链主要集中在中国，而且中国在全球供应链中的作用持续走强，已经跨越

绪 论

了低成本供应商的"传统角色",中国在继续作为采购目的地的同时,已不再是廉价外包业务的对象国,而一跃成为全球供应链的中心(IHS Markit,2017)。尽管如此,和美国等国强大的全球供应链比较起来,中国的全球供应链在很多方面仍然是脆弱的。在这样的背景下,2017年《国务院办公厅关于积极推进供应链创新与应用的指导意见》发布,提出要积极融入全球供应链网络,加强交通枢纽、物流通道、信息平台等基础设施建设,推进与"一带一路"沿线国家互联互通;推动国际产能和装备制造合作,推进边境经济合作区、跨境经济合作区、境外经贸合作区建设,鼓励企业深化对外投资合作,设立境外分销和服务网络、物流配送中心、海外仓等,建立本地化的供应链体系;要提高全球供应链安全水平,鼓励企业建立重要资源和产品全球供应链风险预警系统,利用两个市场两种资源,提高全球供应链风险管理水平;制订和实施国家供应链安全计划,建立全球供应链风险预警评价指标体系,完善全球供应链风险预警机制,提升全球供应链风险防控能力;要参与全球供应链规则制定。依托全球供应链体系,促进不同国家和地区包容共享发展,形成全球利益共同体和命运共同体;在人员流动、资格互认、标准互通、认可认证、知识产权等方面加强与主要贸易国家和"一带一路"沿线国家的磋商与合作,推动建立有利于完善供应链利益联结机制的全球经贸新规则。

在全球价值链中,传统的中国制造业的优势主要体现在中低端环节,在高端环节呈现明显的竞争劣势,中国制造业在全球价值链分工和贸易中的这种优势格局,反过来致使中国无法在研发设计与品牌营销等环节投入更多的资本,从而进一步制约了中国制造业整体国际竞争力的增强。根据商务部 2017 年 5 月发布的《关于中美经贸关系的研究报告》,中国货物贸易顺差的 59% 来自外资企业,61% 来自加工贸易;中国从加工贸易中只赚取少量加工费,而美国从设计、零部件供应、营销等环节获益巨大。换言之,在全球价值链中,贸易顺差反映在中国,但利益顺差在美国。对中国服务业在全球价值链的国际分工地位的研究表明，中国服务业的国际分工地位较低，特别是，自 2000 年开始，中国批发和零售业的全球价值链地位指数出现大幅度下滑，这表明中国批发和零售业自参与全球价值链分工体系之后，面对国际批发和零售业巨头的竞争，市场份额一再被抢占，其出口服务包含的国外价值增长迅速，中国批发和零售业被迫处于全球价值链的下游（李惠娟、蔡伟宏，2016）。为此，要充分挖掘中国服务业的出口潜力，鼓励中国服务业参与全球价值链分工，努力扩大国际市场规模，提高间接附加值的比例，促进中国服务业国际分工地位升级。在这里，随着"一带一路"建设的深入推进，"一带一路"作为推动提高中国产业全球价值链地位的重要引擎，重要性日益凸显。

"一带一路"不仅是中国的全球供应链计划，也是沿线各国和地区的全球供应链计划。在"一带一路"背景下设计中国的全球供应链计划，可以以商流、物流、信息流、资金流、人文流"五流"紧密对接"五通"，通过价值链、供应链、产业链的创新与完善，发展沿线国家与地区不同的集群经济和特色经济，利用供应链的模式整合全球资源，实现共赢。从这个意义上说，"一带一路"的经济本质就是全球供应链（丁俊发，2016）。"一带一路"的顺利推进将有助于建设利益共享的全球价值链，优化全球资源配置，形成互利共赢的全球区域经济布局和合作网络（张茉楠，2015）。通过"一带一路"建设，我国可以构建以自身为核心枢纽的双向"嵌套型"全球价值链分工新体系，在实现国际分工地位跃升的同时，带动沿线各国的经济发展（黄先海、余骁，2017）。"一带一路"倡议所推动的全球价值链重构建立在以中国为首的发展中国家所具备的巨大发展潜力以及高于世界平均水平的增长速度之上，亚太地区特别是东亚是全球价值链重构的发力点。因而，"一带一路"对全球价值链的重构必然是一个从区域到全球的过程，中国将在其中发挥决定性作用（秦升，2017）。

中国拥有以传统产业链为基础的"一带一路"合作优势。发达国家主导的全球价值链的特点是产业链长、分工复杂但技术标准统一，已形成模块化生产体系。借助"一带一路",中国可以首先选择价值链比较短(如服装纺织品、食品)、生产过程相对简单的产业进入沿线国家和地区,推动形成区域价值链(程大为,2018)。在区域经济整合不断加速的背景下,特别是在以"五通"为主要内容的"一带一路"背景下,中国参与和主导全球供应链的空间会越来越大。实证研究表明,中国与"一带一路"沿线国家在产业间和产业内的互补性均强于竞争性,且中国占据了价值链的高附加值环节,具备主导区域价值链的条件。"一带一路"推进价值链转换后,将产生实际贸易利得增加、产业高端化发展等积极影响(魏龙、王磊,2016),"一带一路"合作平台能够在帮助中国完成自身价值链优化的同时,推动"一带一路"区域性分工地位跃升(王恕立、吴楚豪,2018)。随着"一带一路"建设的不断深入,中国应加快落实国际产能合作的相关配套政策与措施,引导产业(区段)有序转移,形成合理产业分工体系,同时应将已有合作机制向各沿线国家倾斜,加快构建"一带一路"区域价值链,并以此整体嵌入全球价值链,同时作为双向"嵌套型"全球价值链分工新体系中的枢纽和核心,发挥好衔接"一带一路"区域价值链与全球价值链的作用(黄先海、余骁,2017),逐渐形成中国主导的区域性乃至全球性的生产网络和全球价值链体系,从而推动中国全球价值链发展。

"一带一路"沿线国家众多,发展水平、经济规模、文化习俗等差别很大,具有多样性。"一带一路"的最大特点在于,在平等的文化认同框架下,追求以"政策沟通、设施联通、贸易畅通、资金融通、民心相通"为主要内容的合作。"一带一路"所涵盖的国家既有发达国家,也有发展中国家;既有近邻,也有远邦,经济上与我国能够互利共赢,加上我国着力推动的互联互通建设,这一切都为我国包括零售业在内的企业"走出去"提供巨大的空间。中国应该在"一带一路"倡议的框架内,充分利用主导贸易自由化谈判的有利条件,抓住域内外国家互联互通网络建设的机会,在整体布局、相互协调的全球整体扩散战略和区域相对集中战略实施和运用中，兼顾当前和长远，制订适宜的、有弹性的海外市场投资和发展计划。在这一进程中，中国可以把"一带一路"沿线国家和地区作为零售业的海外目标市场，加大零售业对"一带一路"沿线国家和地区的投资力度，结合我国产业对外转移与"一带一路"建设，通过利用自身制造业的全球价值链"在位优势"，结合东道国的劳动力资源等比较优势，促进当地制造业积极融入全球价值链，进一步推动产业和产品向全球价值链中高端跃升，并建立由中国主导的"一带一路"区域价值链，实现由被动嵌入全球价值链到主动建立区域价值链的巨大转变（李建军、孙慧，2017）。在这一过程中，在"一带一路"沿线国家落地的中国零售企业将通过向中国国内采购、东道国本地采购、在沿线国家采购，以及全球采购，一方面发挥对沿线国家产业体系的反向溢出效应，带动沿线国家首先进入"一带一路"区域价值链，然后参与全球价值链体系；另一方面借助由中国主导构建的"一带一路"区域价值链，推动中国自身的全球价值链发展。我们把由此构建的贸易网络和价值链体系定义为"一带一路"零售贸易网络。

"一带一路"零售贸易网络的建立，可以首先依托中国在"一带一路"沿线国家和地区批发贸易上的优势。批发业是中国为数不多的具有国际竞争力的服务贸易领域，又是中国对外直接投资占据前三位的行业，批发业和零售业是价值链上前后序贯连接的服务产业，加上国际分工体系中中国制造业举足轻重的地位，在"一带一路"沿线国家和地区率先构建起基于中国批发业竞争优势的"一带一路"零售贸易网络，具有以下多方面的积极效应：一是与国内价值链衔接，带动国内不同区域、不同性质和不同规模的企业，尤其是中小企业通过加入国内价值链融入全球价值链；二是通过中国对外直接投资中制造业、批发业和零售业的联动发展，提升中国产业在"一带一路"沿线国家和地区的整体竞争优势，推动中国服务业的比较优势向竞争优势、价格竞争向质量竞争转变,从而从根本上发展中国的全球价值链;三是通过"一带一路"区域价值链,带动沿线不同国家、不同性质和不同规模的企业,尤其是中小企业通过加入区域价值链融入全球价值链,从而实现沿线国家的经济升级和贸易增长。

在这一进程中,对中国而言尤为重要的是,通过培育自己的大型跨国零售商,向外延伸中国的产业链,努力打造自己的国际营销渠道,用中国企业的全程自主分销渠道取代外商主导的低价采购,打造全球贸易与营销网络,以逐步摆脱对发达国家跨国零售集团的依赖,从而掌握全球资源的价格决定权和渠道分配权(唐铁球,2015),最终推动形成由"中国服务"和"中国制造"共同主导关键环节的全球价值链。换言之,为了打通中国全球价值链提升的"最后一公里",通过率先构建"一带一路"零售贸易网络,进而推动全球性的中国零售贸易网络发展乃是稳妥可行的路径。中国零售业"走出去"和"一带一路"联动发展模型可以用图0–3表示。

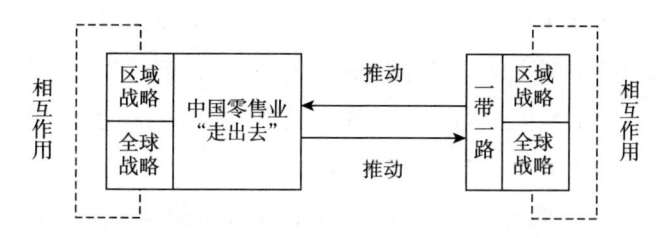

图0–3 中国零售业"走出去"和"一带一路"联动发展模型

六 研究思路及研究方法

党的十九大报告指出,要"以'一带一路'建设为重点,坚持引进来和走出去并重,遵循共商共建共享原则,加强创新能力开放合作,形成陆海内外联动、东西双向互济的开放格局。拓展对外贸易,培育贸易新业态新模式,推进贸易强国建设……创新对外投资方式,促进国际产能合作，形成面向全球的贸易、投融资、生产、服务网络，加快培育国际经济合作和竞争新优势"。

（一）研究思路

本书将围绕中国零售业"走出去"对接"一带一路"的理论模型，研究中国零售业"走出去"对接"一带一路"的必要性和可行性，两者对接、联动发展的途径、模式、战略、策略以及保障，在这一基础上提出中国零售业"走出去"对接"一带一路"的政策建议。从研究视角来看，既围绕中国零售业"走出去"这一研究主线，又突破已有关于"一带一路"及零售业国际化研究的范畴，是两者的深化和融合；从研究内容来看，通过构建中国零售业"走出去"对接"一带一路"的理论模型，全面探讨两者联动发展的路径和对策，一方面为中国零售业"走出去"战略的实施提供依据，另一方面为拓展和深化"一带一路"的研究提供理论和实践支撑。

本书的研究目的是，在"一带一路"国家倡议的背景下，尝试通过建立和检验中国零售业"走出去"对接"一带一路"的理论模型，为实现企业和国家倡议的联动发展，提供一套相对完善的理论、途径和对策。其理论价值在于：（1）有助于丰富"一带一路"的学术研究成果；（2）有助于丰富中国零售业跨国经营的学术研究成果。实际应用价值有：（1）为"一带一路"在经济及贸易领域的实施提供制度设计、政策工具和决策参考；（2）为我国零售企业开展跨国经营提供理论依据和实践咨询。

本书将在"一带一路"背景下，以中国零售业"走出去"为新时期扩大和深化对外开放的牵引，讨论中国零售业"走出去"对接国家倡议的途径和对策问题。简言之，本书提供的是支撑中国零售业"走出去"对接"一带一路"的理论设计和行动方案。完成这一研究的技术路线如图 0-4 所示。

图 0-4 技术路线

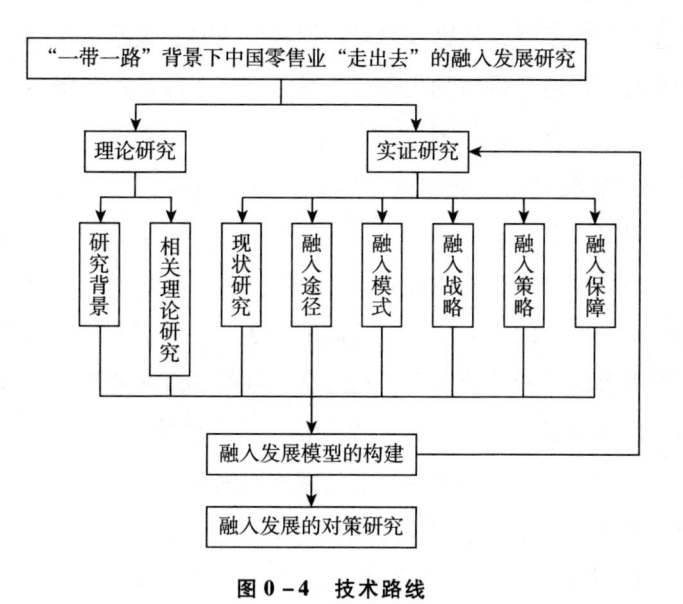

（二）研究方法

我国零售市场历经 20 多年的对外开放，已经发展成为世界上最具代表性的市场，越来越多的中国零售企业开始实施"走出去"战略，企业实践为项目研究提供了得天独厚的条件，真实案例可以作为研究对象，将企业实践中的问题上升为主要问题，通过科学研究，反过来指导企业的市场实践。本书以零售业国际化经营的理论为基础，运用国际商务管理、战略管理、国际贸易学、产业经济学等学科的理论和方法，采用规范研究和实证研究相结合、定性研究和定量研究相统一的方法，探究中国零售业"走出去"对接"一带一路"的理论、途径及对策。具体研究方法如下。

（1）在宏观和中观层面，运用规范研究的方法分析中国零售业"走出去"对接"一带一路"的背景、动因、过程及其特征，构建中国零售业"走出去"对接"一带一路"的理论模型。在这一基础上，结合专家访谈和问卷调查，选择 40 家以上有代表性的样本企业（以中国连锁百强为主，包括跨境 B2C 出口电商），对负责企业战略或国际业务的高层进行问卷调查，从融入途径、模式、战略、策略及保障方面检验理论模型的有效性。最后利用政策工具分析等手段，对我国零售业"走出去"对接"一带一路"提出政策建议。

（2）在微观层面，通过问卷调查、专家访谈、行业分析、案例研究和现场观察，重点分析中国零售业在"一带一路"背景下开展跨国经营的内外环境和战略实施情况。特别是在跨境B2C出口电商的研究中，选择有代表性的中国跨境电子商务企业，在案例分析的基础上，构建第三方平台的分析评价模型，通过企业问卷调查对模型进行检验和修正，为跨境B2C出口电商的跨国经营提供理论依据和实践咨询。

为了完成上述研究任务，本书的基本研究步骤如下。

（1）全面搜集、梳理相关文献，并跟踪国内外零售业国际化以及"一带一路"倡议实施的动态与进展，提出中国零售业"走出去"对接"一带一路"的理论模型。

（2）结合专家访谈和问卷调查，通过对中国零售业的代表性企业进行问卷调查，利用调查所得的第一手资料，对理论模型的有效性进行检验；以经典案例和代表性企业的国际化实践为引领，进一步检验理论模型的可靠性。

（3）以实证研究的结论为依据，涉及对外和对内两个方向，在对内方向上从宏观、中观和微观等不同层面为实施和保障我国零售业"走出去"对接"一带一路"提出政策建议。

1. 问卷设计

本书采用的实证研究方法主要为问卷调查，以探讨"五通"发展/关联产业优势、对接意愿以及可行性三者之间的关系。目前针对"一带一路"背景下我国零售企业国际化的研究还没有成熟的量表。根据国内外学者（Dunn et al.，1994；Hinkin，1995）的研究，我们采取了以下步骤开发出适合"一带一路"零售企业选择目标市场的量表。（1）查找文献，初步设计测度题项。（2）与学术界专家、零售企业管理人员进行深入的交流、讨论，完善测度题项。（3）进行预调研，并进一步评定和修改初始问卷，形成最终问卷。

在调查问卷中，为方便被访者填写和统计处理，我们按照李克特5点评分方法对每个题项进行了设计，其含义是：1＝完全反对；2＝反对；3＝中立；4＝同意；5＝完全同意。

2. 问卷主要内容、样本选择及问卷的回收

问卷分为企业问卷和专家问卷。本书对最终问卷进行了正式调研，由课题组成员采取盯人的方式通过电子邮件向被访对象发放问卷，并督促其完成。整个问卷的发放和回收发生在2017年春节期间，前后历时3个月，最终回收情况如下。

（1）企业问卷

企业问卷分三部分，第一部分是被访企业对中国零售企业"走出去"的总体评价和判断，包括对中国零售业的海外影响力、中国零售企业"走出去"，以及"一带一路"背景下中国零售企业"走出去"的必要性和可行性的判断；第二部分是被访企业就"一带一路"对中国零售业"走出去"的影响进行评估，包括"一带一路"与中国零售企业"走出去"的关系、"五通"的作用，以及我国零售业关联产业优势对我国零售企业"走出去"的影响等；第三部分是被访企业的基本信息及其"走出去"的基本情况。

企业样本的选择以中国连锁经营协会2016年5月发布的"2015年中国连锁百强"为主，在具体的企业样本选择中，严格剔除了在中国经营的外资零售企业，在此基础上尽可能兼顾地域分布、业态、规模、企业性质、经营模式等，以确保调查样本的代表性；本问卷题项涉及企业战略决策问题，因此完成企业问卷的均为熟知企业战略、参与企业决策的高层管理人员；为保证所获取企业信息的完整性和可靠性，部分企业的问卷是由多位高层管理者分别填写完成的。

本次调研共向43家企业发放问卷，最终获得41家企业的数据，共回收58份问卷。样本情况见表0－5。

表0-5　企业样本情况

单位：家

属性	分类	样本数量
分布区域	华东地区	21
	华北地区	10
	华中地区	5
	华南地区	3
	西南地区	1
	东北地区	1
在"2015年中国连锁百强"中的位次	前10强	6
	11~20强	7
	21~50强	7
	51~100强	12
	100强以外	9

在41家企业中，按照企业分布区域来分，华东地区有21家，华北地区有10家，华中地区有5家，华南地区有3家，西南地区有1家，东北地区有1家；按企业所有制性质来分，有16家国有企业，17家民营企业，港澳台资企业有3家，合资企业有2家（含沪港合资），混合所有制企业有3家；按照在"2015年中国连锁百强"中的位次来分，前10强有6家，11~20强有7家，21~50强有7家，51~100强有12家，100强以外有9家。企业的业态几乎覆盖国家标准《零售业态分类》中的代表性业态；从经营模式来看，既有单一从事实体店经营或者在线零售经营的，但更多的企业把两者结合开展O2O混合经营。

从国际化经营的情况来看，目前尚未走出国门，且尚无"走出去"计划的企业为28家；尚未走出国门，但近3年内有"走出去"计划的企业为10家；已经走出国门的有3家。

从拟选择/已选择目标市场的情况来看，提及欧美发达经济体的有7家，提及港澳台的有10家，提及东南亚市场的有8家，提及东亚及澳大利亚、新西兰市场的有6家，提及中、南美市场的有1家，提及非洲市场的有 1 家。

(2) 专家问卷

专家问卷的内容设计与企业问卷的第一、第二部分一致，以便于对企业问卷和专家问卷的调查结果进行比对，分析企业管理人员和专家对同一问题答项的异同。被访专家以中国流通三十人论坛专家为主，均为国内知名流通业以及国际商务研究专家。调查最终获得专家问卷 45 份。

本书对企业问卷和专家问卷获得的数据进行了均值检验，检验结果显示，企业界人士和学界专家对"一带一路"背景下我国零售业"走出去"的判断无显著差异，因此，本书将企业问卷和专家问卷进行了合并（对于某些题项，我们仍然会根据研究需要同时分析两个样本的差异），最终纳入本书的有效问卷为 103 份。

上篇 中国零售业"走出去"对接"一带一路"的理论框架

第一章
中国零售业"走出去"与"一带一路"

第一节 "一带一路"沿线国家作为中国零售业海外目标市场的必要性

中国零售市场历经20多年的对外开放，已经发展成为世界上最具代表性的市场，世界知名的零售商几乎全部集中在中国市场，其竞争可能比世界上大多数零售市场都要激烈得多。中国本土零售企业经过从被动应对、抗衡到积极挑战跨国巨头竞争的转变，一些优秀的本土企业开始脱颖而出，越来越多的中国零售企业开始实施"走出去"战略。中国零售业"走出去"不仅是必要的，也是可行的。尤其是在过去的十多年里，中国零售业急速发展，取得了惊人的成绩。现在，中国已经成为世界上最大的零售市场，也是规模最大且最具影响力的零售电子商务市场，这为当前和将来"一带一路"的零售业发展树立了标杆，以更充分地发挥中国零售市场的整体优势，这为推动中国零售企业及电商"走出去"开拓"一带一路"沿线地区的零售市场奠定了坚实的基础。"一带一路"倡议的实施势必会促进沿线地区的资本、科技、物流及人才等自由流动，为零售及消费品行业带来更大客流，各地的消费模式亦将受影响，为行业创造更大更新的发展契机。沿线国家和地区不断增加的年轻人口以及不断变化的消费者期望和行为、城镇化发展的加速、迅速增长的互联网用户以及高度的移动渗透率等各项因素，使"一带一路"沿线地区已经成为最具发展潜力的零售市场，尤其是零售电子商务市场。

在绪论部分对零售业国际化的理论分析，以及对中国零售业"走出去"现状和"一带一路"分析的基础上，下文进一步从多个视角论证中国零售业以"一带一路"沿线国家和地区为"走出去"目标市场的必要性和可行性，这是中国零售业"走出去"对接"一带一路"的逻辑起点和依据。

一 "一带一路"沿线国家和地区作为中国零售业海外目标市场的背景分析

一般来说，跨国经营绩效良好的大型零售巨头（如沃尔玛、家乐福等）的海外投资和跨文化管理的经验十分丰富，其严格遵循跨国企业渐进式发展的规律，大多在新兴国家采取长远的扩张策略，即使企业短期内在新兴国家未必有很好的回报，企业也仍然愿意投放大量的资源建设供应链、销售渠道等。在这里，选择合适的国家组合、经营模式、业态等对进入新市场的零售企业至关重要。尽管回报期可能比较长，但长远来说零售商都普遍看好新兴市场的增长潜力。从过去几年跨国零售企业资本的流向看，亚洲和美洲逐渐成为欧美日等大型零售企业进行海外投资的主要目标市场。

根据德勤发布的《2018年全球零售报告》，2016财年（截至2017年6月的财政年度），全球250强零售商共创收4.4万亿美元，复合增长4.1%。在250家零售企业中，美国有80家，日本有32家，德国有17家，法国和英国各有12家。尽管占比缩水，但欧洲零售商的活跃度仍居全球首位，这主要归功于其不断在本土市场之外寻求业务增长机会，其境外运营收入占其综合零售收入的近41%。在全球250强当中，中国（含香港、台湾）共有14家零售企业上榜，排名最靠前的是电商巨头京东，列第28位，其他上榜中国零售商分别为：苏宁、屈臣氏、华润万家、国美、牛奶国际、唯品会、百联股份、永辉超市、周大福、统一超市、百丽国际、大商股份、农工商超市（DTTL，2018）。

多年来，全球知名的咨询公司科尔尼连续对国际零售业最具吸引力的投资对象国进行研究，并发布年度"全球零售业发展指数"（GRDI）。列入全球零售业发展指数的考察指标包括市场吸引力、国家风险、市场饱和度、时间压力等，并据此对相关国家的全球零售业发展指数进行排名。根据其发布的2014年"全球零售业发展指数"，零售商继续进军发展中国家市场，并且已经开始意识到市场的开拓并无章法。全球零售业的重要的新兴市场（除了拉美市场之外）是哈萨克斯坦和马来西亚。这两个国家虽然人口不多，但是高档奢侈品对消费者有着强大的吸引力（Kearney，2014）。根据科尔尼发布的2017年"全球零售业发展指数"，亚太地区已经成为商业发展的温床（Kearney，2017）（见表1-1）。

表1-1 2017年全球零售业发展指数

排名	国家	市场吸引力（25%）（分）	国家风险（25%）（分）	市场饱和度（25%）（分）	时间压力（25%）（分）	零售业发展指数（分）	人口数量（百万人）	以购买力平价计算的人均国内生产总值（美元）	社会商品零售总额（10亿美元）
1	印度	63.4	59.1	75.7	88.5	71.7	1329	6658	1071
2	中国	100.0	64.5	24.4	92.5	70.4	1378	15424	3128
3	马来西亚	77.1	87.1	23.3	56.2	60.9	31	27234	92
4	土耳其	75.8	60.4	31.7	71.4	59.8	80	21147	241
5	阿联酋	92.3	100.0	0.9	44.4	59.4	9	67696	73
6	越南	26.7	25.4	72.4	100.0	56.1	93	6422	90
7	摩洛哥	34.6	55.4	65.5	69.8	56.1	35	8360	40
8	印度尼西亚	49.3	45.5	52.1	76.7	55.9	259	11699	350
9	秘鲁	45.5	52.2	50.8	57.6	54.0	32	13019	61
10	哥伦比亚	49.7	71.1	45.7	44.4	53.6	49	14162	90
11	沙特阿拉伯	88.2	62.5	22.0	41.6	43.6	32	54078	114
12	斯里兰卡	27.6	42.0	77.2	60.3	51.8	21	11189	30

续表

排名	国家	市场吸引力(25%)(分)	国家风险(25%)(分)	市场饱和度(25%)(分)	时间压力(25%)(分)	零售业发展指数(分)	人口数量(百万人)	以购买力平价计算的人均国内生产总值(美元)	社会商品零售总额(10亿美元)
13	多米尼加	60.7	18.2	64.6	63.4	51.7	11	15946	32
14	阿尔及利亚	24.0	5.8	93.1	77.4	50.1	41	14950	42
15	约旦	51.7	53.2	64.7	26.2	49.0	8	11125	14
16	哈萨克斯坦	45.1	37.5	62.9	47.9	48.4	18	25669	35
17	科特迪瓦	12.2	9.6	97.6	73.1	48.4	24	3581	14
18	菲律宾	33.2	40.6	39.9	73.5	46.8	103	7696	137
19	巴拉圭	22.6	14.6	88.9	56.6	45.7	7	9354	11
20	罗马尼亚	48.2	64.3	0.0	70.0	45.6	20	22319	45

从表1-1可见，GRDI排前十位的国家中，有一半在亚太地区，包括印度、中国、马来西亚、越南和印度尼西亚。特别是中国和印度，拥有庞大的人口，零售总额为数万亿美元，经济和政治风险相对较低，加上市场潜力巨大，促使这两个国家排名靠前。印度的分数虽然是最高的，但是，并不是所有方面都获得了高分。事实上，只有时间压力获得了88.5分，促使印度处于领先地位（GRDI为71.7分）。另外，中国的市场吸引力获得最高分，达到100分，时间压力获得92.5分，但是，市场饱和度为24.4分（较低分数则表示饱和度较高），低于印度。中国的GRDI（70.4分）略低于印度。马来西亚的GRDI为60.9分，主要得益于国家风险（87.1分），这推动其成为排名第三的发展中国家。接着是土耳其（GRDI为59.8分），整体成绩稳中有升。阿拉伯联合酋长国（GRDI为59.4分）排在第五位，在国家风险上获得了100分，市场吸引力达到了92.3分，但是，市场饱和度仅获得0.9分。

与科尔尼的研究形成对比的是，世邦魏理仕在《2013零售业全球化进程》报告中指出，2012年全球零售业的扩张范围扩大，成熟市场仍然是零售商扩张的主要目的地，其中欧洲是最受欢迎的地区，同时新兴市场潜力巨大,结合在线零售开设门店仍然是重点发展方向,报告认为,美国零售商在全球门店扩张方面最为活跃。过去美国零售商偏好亚洲与西欧市场,现在美国零售商正逐渐将目光转向中东、中欧与东欧以及拉丁美洲。意大利、英国及法国零售商也非常活跃,亚洲是它们扩张的重点目标。世邦魏理仕的报告还认为,缺少新的优质门店限制了部分品牌扩张计划的实施,在成熟市场中这一点尤其明显,而新兴市场中大部分新开发项目位于大型城市的周边地区,只能吸引到国内品牌进驻。此外,在线零售业的发展促使部分品牌缩小了门店规模,但大多数品牌采取多渠道战略。对于许多零售商而言,在新市场中开设门店仍是重点方向,这也表明跨国业务将在未来几年继续稳步发展。

全球零售市场的上述发展对准备进行海外扩张的我国零售企业有直接的指导意义。应该说,到目前为止,我国零售业的对外开放主要是"引进来",除了有效地吸引大量国际资本、管理技术和人才外,还可以促使国内零售企业通过与国际零售巨头的竞争与合作,来调整自己的战略,促进自身发展,从而有效防止未来身处陌生环境时无所适从。正是这种中国零售市场所具有的特征,培植了中国零售企业应对和处理复杂市场环境的能力,而这正是"走出去"企业必不可少的竞争力。此外,能够有力支持中国零售企业"走出去"的理论依据在于,总体而言,中国消费者具有求变、善变,价格偏好,忠诚度较低,"多频谱消费"的特点,可以说,在中国市场能够获得成功的企业,在海外市场取得成功的机会更大(朱瑞庭,2015)。

但是,我国零售企业国际化仍处于初始阶段,与发达国家的零售企业相比,我国零售企业在国际知名度、零售专业技能与文化、形象认同度等方面都存在不小的差距。基于前面的分析,结合我国零售业自身特点及已经"走出去"的零售企业的海外目标市场选择,我国零售企业的海外市场选择应该重点考虑地理距离、文化差异、目标国的市场规模与消费水平、东道国基础设施水平和政策环境等因素。具体来说,应重点考察与中国文化接近、投资环境好、限制少、同业竞争力较弱、消费潜力大的国家,尤其是经济发展状况较好、有市场潜力,与我国政治关系稳定的发展中国家。就这个意义而言,我国目前较为理想的零售业海外市场包括东南亚地区,中亚、中东欧国家等,这些国家和地区正是"一带一路"沿线的国家和地区。

二 "一带一路"沿线国家和地区作为中国零售业海外目标市场的必要性

下面,我们从影响目标市场选择的核心因素出发,来讨论"一带一路"沿线国家和地区作为我国零售业海外目标市场的必要性。

1. 地理距离

地理距离作为影响早期零售业国际化经营的主要因素,在西方的零售业国际化文献研究和企业实践中都得到证实。从绪论介绍的迄今为止中国内地零售业国际化经营实践的情况来看,抛开跨境电子商务不说,绝大部分开展在地零售经营的目标市场都在港澳、东南亚以及日本市场。这不是一个简单的巧合。对于国际化经验不足的中国零售企业来说,开展国际化经营的初始动机,除了通过试水海外市场获取经验外,很重要的因素就是利用国内制造业优势,以国内为基地构建国际化业务的供应链网络。这种选择的优点显而易见,即控制风险,扬长避短。如果把这样的逻辑延伸到"一带一路"市场,那么首先选择离本土距离并不遥远的周边国家和地区,例如东南亚国家和地区,这是海外目标市场选择的必然结果。这种选择在"一带一路"以"五通"为主要内容的合作框架下无疑会得到进一步强化,而这个时候影响海外市场选择的因素也已经超越地理距离本身。

2. 市场潜力

在跨国零售商选择海外目标市场时,发达国家和发展中国家在宏观经济指标,以及人口结构、购买力、零售市场竞争强度、业态分布等方面的差异,都会对跨国零售商的市场选择带来很大的影响。根据德勤发布的《2017全球零售力量》报告,发展中国家尚未完成工业化,对国外技术、资金的需求明显，相应的优惠政策较多，总体上对外资持欢迎态度；消费者对新业态、新模式、新产品的接受程度较高（DTTL，2017）。但是，这些市场处于成长之中，虽然潜力巨大，但对外资的阶段性限制仍然较多，加之市场波动性更大，社会保障不足，居民消费能力有限，市场容量较小。此外，在新兴市场面临的挑战还包括市场未成熟、消费者分散、文化差异、政策限制、物流配套不足等。但是，相对于欧美发达市场，"一带一路"沿线国家和地区正是过去一段时间以来世界上发展最快的零售市场，也是最有前景的零售市场之一，而且利好因素继续积极推动增长。值得注意的是，上述发展中国家普遍具有市场特征，在"一带一路"沿线国家和地区中，其具体表现仍然是不一样的，为此需要对不同的国家和地区进行具体的分析和评估。仅以东南亚国家为例，泰国、新加坡等国的零售市场的国际化程度相对较高，更多东南亚国家的零售市场仍然处在比较落后的发展阶段。当过去几年马来西亚、印度尼西亚等国家的在线零售得到快速发展的时候，在菲律宾等国家，跨境电子商务的发展则刚刚起步。从世界各国，包括中国零售市场的开放历程可以发现，一个国家零售市场的发育程度及其国际化阶段，在很大程度上受到该国零售市场 SCP 特征的影响，而影响 SCP 特征的因素又与这个国家零售市场的开放政策密切相关。

3. 行业竞争

从欧洲零售业国际化的实践和经验来看，流通企业的跨国经营会提高目标市场整个行业的竞争水平，进而影响行业的市场结构。比如，自 20 世纪 80 年代以来，欧洲零售市场的日趋成熟使流通行业出现兼并重组的高潮，其结果是零售市场的份额被更具竞争优势的企业获得。考虑到零售业态的生命周期，跨国零售商会优先考虑在目标市场引进迄今为止尚不存在或者竞争强度不大的零售业态，因为这些业态在母国往往处于生命周期的成长或者成熟期，它们在目标国具有相对于竞争对手的持续竞争优势。由于零售业态在很大程度上受特定店铺销售面积限定，对于百货公司、大型超级市场等业态来说，选择一个理想的店址并不是一件容易的事。零售业在东欧国家早期的国际化经营表明,新业态在目标国的引进主要集中在首都或主要的大城市,其经营往往需要经过五年的时间才能走上正轨(Lingenfelder,1996)。相较于欧美发达国家的零售市场来说,"一带一路"沿线国家和地区的零售市场,无论自身发展所处的阶段,还是国际化程度,都有巨大的差异。如果说东欧市场在完成市场化转型之后,欧美大型零售企业已经相继进入的话,那么"一带一路"沿线大部分国家才开始走上类似20世纪90年代中国零售市场的开放和发展之路。换言之,相比大部分"一带一路"沿线国家,中国零售市场的国际化程度要高得多,中国零售企业在国内市场所经历的竞争要远比在大多数国际市场更为激烈。基于这样的分析,在"一带一路"框架下,中国零售企业就会具备开展国际化经营所必需的零售专业技能,并且,如果能够成功地将这种零售专业技能转移到国际化程度不高的"一带一路"市场,那么其竞争优势往往是巨大的。

4. 市场便利性

通常,市场便利性会更多地归结于市场的进入和退出上。从经营成本的角度来说,市场便利性除了由市场开放、市场竞争、营商环境等政策性因素决定外,对于跨国零售企业来说,目标国市场和母国市场的同质性或者异质性是一个非常重要的考量。显然,两个市场间较高的同质性可以降低跨国经营的难度,降低经营风险。在这里,文化相似被视为与地理邻近同样重要的因素而被纳入对目标市场的评估中。被零售商和消费者所感知的东道国和母国之间的文化差异会影响不同国家、企业和消费者的商业文化、消费习俗和购物习惯,进而会影响到国际化企业的组织文化、机构设置、决策程序等。一般而言,文化差异越小,母国市场与海外市场的邻近程度越高。对文化差异的理解会直接影响企业对国际化经营中极其重要的标准化和本土化关系的理解及其处理,从而对海外市场包括品类、服务、促销等在内的营销策略产生重大甚至决定性的影响。观察"一带一路"沿线国家和地区的语言、宗教、文化习俗等就可以发现,要应对国际化经营企业的挑战绝非一件容易的事情。就这一点而言，即使"一带一路"的"五通"建设可以在一定程度上降低经营风险，但是不能完全消除。

第二节 "五通"对中国零售业进入"一带一路"市场的支撑作用

根据《愿景与行动》的精神，共建"一带一路"的核心是以"五通"为内容的合作重点，其中，政策沟通是重要保障，设施联通是优先领域，贸易畅通是重要内容，资金融通是重要支撑，民心相通是社会根基。在分析了"一带一路"市场作为中国零售业海外目标市场的必要性之后，下面我们从经济学、管理学的视角来深入分析"五通"建设对中国零售业进入"一带一路"市场的支撑作用。

一 政策沟通

从"五通"的内容来看，它们之间相互关联，相互影响，是一个密不可分的整体。但是，《愿景与行动》将政策沟通列为"五通"的第一项内容，正好反映了其作为重要保障的地位和作用。这种保障首先表现在事关双边、多边范围内国家和政府层面的全局性、前瞻性和引领性的顶层设计方面，突出国家在规划制定和实施中作为主导者、推动者的地位，从而在最高的战略和政策层面确保经济合作能够实现互利双赢。有了政策沟通，才能从根本上保障其余的"四通"；反之，如果没有政策沟通的保障，其余"四通"就像无本之木、无源之水，既缺乏方向，也难以落地，无法保证取得实效。事实上，从中国和沿线国家的现有合作来看，"政策沟通"的意义十分明显。

根据波特的"钻石模型"，政府可以通过产业政策等工具促进产业竞争优势的发展，如果把中国零售业放在"走出去"背景下来考察，政府对创造和促进中国零售业在海外市场的竞争优势就有着特殊的意义

[朱瑞庭、尹卫华，2014（b）]。在把"一带一路"沿线国家和地区作为目标市场的情况下，中国零售业要在东道国获取市场机会，发挥竞争优势，至少在现阶段还离不开中国和东道国之间的政策沟通，尤其是商贸政策的协调。原因在于，"一带一路"沿线国家差异巨大，经济发展阶段不同，市场（包括零售市场）开放程度不一，政策的透明度和稳定性有高有低。面对如此复杂的环境因素，企业进入沿线国家和地区往往伴随着巨大的风险，依靠自身力量难以在东道国取得成功。为此，需要通过顶层设计，在国家层面加强与东道国之间的政策沟通。在这方面，《愿景与行动》已经做出了规划和安排，包括构建政府间宏观政策的沟通交流机制，对接各自经济发展战略，为务实合作及大型项目实施提供政策支持等。

二 设施联通

零售业的跨国经营聚焦向目标国和区域市场的顾客提供商品销售服务，这种销售服务以符合需求的国际化采购活动为前提，其采购范围显然远大于销售范围。所以，零售业国际化经营的重点在很大程度上取决于高效有组织地进行国际采购，而国际采购的范围受制于运输时间、运输技术、运输成本等。特别是在食品零售业方面，还要考虑易腐败变质的商品（牛奶等）受到时间和运输条件的限制，必须在以本企业为中心的一定区域内的生产商那里采购；有些价格低廉的商品（如卫生纸）的采购过程所产生的费用有可能会比制造成本高得多，其国际采购也会因此受到限制。从现代外贸理论的解释来看，除了采购规模、订货频率之外，由地理距离产生的运输成本，以及采购信息系统的有效性都对国际采购及其成本影响巨大。在这里，基础设施对零售业国际化经营的支撑作用显而易见，其作用直接体现在降低流通成本、提高流通效率上，从而为企业实施灵活而富有弹性的价格策略创造条件。从这个意义来说，把基础设施互联互通作为"一带一路"建设的优先领域极富远见。

"道路联通"是最初提出的"五通"之一，到了《愿景与行动》已经微调为"设施联通",虽然只有两字之差,其外延却发生了很大的变化。根据《愿景与行动》的设计,沿线国家首先应加强基础设施建设规划的对接,共同推进一批标志性的关键重点项目的建设,实现高水平的互联互通。在这个规划里面,设施联通不仅包括与陆海空交通有关的设施建设,还包括口岸、能源、通信、网络等的建设;不仅包括交通基础设施的关键通道、关键节点和重点工程,还包括与此有关的规则、标准、机制等方面的合作和协调,特别是,把畅通信息丝绸之路列入其中,凸显了《愿景与行动》对设施联通的超前规划和布局。可以预见,现代化的互联互通的推进和建成,将极大地促进商品、资金、信息等高效低成本地在沿线国家之间流动,这将非常有利于中国零售业在这些国家的经营和发展。

三 贸易畅通

从我国出口贸易,尤其是服务贸易出口的结构来看,增加中国零售业的海外存在是扩大我国服务贸易出口规模的主要方式。在国际竞争的重心从货物贸易转向服务贸易的大背景下,中国需要从国家战略的高度,树立"商品出口和商业资本输出联动、内贸和外贸一体"的新理念、新思维,抓住"一带一路"的机遇推进和扩大我国在海外的商业存在,以完整的商品和服务贸易战略和政策积极参与国际竞争,从而提升我国在国际分工和全球价值链中的地位,建成与我国贸易大国地位相称的世界服务贸易新格局。

《愿景与行动》明确投资贸易合作是"一带一路"建设的重点内容,沿线国家要积极推进投资贸易便利化,消除各种不利于资本流动的壁垒,构建良好的国际化营商环境,特别是在区域贸易自由化的安排方面加快谈判进度,以释放合作潜力,提振增长活力。在以"五通"为合作内容的框架内,一方面,《愿景与行动》的规划非常有利于中国零售业在沿线国家的市场开拓和国际化经营,反过来,通过中国零售业"走出去",不仅可以利用中国产业国际转移的整体优势,发挥关联产业集群的辐射和溢出效应，还有利于通过中国零售企业国际化采购网络所带动的商品流动，来拓宽超越双边范畴的贸易领域，优化全球范围特别是发展中经济体之间的贸易结构，挖掘贸易新增长点，实现各自的比较优势，促进相互间贸易平衡。此外，通过中国零售业"走出去"，有助于健全服务贸易促进体系，巩固和发展传统贸易，创新贸易方式，推动跨境电子商务等新业态发展。对于广大发展中经济体来讲，把投资和贸易相结合的经济合作，不仅对当地市场的冲击较小，还能通过产业转移、反向技术溢出、产业关联等效应带动当地产业发展、转型升级以及就业，改善当地生活和商业环境（黄先海、陈航宇，2016）。总之，中国零售业在"一带一路"沿线国家和地区的经营活动，本身就是贸易畅通的重要组成部分，从这个意义来说，推动中国零售业进入"一带一路"沿线国家和地区可以极大地充实和丰富"一带一路"建设的内涵。

四 资金融通

再回到波特的国家竞争力"钻石模型"中，相关支撑产业是决定产业竞争力的重要因素。具体到零售业，除了各类制造业直接影响商品及服务的提供之外，与商品及服务的跨境流通直接有关的金融、交通、物流等现代服务业，也是零售业国际化众多的相关支撑产业。不难发现，零售业的相关支撑产业不仅数量众多，而且差异巨大。"一带一路"涵盖东南亚、中亚、南亚、西亚、中东欧等众多国家和地区，它们主要是新兴经济体和发展中国家，它们的经济发展阶段不同，零售业关联及支撑产业发展基础不同，发展水平更是差异巨大。但是，这些地区人口比较集中，市场潜力巨大，恰恰是目前全球贸易和跨境投资非常活跃、增长很快的地区，其经济增长对跨境贸易和投资增长的依赖性，一方面，为中国零售业的市场开发和跨国经营提供良好的机遇；另一方面，落后的基础设施、发展滞后的相关支撑产业严重影响跨国供应链的建设，从而制约中国零售业的国际化经营。

加强"一带一路"沿线国家基础设施建设，推动关联产业发展，需要巨大的建设资金的支撑。对于大多数沿线国家来说，资金缺乏是自身无法克服的巨大困难。一方面，这些国家的工业化和城市化进程导致对基础设施建设的资金需求愈加旺盛；另一方面，现有的多边金融机构都无法满足这些国家的资金需求。面对这一矛盾，中国在提出"一带一路"倡议的同时，就把亚洲基础设施投资银行、丝路基金的创建列入资金融通的重要议程。为了更好地发挥资金融通对"一带一路"建设的重要支撑作用，"一带一路"沿线有关国家需要按照《愿景与行动》的规划，在不排斥现有多边机构的情况下，深化在亚洲基础设施投资银行、金砖国家开发银行、上海合作组织银联体、丝路基金等框架内的金融合作，积极开拓新的融资渠道，提供更加适合沿线国家发展需求的金融产品，提高资金运营和使用的效率，更好地服务沿线国家的共同发展。

五 民心相通

民心相通作为"一带一路"建设的社会根基被列入《愿景与行动》之中，这与中国零售业海外目标市场选择与经营的理念高度契合。在零售业海外目标市场的选择中，市场邻近假说一直是跨国零售商海外市场选择的一个重要法则。在零售业国际化的早期阶段，市场邻近性主要是指，零售商的海外扩张一般率先进入与母国在地理上相邻或相近的市场，这样的市场选择风险比较小，有利于企业以母国市场为依托，构建和管理以本国市场的供应为基础的配送网络和供应链（Alexander，1997）。此类国际化的例子非常普遍，比如，法国零售商偏爱意大利、西班牙、葡萄牙市场，德国零售商在苏联解体之后成为进入东欧市场的先驱等。中国内地零售企业"走出去"初期的目标市场主要集中在中国香港、东南亚和日本等，这也是地理邻近原则的具体体现。

随着零售业国际化实践的不断发展，市场邻近性原则逐渐有了新的内涵，即目标市场和东道国市场之间的文化邻近性作为地理邻近的延伸被纳入对目标市场的选择和评估之中。为了衡量文化邻近性，在西方的文献中，一些学者引入了"心理距离"的概念（Dupuis，Prime，1996；O'Grady，Lane，1996）。心理距离是指母国市场与海外市场之间由于不同的文化而产生的差异，这种差异会对零售业在目标国的经营产生直接的影响，具体表现在，对不同的商业环境、文化习俗、消费习惯的深刻理解会对企业的商品、服务、价格、渠道以及促销等营销组合策略起到巨大甚至决定性的影响。一般而言，心理距离越小，母国市场与海外市场的邻近程度越高。在零售业国际化发展到今天，虽然跨国零售巨头海外目标市场的选择早已突破原有的标准，但是，地理相近、文化相似作为国际化初期企业海外目标市场选择的金科玉律一直沿用至今。总之，市场邻近可以作为中国零售商海外市场选择的一个重要标准，尤其在国际化初期阶段，这一标准的意义更为重大。

上文我们分别讨论了"五通"对中国零售业"走出去"的支撑作用。"一带一路"秉持和平合作、开放包容、互学互鉴、互利共赢的理念，坚持共商、共建、共享原则，兼顾各方利益和关切，将使区域基础设施更加完善，投资贸易便利化水平进一步提升，区域经济整合的速度进一步加快，日益得到有关各方的理解和接受。"一带一路"虽然由中国首倡，其利益却辐射全球，原因就在于，"一带一路"兼顾了各方诉求和关切，找到了各方的利益契合点和最大公约数。此外，国之交在民相亲，民相亲在心相通。基于民心相通的人文交流可以有效减少文化隔阂和障碍，从而不仅在国家、政府层面提高对中国倡议、中国方案的理解、支持和参与程度，而且在消费者层面提升对中国制造、中国品牌的认可和满意度。所有这一切对中国零售业的跨国经营是十分有利的。

自2013年倡议提出至今，共有100多个国家和国际组织表达了支持及参与"一带一路"的意愿，中国与40多个国家和国际组织签订了共建"一带一路"的备忘录或协议，通过政策沟通，中国已经或者正在与俄罗斯、韩国、柬埔寨、印度尼西亚、老挝、文莱、越南、孟加拉国、巴基斯坦、阿富汗、哈萨克斯坦、白俄罗斯、捷克、匈牙利、澳大利亚、土耳其、埃及，以及西欧等国家和地区各自的发展战略进行对接。在国内，纵横联动、有机协调的"一带一路"建设机制正在形成。

在"一带一路"提出以来的5年时间里，中国对沿线国家投资增长迅速，一系列重大项目取得积极进展。从零售业国际化的文献研究和跨国公司的经营实践来看，无论是从市场邻近性，还是从其市场需求、发展潜力来判断，"一带一路"沿线国家和地区都是中国零售业重要的海外目标市场，东南亚国家和地区更是我国零售业首选的海外市场。随着"一带一路"建设的不断推进，特别是在"五通"建设的强力支撑下，我国零售业进入"一带一路"沿线国家和地区的条件日趋成熟。为了降低国际化经营的风险，中国零售业可以在自身经营能力的前提下，在"一带一路"沿线整体布局和与区域相对集中相结合的市场开发战略下，采取稳健经营的模式，首先开发"一带一路"沿线重要的国家和节点市场，最后将"一带一路"沿线国家和地区纳入统一的与国内市场一体、内外市场联动的国际化经营网络。这一投资和市场开发的过程既体现了中国零售业海外目标市场选择的理论逻辑，还是实现企业战略和"一带一路"国家倡议有机融合的必然。

归纳起来，"一带一路"以"五通"为合作重点的建设，不仅在理论上和前面对零售业国际化的经济学分析相契合，而且在内容上与零售业国际化经营中包括目标市场选择、进入时机、方式、业态以及风险控制等在内的重要战略决策相重叠。根据上面对"五通"的具体内容的分析，结合前面零售业国际化的经济学分析，《愿景与行动》所做出的规划不但契合零售业跨国经营的经济学、管理学理念，也为我国零售业"走出去"奠定了很好的文化基础。虽然传统的来自发达国家零售业国际化的理论和实践经验，并不能完全适用于我国零售企业，但是在大力推进"一带一路"建设，尤其是"五通"建设的强力支撑下，我国零售企业进入沿线国家和地区的条件日渐成熟，在"一带一路"沿线的东南亚地区，中亚、中东欧国家中，尤其是东南亚地区（与中国地理相近、文化相似）可以成为中国零售业"走出去"的首选市场。为了降低国际化经营的风险，企业可以首先考虑在"一带一路"沿线的节点国家和城市落地,在稳健经营的前提下,逐步将"一带"从我国的中西部通过中亚延伸到西亚,将"一路"通过东南亚往西延伸至南亚、西亚、东非、北非,最后将"一带一路"延伸到欧洲市场。中国零售业海外目标市场选择对接"一带一路"的路线可以用图1-1来表示。

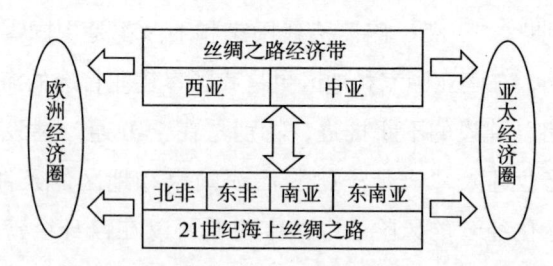

```
            ┌─────────────────────┐
            │    丝绸之路经济带    │
   ┌──┐  ◁──┼──────┬──────────────┼──▷  ┌──┐
   │欧│     │ 西亚 │    中亚      │     │亚│
   │洲│     └──────┴──────────────┘     │太│
   │经│              ⇅                  │经│
   │济│     ┌────┬────┬────┬──────┐     │济│
   │圈│  ◁──┤北非│东非│南亚│东南亚├──▷  │圈│
   └──┘     ├────┴────┴────┴──────┤     └──┘
            │  21世纪海上丝绸之路  │
            └─────────────────────┘
```

图1-1　中国零售业海外目标市场选择对接"一带一路"的路线

这一切表明,把"一带一路"沿线国家和地区作为我国零售业"走出去"的海外目标市场,不仅是必要的,而且也是可行的。

第二章
中国零售业"走出去"对接"一带一路"的理论模型

第一节 融入途径

在绪论部分已经提及,研究中国零售业"走出去"对接"一带一路",在理论上要回答三个不同层面且又呈紧密逻辑联系的问题:一是为什么中国零售业"走出去"要对接"一带一路";二是如何实现中国零售业"走出去"战略和"一带一路"的对接、联动发展;二是如何保障中国零售业"走出去"对接"一带一路"。问题一的核心是以"一带一路"沿线国家和地区作为中国零售业"走出去"的目标市场的必要性和可行性等(见第一章),这是中国零售业"走出去"对接"一带一路"的逻辑起点和依据。对问题二的回答则是中国零售业"走出去"对接"一带一路"理论模型要阐释的主要内容,包括理论模型的构建和实证检验。对问题三的回答则是在对理论模型进行实证检验的基础上,提出支撑中国零售业"走出去"对接"一带一路"的政策建议。下面分别加以讨论。

有关零售业海外目标市场选择的研究一直受到西方学者的关注。这些研究的焦点集中在影响目标市场选择的因素、目标市场的评估等方面。在绪论部分我们讨论了文献研究中海外目标市场选择的影响因素。大量国外相关研究构建了国际零售商海外扩张市场选择的一种理论框架：市场邻近性模型，即由地理、经济、文化这三个基本要素组成的市场邻近三角形扩展成由文化、经济、社会、公共政策及零售结构组成的市场邻近五角模型，为国际零售商海外扩张的市场选择，尤其是国际化初期阶段的市场提供了理论依据（Burt，1993）。一般来说，零售商选择海外市场时，会首先考虑那些具有地理邻近性的区域，比如英国零售商首选爱尔兰为国际化区域、荷兰零售商在比利时投资、德国零售商积极寻求在奥地利发展都符合这一理论。为了更有效地度量市场邻近的程度，许多学者引入了"心理距离"的概念，而且将心理距离当作影响零售国际化扩张的差异和组织绩效差异的一个重要因素（Dupuis，Prime，1996）。但是，迄今为止，关于心理距离的界定在学术界还没有达成共识。一般认为，心理距离所指的文化差异、结构性差异和语言差异，事实上是一种市场不确定性，而这种不确定性来自文化差异和商业困难所带来的环境障碍，因此，心理距离是指母国市场与东道国市场之间因对文化和商业环境差异的感知和认识的不同而形成的距离。从零售业国际化发展的进程来看，地理相近、文化相似一直是跨国零售企业选择海外市场的重要标准。

我国零售业国际化仍处于初始阶段，与发达国家的零售业相比，我国零售业在国际知名度、零售专业技能、文化与形象认同度等方面都存在不小的差距。结合我国零售业自身特点及已经"走出去"的零售企业的海外目标市场选择，我国零售企业的海外市场选择，应该重点考虑地理距离、文化差异、目标国的市场规模与消费水平、东道国基础设施水平和政策环境等因素。具体来说，应重点考察与中国文化接近、投资环境好、限制少、同业竞争力较弱、消费潜力大的国家，在相关国家和地区范围内有选择地投资，重点是经济发展状况较好、较有市场潜力，与我国政治关系稳定的发展中国家。就这个意义而言，我国目前较为理想的零售业海外市场包括东南亚地区，中亚、中东欧国家等，这些国家和地区正是"一带一路"沿线国家和地区。这些新兴市场和发展中国家的特点是对外来投资优惠多，经营费用低，竞争对手少，缺点是市场开放度低，基础设施差，投资限制多，消费水平低，市场容量小，市场排斥力量大等。通过对中国流通企业"走出去"的比较优势分析，在"一带一路"背景下，中国流通企业较大规模地开展对外直接投资的条件和时机已基本成熟，支持零售企业充分发挥市场优势、品牌优势、地缘优势、文化优势，"走出去"，在海外建立采购中心、展示中心、集散中心、仓储中心、交易中心和服务中心，鼓励商贸流通企业积极创新，不断创造优势、夯实优势、利用优势，中国流通企业"走出去"必将大有作为，成为中国经济的新引擎（祝合良、石娜娜，2017）。

第二节 融入模式

波特认为，一个产业在国际上获得竞争优势，要具备四个基本要素：要素条件、需求条件、市场支撑及保障、企业战略及竞争方式。此外，政府促进政策和机会对产业竞争优势也影响巨大。以上要素之间双向强化，形成影响产业竞争力的"钻石模型"。如果我们把中国零售业放在"走出去"背景下来考察目标市场环境，那么，以上构建中国零售业国际竞争优势的要素就会发生许多新的变化。其中，需求条件、企业战略及竞争方式与市场支撑及保障三个要素由目标市场所对应的要素特征决定，并作为中国零售业"走出去"目标市场评估与选择的约束条件被纳入其中，就中国零售业而言，应该重点关注的是自身的市场适应性问题。就生产要素这一条件而言，它固然属于构成中国零售业国际竞争优势的内生变量，政府也可以通过产业政策等促进其竞争优势的发展，但是，这一要素条件主要依靠微观层面的企业来实现。这样看来，在上述六个要素条件中，市场支撑及保障以及政府促进政策两个因素的决定性影响尤其值得关注。对零售业来说，相关支撑产业的数量众多，差异巨大，主要包括各类制造业，以金融、物流等为代表的现代服务业等。政府在增强产业的国际竞争力中所起的作用实际上是通过政府促进政策体现的。对中国流通产业的 SCP 分析和对中国零售业国际竞争力的"钻石模型"分析均表明，强调市场支撑及保障，以及零售业与其关联产业联动发展的重要性，是政府作为双重导向政策的主体所应该也是能够承担的职能，符合中国零售市场现状和特征，也对现阶段创造中国零售业在海外市场的竞争优势有特殊的意义［朱瑞庭，2014（a）］。

基于这样的分析，在"一带一路"倡议的背景下，尤其是在以"五通"为核心内容的框架内，通过零售业和关联产业集群式"走出去"，既是中国零售业进入海外市场、进行市场竞争的选择，又可以利用集群式产业的辐射和溢出效应，充分发挥中国产业国际转移的整体优势，实现企业战略和国家倡议的联动发展。为了实现这一目标，国家要从流通业作为基础性、先导性、战略性产业定位的高度，在"一带一路"建设中，通过构建基于零售业国际竞争力目标的支持中国零售业"走出去"的市场保障体系，推动零售终端主导的全价值链关联产业的联动发展，从而实现我国完整产业链的集群式海外扩张。

第三节 融入战略

一般而言，零售业海外扩张主要有全球整体扩散和区域相对集中两种市场开发的路径和模式。在"一带一路"背景下讨论中国零售业海外扩张的具体战略，既是对前面目标市场选择的讨论的深化和延续，又可以保证企业在全球整体扩散和区域相对集中战略的实施和运用中，兼顾当前和长远，制订适宜的、有弹性的海外市场投资和发展计划。

"一带一路"的走向和网络展现的是一幅全新的全球化蓝图，其轮廓正在通过"五通"建设变得越来越清晰。在这一蓝图中，全球产业

第二章 中国零售业"走出去"对接"一带一路"的理论模型

链在不断延伸,生产网络在扩大和不断完善。所以,"一带一路"不但很好地契合了我国零售业"走出去"的空间和市场发展选择,还使我国零售业可以以全球整体扩散与区域相对集中相结合的市场开发为依托,充分利用域内外国家互联互通网络建设的机遇,通过整体布局、相互协调的投资计划实现海外扩张。比较全球整体扩散和区域相对集中两大战略发现,对于实力尚不够强大的中国零售企业而言,稳健经营的区域相对集中战略是目前我国零售业跨国经营战略模式比较好的选择(孙元欣,1999),它的好处是:借助基础设施互联互通的有利条件,降低物流成本;通过成长型分店快速占领市场,增强抵御区域性经济波动风险的能力;提高地区的知名度,强化宣传效果。中国零售业可以优先在"一带一路"沿线的重要国家和节点城市,特别是已经与中国商签投资保护协定、建立自由贸易区以及境外经济贸易合作区的国家和地区开拓海外市场,原因有二:一是可以最大限度地发挥区域相对集中战略的优势,将跨国经营风险置于更为可控的范围内;二是在这些市场,往往可以使我国出口有效地绕过贸易壁垒,减少贸易摩擦,同时为企业获取先进技术、稀缺资源,为促进我国各类企业集群式"走出去"提供有效的渠道。

第四节 融入策略

"全球本土化"(Glocalization)指全球化思维和本土化运作,最早提出这一概念的是哈佛大学教授 Levitt,他主张在国际营销中要充分结合全球化思维与本土化操作,为获取企业竞争优势奠定基础(Levitt,1983)。在国际营销实践中,"全球本土化"战略的核心是跨国企业在空间布局和市场战略中对标准化和本土化战略的选择问题。

最早提出零售业国际化的标准化和本土化战略的是美国学者 Salmon 和 Tordjman(1989),他们主张把全球战略和当地零售市场修正战略相结合。我国学者陈三林和付铁山（2012）通过研究零售企业国际竞争优势的本土化转移，提出零售业务、商品筹措和商品供给三大系统转移的本土化框架。汪旭晖（2012）探讨了零售专业技能由母国标准化到东道国初步本土化、再本土化及再标准化的动态演进规律，指出地区嵌入程度能够影响零售专业技能转移的深度及本土化程度。

跨国零售企业应该实施标准化还是本土化战略在西方学术界是有争议的（Theodosiou, Leonidou, 2003）。但是，随着零售业国际化的迅速发展，学术界对标准化和本土化战略的讨论逐渐呈现一种相互融合的趋势，越来越多的人开始关注，在影响企业战略选择的因素中，或者说在构成企业核心竞争力的影响因素中，应该如何围绕企业目标分别实施标准化、本土化战略。"全球本土化"战略选择的实质是试图实现核心要素的标准化、非核心要素的本土化。这个过程可以被认为是标准化战略和本土化战略之间的妥协。"全球本土化"战略既体现了全球营销的理念，同时也认识到营销活动需要考虑与各个地区相关的问题。为了成功地实现全球营销，营销经理们必须在他们选择进入的目标市场本土化运作，或者说，管理层给出了企业全球战略的大方向，企业各地的公司或部门应当专注当地顾客的具体需求（Kotler, 2009）。总之，在目标市场整体布局、协调发展的框架下，把选址、产品组合和供应商网络等与当地市场环境相结合的跨国企业，更有可能取得竞争优势，更有可能在目标市场获得成功。

以"全球本土化"理论为依据，研究中国零售业在"一带一路"目标市场的战略及其营销策略的标准化和本土化关系问题，可以为中国零售业在目标市场获取竞争优势找到路径和方法（常健聪、朱瑞庭，2016）。研究内容如下。（1）以中国零售业国际竞争力模型分析为基础，讨论中国零售业专业技能本土化的动态演进规律，主要是零售业专业技能本土化的形成和转移路径。（2）以"全球本土化"理论为依据，研究中国零售业在目标市场的营销策略组合的标准化和本土化关系问题，包括产品（服务）策略、价格策略、渠道策略以及促销策略等。(3) 中国零售业"走出去"过程中母子公司之间组织及文化管理问题，具体包括管理团队在人员、知识、职权等方面的结构安排，找到人力资源管理方面标准化和本土化战略的最优结合。

第五节 融入保障

中国零售业海外投资的风险与"一带一路"风险既有相似之处，也有不同的地方，这些风险可能会发生在全球的任何零售业态中。由于零售业直接面对各国消费者，人们认为东道国与母国存在较大的文化差异对于零售企业的影响程度最大；对于行业环境风险的感知来说，当地零售业的行业结构和竞争程度是企业十分关注的；对于企业内部来说，由规模扩张而导致的财务风险，也是"走出去"企业十分关心的。此外，人们对进入发达国家、新兴工业化国家和地区、发展中国家三大不同目标市场的感知风险的侧重点不同。因此，结合中国零售企业的具体情况，有必要针对不同的目标市场进行环境分析，从而提出进入不同目标市场的有针对性的风险管理与防范策略。

在"一带一路"沿线的很多发展中经济体或欠发达经济体中，既有像巴基斯坦、阿富汗这样政局持续动荡的国家，也有宗教、民族问题集中的南亚、中亚和北非国家，许多国家对外深陷大国博弈的战场，对内面临政权更迭、政治转型、民族冲突等多重矛盾，安全风险、政治风险较大，许多国家的政策法规有比较大的不稳定性，"朝令夕改"的现象客观存在，这些都是推进"一带一路"与中国企业"走出去"的风险因素。此外，法律、社会文化以及商业环境等还会对零售业的发展产生直接的影响和制约。因此，对于"一带一路"沿线国家的贸易风险进行分析与评估成为中国零售企业"走出去"最为急迫的任务之一。

综合以上分析，本书提出中国零售业"走出去"对接"一带一路"

的理论模型（如图 2-1 所示）。

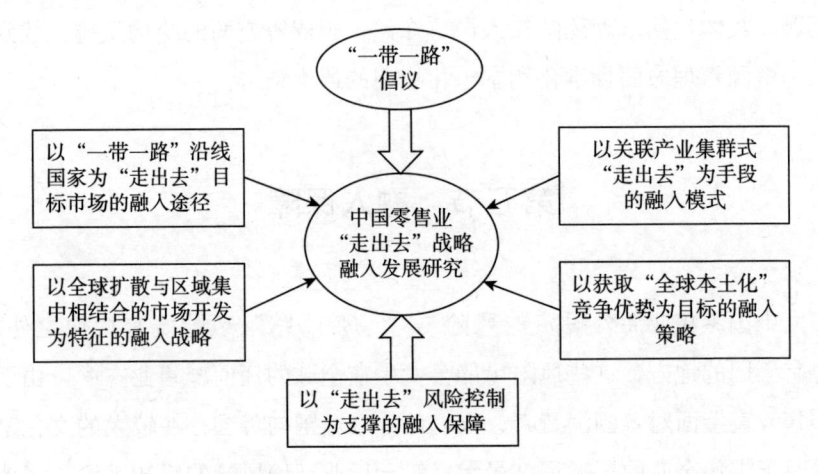

图 2-1　中国零售业"走出去"对接"一带一路"的理论模型

中篇

中国零售业"走出去"对接"一带一路"的实证研究

第三章
中国零售业"走出去"对接"一带一路"的途径

在上篇中,我们从理论上分析和论证了中国零售业"走出去"对接"一带一路"的必要性和可行性,这是中国零售业"走出去"对接"一带一路"的起点和依据。从本章开始,我们将实证讨论中国零售业"走出去"对接"一带一路"的途径、模式、战略、策略以及保障等,在这一基础上提出实现两者对接、联动发展的对策。根据中国零售业"走出去"对接"一带一路"的理论模型,把"一带一路"沿线国家和地区作为中国零售业"走出去"的目标市场是实现两者对接的途径。在对"一带一路"零售市场进行具体的测度之前,我们先来讨论来自实证调查中有关中国零售业进入"一带一路"沿线国家和地区的必要性和可行性等方面的数据及其结论。

第一节 "一带一路"沿线国家和地区作为中国零售业目标市场

一 必要性和可行性——来自两次调查的数据对比

为了分析中国零售业的国际竞争力以及实施"走出去"战略过程

中遭遇的瓶颈及困难，为构建支持"走出去"战略实施的支撑体系提供依据，我们在2014年春节期间在全国范围内组织实施了专门的调查。那次调查与课题组在2017年春节期间组织的本次调查正好间隔3年时间。这两次调查既有相似的地方，由于研究任务的不同，两者又有不同的侧重点和内容。就相同的方面来看，两次调查都从两个层面展开：一是企业问卷调查，二是专家访谈及问卷调查。在两次调查中，企业和专家问卷都是在先期进行充分的案头研究、市场观察，以及对专家访谈和企业预调研的基础上确定的。除了企业问卷涉及国际化经营的有关专门问题之外，两份问卷的大部分问题是重叠的，并均采用李克特5级量表的方式进行了标准化的设计，以便于最终资料的整理和分析。企业样本的选择尽可能兼顾到地域分布、业态、规模、经营模式等，以确保调查的代表性；完成企业问卷的均为熟知企业战略、参与企业决策的高层管理者；为了保证获取的企业资料的完整和可靠，部分企业的问卷调查是由多位高层管理者分别填写完成的，在部分企业高层管理者填写问卷之前，我们还进行了深入的访谈。与企业问卷一样，专家问卷也是在确定了具体的被访专家之后主要通过电子邮件的方式定向发送问卷，并定时回收。被访专家是通过组织者在全国范围内经过严格筛选确定的来自高校、研究机构研究流通经济和零售管理的知名专家，组织者在问卷设计、预调研以及访谈过程中，与部分专家进行了深入的交流，收集了大量的第一手资料。

两次调查所不同的是，除了研究内容、问卷内容不同以外，最终获得数据的被访企业和专家数量发生了较大的变化。在2014年的调查中，被访企业一共有13家，回收问卷22份；最终回收的专家问卷为25份。在2017年的本次调查中，正如绪论中已经介绍的，我们最终获得了41家企业的数据，共回收有效问卷58份；专家问卷是45份。两次调查的样本结构性数据见表3-1。

第三章 中国零售业"走出去"对接"一带一路"的途径

表3-1 两次调查的样本结构

单位：家，份

<table>
<tr><th colspan="2"></th><th>2014 年</th><th>2017 年</th></tr>
<tr><td rowspan="5">企业样本</td><td>前 10 强</td><td>4</td><td>6</td></tr>
<tr><td>11~20 强</td><td>2</td><td>7</td></tr>
<tr><td>21~50 强</td><td>0</td><td>7</td></tr>
<tr><td>51~100 强</td><td>2</td><td>12</td></tr>
<tr><td>101 强以上</td><td>1</td><td>9</td></tr>
<tr><td colspan="2">企业数</td><td>13（含 4 家在线零售企业）</td><td>41</td></tr>
<tr><td colspan="2">企业问卷数</td><td>22</td><td>58</td></tr>
<tr><td colspan="2">专家样本</td><td>25</td><td>45</td></tr>
</table>

注：连锁百强位次

分析这两次企业问卷调查异同发现，一个明显的特征就是，企业的地域分布、业态、规模、经营模式等均发生了较大的变化，应该说本次调查的企业样本数量更多，覆盖面更为广泛，代表性更高。

由于两次调查间隔 3 年时间，我们在有关中国零售业国际竞争力以及"走出去"的部分专门设置了相同的题项，通过分析这些方面 3 年来的变化可以发现一些很有价值的信息。有关题项及数据见表 3-2。

表3-2 两次调查有关题项对比数据（均值）

题项	2014 年	2017 年
在国内市场竞争力	3.3	3.0
在国际市场竞争力	1.5	1.9
"走出去"必要性	4.0	4.0
"走出去"可行性	3.1	3.1
竞争力从国内向国外外溢	3.3	3.5
"一带一路"背景下"走出去"的必要性	—	4.2
"一带一路"背景下"走出去"的可行性	—	3.6

在 2014 年的调查中，关于中国零售业国际竞争力的调查数据表明，中国零售业在国内市场和国际市场的竞争力呈现明显的剪刀差，如表

3-2所示，在国内市场竞争力均值为3.3（5为很有竞争力），明显高于在国际市场竞争力（均值为1.5）。到了2017年，中国零售业在国内、国际市场竞争力依然存在剪刀差（均值为3.0和1.9），但是这一剪刀差在过去3年时间里有了明显的缩小（均值差从1.8缩小为1.1）。有趣的是，被访者对中国零售业在国内市场竞争力的判断在下降（也许和最近几年国内零售业转型过程中大量门店关闭有关），而对在国际市场竞争力的判断则在上升。这一结果和对中国零售业"走出去"现状的经验判断相一致。但是，总体而言，中国零售业在国际市场仍然缺乏影响力。分别考察两次调查中专家问卷和企业问卷的结果可以发现，企业高层管理者和专家对中国零售业在海外市场的竞争力的判断基本一致，但是，企业高层管理者对中国零售业在国内市场竞争力的表现明显比专家乐观。这一结论说明，中国零售企业经过过去20多年在国内市场与跨国巨头短兵相接的"肉搏战"，已经经历了从当初被动防御到积极应战再到足以抗衡的阶段的过渡。这一点在部分区域市场表现得更为明显。中国零售业经过国内市场与跨国零售巨头激烈竞争的洗礼后，为实施"走出去"战略并在海外市场获取竞争优势做了很好的准备。换言之，在国内市场具有较强竞争力的零售企业更容易在海外市场取得成功，其中的主要原因之一是企业零售专业技能的国际转移。这一结论尤其得到了专家的认可（均值为3.8），比较而言，企业高层管理者对在国内市场获得的竞争力能够更好地助推其在海外市场取得成功则显得更为谨慎（均值为3.2）。

在回答中国零售业"走出去"必要性的时候，两次调查的被访专家和企业高层管理者总体认为，中国零售业很有必要开拓海外市场（最高值为5，均值达4.0），其中，2014年调查时专家比企业高层管理者更认为中国零售业已经到了实施"走出去"战略的时候了。到了2017年情况有了细微改变，被访企业高层管理者比专家更认为中国零售业需要"走出去"。这一信息来自一线零售企业，其反映出来的动向似乎更值得关注。在回答中国零售业"走出去"的条件是否已经成熟的问题（"走出去"可行性）时，两次调查的均值均为3.1（5为完全成熟），和必要性相比仍有一定的差距，但是，被访专家和企业高层管理者对这一问题的看法同样有了新的变化：2014年的时候，专家认为中国零售业"走出去"的条件更为成熟（均值为3.3），企业高层管理者在面对"走出去"的时候更为谨慎（均值为2.9）；到了2017年，被访企业高层管理者对中国零售业"走出去"的可行性判断比被访专家更为积极（均值分别为3.1和3.0）。这一结论表明，总体而言，在过去3年时间里，专家对中国零售业"走出去"显得更为谨慎，相反，中国零售企业正在以更为开放的态度（哪怕是以细微、渐进的方式）面对中国零售业"走出去"这一命题。

从表3-2还可以看出，当我们把中国零售业的"走出去"这一命题置于"一带一路"的背景下的时候，无论是从必要性，还是从可行性来说，被访企业高层管理者和专家都变得更为积极了。其中，必要性的均值从4.0上升到4.2，可行性的上升幅度则更大，从3.1上升到了3.6。比较被访企业高层管理者和专家两个样本，在"一带一路"的背景下，企业高层管理者（均值为4.2）比专家（均值为4.1）认为中国零售业更有必要"走出去"。企业高层管理者的这一积极姿态同样体现在对"一带一路"背景下中国零售业"走出去"更为可行的判断上，对这一问题的回答，专家的均值为3.5，而企业高层管理者的均值为3.6。在问卷中，我们还以"'一带一路'沿线的发展中国家是否比欧美发达国家更适合作为中国零售业'走出去'的目标市场"设问，该题项获得的均值为3.8，被访企业高层管理者和专家的意见基本一致。结合对问项"在海外目标市场的选择和评估中，您是否同意对发达国家和发展中国家采取不同的标准"的回答，我们得到的均值是4.3，说明在被访者心目中，对把不同类型的国家作为目标市场的选择和评估标准是有区别的。这从另一个侧面证明了"一带一路"作为中国零售业海外目标市场的合理性。

综合以上内容，无论是在一般意义上，还是在"一带一路"背景下，我们可以得出以下结论：中国零售企业正在以更加开放和积极的姿态面对"走出去"问题，当然，这种倾向在"一带一路"的背景下更为明显。应该说，在中国零售市场正在经历新零售的痛苦转型，全球市场由于单边主义和贸易保护主义等逆全球化思潮处于高度不确定的背景下，中国零售企业的这种开放和积极姿态显得尤为宝贵。

二 中国零售业"走出去"对接"一带一路"

在讨论了"一带一路"沿线国家和地区作为中国零售业"走出去"目标市场的必要性、可行性之后，中国零售业"走出去"对接"一带一路"就成为顺理成章的逻辑。为了验证这一逻辑的合理性，我们在问卷中专门就此设置了相关题项，表3-3是有关题项的均值数据（同样为李克特5级量表）。在对被访企业高层管理者和专家在同一题项上获得的数据进行均值检验之后发现，企业高层管理者和专家对相关题项的判断无显著差异，因此，这里我们将企业问卷和专家问卷进行了合并，只列出合并样本均值数据，对企业样本和专家样本的均值数据不再加以呈现。

表3-3 中国零售业"走出去"对接"一带一路"

题项	均值
"一带一路"有利于推动中国企业"走出去"	4.5
"一带一路"有利于推动中国零售企业"走出去"	4.0
中国零售企业应该积极对接"一带一路"	4.2
中国零售企业应该积极"走向""一带一路"沿线国家和地区	4.0
"一带一路"沿线国家和地区是中国零售业"走出去"的重要目标市场	3.8

由表3-3可见，在所列5个题项的均值分布中，有4个题项的均值超过了4（包含4，最高为5），由此，中国零售业"走出去"应该更好地对接"一带一路"的论断得到进一步的验证。

第二节 "一带一路"沿线国家和地区零售市场测度

基于文献综述，结合世界范围内零售业国际化经营的实践经验，下面主要从地理距离、市场潜力、竞争烈度和进入便利性四个方面，对"一带一路"沿线国家和地区的市场特征进行深入的系统评估，以期进一步为中国零售业"走出去"对接"一带一路"提供现实依据（朱瑞庭，2017）。

一 地理距离和市场潜力测度：着眼于零售市场引力

地理距离和市场潜力作为零售业海外目标市场选择的首要因素，在零售业国际化的早期实践中应用最普遍。较近的地理距离意味着母国商品价格优势的可延续性和国别市场差异的可控制性；较大的市场潜力则意味着目标国市场的规模经济性和可开发价值。一般而言，跨国零售企业往往会选择与母国距离较近、市场规模较大、成长较快的市场为目标市场。为更好地评估地理距离和市场潜力两大因素的复合影响，我们将 Tinbergergen（1962）和 Poyhonen（1963）用于测量国际贸易和产业转移的"引力模型"研究思路，用于测度"一带一路"沿线国家和地区作为中国零售业"走出去"目标市场的吸引力［朱瑞庭，2017（a）］。如果定义中国为母国，则母国的零售业"走出去"条件可看作常数 C，目标国的零售业承接条件设定为评估值 Y_i，两国之间的地理距离设定为 D_i，比例参数设定为 β，目标国对中国零售业"走出去"的吸引力可以构造为引力模型 T_i：

$$T_i = \beta \frac{CY_i}{D_i^2}$$

进一步定义目标国的零售业承接条件评估值 $Y_i = \sqrt[n]{\alpha_1 \alpha_2 \cdots \alpha_n}$，其中，评估因素包括目标国经济规模、目标国经济增长速度、目标国市场规模、目标国购买力水平，各项评估因素对应的评估指标如表 3-4 所示，α_n 为各项评估指标经过正态标准化后的评估值。

表 3-4 目标国零售业承接条件评价体系

序号	评估因素	评价指标
1	经济规模	按购买力平价（PPP）衡量的 GDP

续表

序号	评估因素	评价指标
2	经济增长速度	GDP 增长率
3	市场规模	按购买力平价衡量的零售总额
4	购买力水平	按购买力平价衡量的人均 GDP

将世界银行数据库 2015 年相关指标数据代入评价模型，计算"一带一路"沿线国家和地区对中国零售业"走出去"的吸引力指数。经计算，吸引力指数超过 10 以上的国家共 22 个（如表 3-5 所示）。由吸引力指数及其排名可以看出，东南亚国家菲律宾、泰国、越南、新加坡、马来西亚、印度尼西亚等国对我国的零售业吸引力较强，南亚国家印度、孟加拉国、斯里兰卡等国对我国零售业的吸引力次之，以蒙古、哈萨克斯坦、沙特阿拉伯等为代表的东北亚、中亚和西亚国家及以德国、英国等为代表的欧洲国家对我国零售业也具有一定的吸引力。

表 3-5 "一带一路"沿线国家对中国零售业"走出去"的吸引力指数

排名	国家	吸引力指数	排名	国家	吸引力指数	排名	国家	吸引力指数
1	菲律宾	355.16	9	哈萨克斯坦	29.79	17	英国	14.26
2	泰国	247.57	10	孟加拉国	28.70	18	科威特	13.81
3	越南	234.60	11	沙特阿拉伯	26.47	19	匈牙利	11.17
4	新加坡	197.45	12	德国	24.07	20	巴林	11.16
5	马来西亚	177.46	13	土耳其	20.34	21	西班牙	11.05
6	印度尼西亚	110.05	14	斯里兰卡	15.92	22	以色列	10.94
7	印度	98.28	15	卡塔尔	15.81			
8	蒙古	45.76	16	阿曼	15.25			

注：由于受到数据可得性的影响，阿联酋、土库曼斯坦、乌兹别克斯坦、伊朗等国未能进入评价体系。

资料来源：根据世界银行数据库（2015 年）公布的各国原始数据计算整理得出。

二 竞争烈度测度：着眼于商品结构相似度

商品结构相似度反映的是两个国家主导产业进而主销商品的相似程度。一般而言，两个国家商品结构相似度越高，则两国之间产业转移和承接的难度就越低，但商品贸易的竞争烈度就越高。着眼于零售业，两个国家商品结构相似度越高，则母国零售业的商品供应链优势越难以发挥，但目标国的商品采购体系越容易构建。因此，对零售业竞争而言，两个国家商品结构相似度越高，则零售业竞争更多地体现为业态竞争；两个国家商品结构相似度越低，则零售业竞争更多地体现为供应链竞争［朱瑞庭，2017（a）］。

这里我们大致遵循联合国工业发展组织对产业结构的测度方式，用 S_{12} 表示两个国家之间的商品结构相似度，并定义：

$$S_{12} = \sum_{j=1}^{n}(S_{1j}S_{2j}) / \sqrt{\sum_{j=1}^{n}S_{1j}^2 \sum_{j=1}^{n}S_{2j}^2}$$

其中，母国总产值中 j 行业的贡献率用 S_{1j} 表示，目标国总产值中 j 行业的贡献率用 S_{2j} 表示，n 为国民经济体系中的行业数量。

以我国为母国，着眼于食品、衣着、居住、生活用品、交通通信五大类主要消费品类别，计算我国与"一带一路"沿线国家和地区之间的商品结构相似度，可以看出沿线国家和地区与我国的商品结构相似度处于 0.80～1。我们将商品结构相似度高（0.98～1）的国家和低（0.90 以下）的国家汇总（如表 3－6 所示）。其中，与我国商品结构相似度高的国家主要集中于东南亚、中亚和东欧地区，我国零售业以这类国家为目标市场的"走出去"战略应当突出业态的先进性和经营方式的差异性；与我国商品结构相似度低的国家主要集中于南欧地区和地中海沿岸地区，我国零售业以这类国家为目标市场的"走出去"战略应当突出业态的差异性和供应链的运作效率。

表 3-6 我国与"一带一路"沿线国家商品结构相似度

\multicolumn{6}{c	}{低相似度国家}	\multicolumn{6}{c}{高相似度国家}
序号	国家	相似度	序号	国家	相似度	序号	国家	相似度	序号	国家	相似度
1	塞浦路斯	0.82	10	比利时	0.89	1	泰国	1.00	10	乌兹别克斯坦	0.99
2	希腊	0.83	11	黎巴嫩	0.90	2	越南	1.00	11	亚美尼亚	0.99
3	拉脱维亚	0.86	12	西班牙	0.90	3	白俄罗斯	1.00	12	罗马尼亚	0.99
4	阿尔巴尼亚	0.87	13	尼泊尔	0.90	4	埃及	1.00	13	土库曼斯坦	0.99
5	马尔代夫	0.87	14	意大利	0.90	5	老挝	1.00	14	哈萨克斯坦	0.98
6	摩尔多瓦	0.87				6	印尼	1.00	15	柬埔寨	0.98
7	法国	0.87				7	马来西亚	1.00	16	捷克	0.98
8	英国	0.88				8	不丹	1.00	17	俄罗斯	0.98
9	黑山	0.88				9	蒙古	0.99	18	印度	0.98

资料来源：根据世界银行数据库（2015 年）公布的各国主要消费品类别产值的原始数据计算整理得出。

三 进入便利性测度：着眼于贸易便利度

贸易便利度（Enabling Trade Indication，ETI）指数由达沃斯世界经济论坛发布的《全球贸易促进报告》提出，旨在通过比较商品或要素在国与国之间跨境流动的自由度，分析特定区域范围内的贸易便利程度。ETI 指数可拆分为四个可测指标，具体包括市场准入、边境管理、运输和基础设施、贸易环境，其中与零售业国际化经营相关度较高的可测指标主要集中于市场准入以及运输和基础设施两个方面（World Economic Forum，2014，2016）。达沃斯世界经济论坛每两年公布一次 ETI 指数，其得分范围为 1~7，得分越高，则贸易便利化程度越高，汇总见表 3-7。

表 3-7 "一带一路"沿线国家贸易便利度排名

区域	国家	市场准入 2013年	市场准入 2015年	运输和基础设施 2013年	运输和基础设施 2015年	区域	国家	市场准入 2013年	市场准入 2015年	运输和基础设施 2013年	运输和基础设施 2015年
东南亚	新加坡	1	2	1	1	西亚	阿联酋	102	109	11	10
	马来西亚	32	40	20	23		沙特	61	105	36	37
	印度尼西亚	17	20	77	64		以色列	43	49	28	33
	泰国	59	51	46	46		科威特	96	113	70	57
	菲律宾	14	11	91	89		伊朗	136	138	82	92
	老挝		39		115	中东欧	斯洛文尼亚	67	75	30	35
南亚	斯里兰卡	103	104	81	83		捷克	67	75	32	28
	巴基斯坦	128	133	95	94		克罗地亚	42	50	33	42
	印度	130	136	84	67		匈牙利	67	75	42	43
	孟加拉国	65	57	123	119		波兰	67	75	49	49
	尼泊尔	106	61	118	123		罗马尼亚	67	75	68	68
中亚	哈萨克斯坦	120	108	45	53		波黑	48	45	80	88
	吉尔吉斯斯坦	39	32	98	104	俄蒙	俄罗斯	129	132	103	101
	塔吉克斯坦	100		92			蒙古	110	126	103	101

注：表中未列示部分表示数据缺失。
资料来源：根据《全球贸易促进报告》（2014年和2016年）数据汇总编制。

从表3-7汇总的"一带一路"沿线国家贸易便利度排名情况看，首先，东南亚各国零售可进入性相对较好，但市场准入严格程度以及运输和基础设施条件两极分化显著。其中，新加坡和马来西亚的零售可进入性较好；印度尼西亚、菲律宾和老挝市场准入较为宽松，但运输和基础设施薄弱；而泰国的运输和基础设施较好，但市场准入严格。其次，南亚、西亚以及俄蒙诸国，目前市场准入较为严格，且近年来市场封闭性呈现持续增强的发展态势，但考虑到西亚以及俄罗斯相对较好的运输和基础设施条件，随着未来"一带一路"的推进，如其能放松市场准入，则这些国家将具有相对优越的进入潜力。最后，中亚国家市场准入及运输和基础设施条件不均衡,零售业进入的现实障碍仍然显著,亟须在"一带一路"框架之下寻求突破。另外,中东欧国家市场准入条件以及运输和基础设施条件相对均衡,发展潜力远期看好[朱瑞庭,2017(a)]。

四 目标市场选择:"一带一路"沿线国家和地区综合评价

综观全球市场,相对于南美、非洲国家和地区,"一带一路"沿线国家和地区与我国的地理距离与交通通达性显然更具优势;相对于欧美发达国家,"一带一路"沿线国家和地区零售市场明显具有更好的成长性;相对于过去,"一带一路"沿线国家和地区的开放程度与市场进入便利性正在提高。可以说,未来几年,"一带一路"沿线国家和地区将是我国零售业"走出去"最有前景的目标市场,而且相关的利好因素将持续增加(DTTL,2017)。基于从市场吸引力(地理距离、市场潜力)、竞争烈度和进入便利性三个方面对"一带一路"沿线国家和地区市场特征做出的系统评估,本书大致可对"一带一路"沿线国家和地区作为我国零售业"走出去"的目标市场的可靠性做出综合鉴定。如表 3-8 所示,首先东南亚国家仍将是近期我国零售企业"走出去"优先选择的目标市场;其次是中亚地区,该地区当前存在一定障碍,但依托"一带一路"的持续推进,市场进入条件将持续改善;再次,南亚和西亚地区都存在显著的、短期难以克服的市场进入障碍,零售业"走出去"缺乏明确有效的突破口,总体进入条件尚不成熟;最后,俄蒙地区进入风险较大,欧洲市场则远景潜力可期。

表 3-8 "一带一路"沿线地区与我国零售业"走出去"对接程度综合评价

地区	市场吸引力	竞争烈度		进入便利性
		业态竞争优先	商品竞争优先	
东南亚	+++	+++	+	+++
南亚	++	+	+	++

续表

地区	市场吸引力	竞争烈度		进入便利性
		业态竞争优先	商品竞争优先	
中亚	+ +	+ + +	+	+ +
西亚	+	+	+ +	+
欧洲	+	+ +	+ + +	+
俄蒙	+ +	+	+	+

注：+ + +代表较好；+ +代表一般；+代表较差。

总之，"一带一路"沿线国家大多为发展中国家，市场经济制度和私营部门发展状况参差不齐，而完善的营商法规和相关制度是经济健康运行的重要保证。根据世界银行编制的营商环境指标体系，"一带一路"沿线国家的营商环境总体及各个分项指标都高于世界平均水平，但是和OECD国家的营商环境相比仍有较大的上升空间。从发展趋势来看，总体而言，"一带一路"沿线各国的营商环境是在逐步改善的，其中46个国家2016年的得分在提高，但是也有19个国家的得分甚至低于2010年水平，营商环境恶化。从区域分布来看，这19个国家超过半数是西亚、北非国家，有5个为南亚国家，这都与其国内的政治动荡有关。营商环境改善程度较大的10个国家分别是乌克兰、乌兹别克斯坦、白俄罗斯、塔吉克斯坦、俄罗斯、哈萨克斯坦、马其顿、波黑、波兰和摩尔多瓦，这些国家大多分布在中东欧地区和中亚地区，这些地区政治相对稳定，经济发展的环境适宜（张松，2017）。有鉴于此，中国零售业在进入具体的"一带一路"沿线国家和地区之前，需要逐一对东道国市场进行全面的分析和评估。

第四章
中国零售业"走出去"与关联产业联动发展

第一节 零售业国际化背景下的关联产业

众所周知,零售业为家庭和个人消费者提供销售服务。就这一点而言,除了第一产业的种植业和养殖业直接为居民提供食品等生活消费品外,满足家庭和个人消费者所需的相关制造业是对零售业支持最大、关联度最高的产业,无论从一国内部还是从跨国零售业来说,都是如此。除此之外,现代金融业和物流业(尤其是第三方物流)等日益成为零售业发展的重要关联产业。随着互联网和信息技术的发展,在线零售异军突起,无论其是否与线下融合,都对传统实体零售带来重大影响。从波特的"钻石模型"出发,在线零售可以被视为传统实体零售的竞争者和替代者。换言之,在线零售已经成为零售业的重要组成部分。在这样的背景下,如果把电子商务当成独立的产业,那么它理所当然也应该作为零售业的关联产业而加以讨论。

一 制造业

从价值链的角度来看,制造业是零售业的上游产业和传统供给部门，作为影响零售业的供给侧，制造业的门类、规模、产品数量以及质量都会对下游的零售业的发展产生直接的推动作用。反过来，作为需求侧的零售业可以拉动制造业快速成长，尤其是对消费品制造业的前向支撑作用明显（赵霞，2012）。有研究表明，批发和零售业属于高附加值产业，其盈利能力、税收贡献和产出附加值都明显高于服务业各产业的平均值（司增绰，2015）。因此，为了推动我国零售业关联产业的联动发展，充分发挥关联产业的协同创新作用，有以下两条路径。

一是，通过制造业转型升级，摆脱我国制造业长期以来技术含量低、附加值低的低端锁定，不断向高端攀升，从而为零售业提供有效供给。要提升中国制造业的技术含量和品牌影响力，中国的制造企业和服务供应商都必须从长计议，专注主业。这种专注不仅指企业有明确的目标、特定的市场，也意味着企业拥有自己的看家本领和撒手锏，首先把国内市场作为国际市场来看待。中国企业应该更加突出主业与特长，力争把产品与服务做精、做细、做专、做深，不断培育核心竞争力。要做到这一点，企业必须保持在制度、经营、管理及技术等方面持续创新的动力，持续的创新驱动不仅是因为外部环境（尤其是零售端所服务的消费者）的持续改变，从而创新是企业环境适应性的表现，还是由激烈的市场竞争所致。促进中国与"一带一路"沿线地区经贸投资合作，有利于加快中国企业拓展海外市场空间，构建区域生产网络，带动中国企业在产品、设备、零部件、劳务和文化方面的输出，构建新的发展动能（上海财经大学500强企业研究中心，2017）。

二是，通过零售业组织优化和创新发展，不断增强其生产性服务的功能，为制造业转型升级提供强大的支撑能力。具体来说，要以为制造业转型升级提供高效优质服务为目标，加快零售业依靠技术创新、组织创新和制度创新，增强发展活力，深化其与关联产业融合，破除我国流通业依靠自身低发展水平成长较慢的路径依赖。优化流通业发展的制度空间和地理空间，协调贸易政策与产业政策，推动流通业整体转型升级，提高流通业国际化经营能力，确保我国流通产业安全（司增绰，

2015）。尤其是要在"一带一路"框架下，鼓励和支持具有潜在优势的零售企业逐步扩大对外投资范围，建立海外销售网络、生产体系和融资渠道，促进它们在更大范围进行专业化、集约化和规模化跨国经营，提升跨国整合资源的能力，培育全球意义的产业链、价值链的系统集成者，从而推动由我国零售商终端主导的全价值链关联产业的联动发展，以"一带一路"零售贸易网络发展我国的全球价值链。

二 金融业

金融是现代经济的核心。在讨论金融业和零售业的关联发展的时候，其内容既涵盖传统金融业对零售业的信贷、保险等服务，也包括金融业对家庭和个人消费者提供的消费信贷、支付服务等。在这里，互联网金融的发展对零售业的发展正在产生越来越大的影响。

互联网金融不是互联网和金融业的简单结合，而是在实现安全、移动等网络技术时，传统金融业与互联网的深度融合。更重要的在于，通过利用互联网、移动互联网等工具的"开放、平等、协作、分享"特性，传统金融业务具备透明度更高、参与度更高、协作性更好、中间成本更低、操作更便捷等一系列特征。理论上，任何涉及广义金融的互联网应用，都应该是互联网金融，包括但是不限于第三方支付、在线理财产品的销售、信用评价审核、金融中介、金融电子商务等模式。互联网金融的发展已经历了网上银行、移动支付、个人贷款、企业融资等，越来越在融通资金、供需匹配等方面深入传统金融业务的核心。

在迅猛发展的跨境 B2C 电子商务中，跨境支付是一个重要环节。跨境支付是指两个或两个以上国家或地区之间借助一定的结算工具和支付系统实现的资金跨国和跨地区转移的行为。跨境支付可以分为银行国际汇兑、国际信用卡、非银行第三方支付和特殊跨境支付工具等。

1. 银行国际汇兑

银行是主要的跨境支付机构。通过不同国家或地区的银行进行汇款或结算，实现不同货币之间的转换。不同国家、不同银行收费不同，在操作的时候受到当事国外汇管制政策的限制。如中国，个人最高收汇金额不超过5万元。南美洲和非洲等一些外汇比较短缺的国家管制相应比较严格。

2. 国际信用卡

目前，国际上有五大信用卡品牌：Visa、MasterCard、AmericanExpress、JCB和DinersClub。国际信用卡收款是由获得Visa QSP和MasterCard PF资质认证的支付机构帮助商户面向持有Visa、MasterGard等境外信用卡的消费者进行收款。目前Visa和MasterCatd的用户超过20亿人，其一般针对消费者小额支付。

3. 非银行第三方支付

非银行第三方支付是指具备实力和信誉保障的第三方企业和国内外各大银行签约，满足买卖双方同步交换的市场需求。第三方承担中介保管及监督的职能，通过支付托管实现支付保证。非银行第三方支付可以提供除银行货币之外的满足支付需求的技术、渠道和业务服务。所从事的跨境支付业务包括国外信用卡收单、收汇、结汇等。在跨境出口电商中，国内第三方支付机构主要处理抵达境内的外汇资金在合作银行进行外币汇兑以及在约定时间内为商户进行人民币结算。在境外支付过程中，中国的第三方支付机构主要承担跨境收款、结汇等业务，或为电商服务平台提供支付通道业务。流程见4-1。

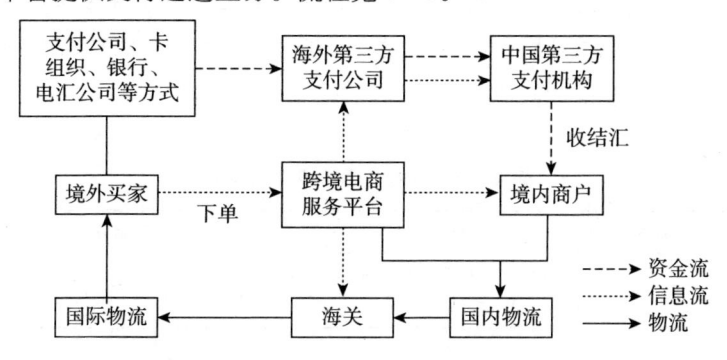

图4-1 跨境电商（出口）平台第三方支付机构收结汇业务流程

(1) 国际第三方支付平台

世界上主要的第三方支付平台的情况见表 4-1。

表 4-1 国际主要第三方支付平台简况

序号	品牌	特点	总部所在地
1	PayPal	全球最大的在线支付提供商,支持 190 多个国家和地区的交易,支持 20 多个币种	美国
2	Global Collect	世界顶级的支付服务供应商,在 200 多个国家提供 170 种货币的本地支付方式组合,只做大客户,申请门槛高	荷兰
3	Google Checkout	Google 在 2006 年推出自己的支付系统,作用类似于 PayPal,美国超过 90% 的零售商注册了 Google Checkout 服务,目前只有美国能申请用于收款的商家账号	美国
4	WorldPay	支持多币种,支持多种信用卡,是一种常用的在线支付方式	英国
5	AlertPay	与 PayPal 一样,也是通过电子邮件地址有效、安全地发款收款,可以向全世界提供服务	加拿大
6	eWAY	支持信用卡、借记卡或 BPay(澳大利亚最主要的电子货币支付提供服务商)	澳大利亚

(2) 国内第三方跨境支付平台

2007 年,银联成为国内首家开展跨境支付业务的第三方支付公司。2013 年 9 月,国家外汇管理局发放了首批 17 张跨境支付牌照。2015 年,《国家外汇管理局关于开展支付机构跨境外汇支付业务试点的通知》正式发布,允许部分拥有支付业务许可证且支付业务为互联网支付的第三方支付公司开展跨境业务试点。截至 2017 年,拥有跨境支付资格的支付平台数量达到 30 家,主要平台业务见表 4-2。

表 4-2 国内主要跨境支付平台

序号	品牌	主要业务	特色业务
1	支付宝	货物贸易、留学教育、航空机票以及酒店住宿	境外汇款、境外流量包、扫码退税

续表

序号	品牌	主要业务	特色业务
2	财付通	货物贸易、航空机票以及酒店住宿	财付通美国运通国际账号支持10种外币
3	银联支付	货物贸易、留学教育、航空机票以及酒店住宿	银联国际卡
4	汇付天下	货物贸易、留学教育、航空机票以及酒店住宿	定制化跨境支付方案
5	智付支付	货物贸易、国际运输	国际信用卡支付、跨境外汇结算、跨境人民币结算、海关支付单服务、报关报检服务、跨境物流、保税仓、海外仓
6	连连支付	货物贸易、留学教育、航空机票、酒店住宿、旅游服务	PayPal 合作伙伴
7	易宝支付	货物贸易、留学教育、航空机票、酒店住宿、国际运输、旅游服务、国际展览	提供基于跨境支付和海关三单合一服务
8	网银在线	货物贸易、留学教育、航空机票、酒店住宿	京东跨境物流

三 跨境电子商务

跨境电子商务作为推动经济一体化、贸易全球化的技术基础，具有非常重要的战略意义。跨境电子商务不仅冲破了国家间的障碍，使国际贸易走向无国界贸易，同时也正在引起世界经济贸易的巨大变革。对企业来说，跨境电子商务构建的开放、多维、立体的多边经贸合作模式，极大地增加了进入国际市场的路径，大大促进了多边资源的优化配置与企业间的互利共赢；对于消费者来说，跨境电子商务使他们非常容易获取其他国家的信息并买到物美价廉的商品。

在跨境电子商务中，属于零售范畴的主要是跨境 B2C 进出口电商。随着互联网快速发展、智能手机的应用和普及，世界范围内的跨境电子商务都得到了快速发展。以金砖国家为例，2016 年，金砖国家网民数合计超过 14.6 亿人，占全球网民数的 42.7%；网络零售交易额为 8761 亿美元，占全球网络零售总额的 47%；跨境网络零售交易额达到 920 亿美元，占全球跨境网络零售总额的 23%。预计到 2022 年，金砖国家的网络零售额将上升至 3061 亿美元，占比达到 59%；跨境零售额达到 5536 亿美元，占比上升至 41%。阿里巴巴的跨境电商链接 ECI 指数排名显示，中国与俄罗斯、印度、巴西、南非通过跨境电商进行的贸易往来密切，在 G20 国家中，链接强度处于中等水平。中国是全球最大网络零售市场；俄罗斯跨境电商发展突飞猛进；印度拥有类似于中国的人口红利，潜力巨大；巴西是拉丁美洲最大的电商市场；南非电子商务虽然还在起步阶段，但在加速发展。在这样的背景下，我国政府已将跨境电商作为"一带一路"的重要落脚点。基于对接"一带一路"，搭建"网上丝绸之路"，跨境电商正在成为"一带一路"建设的重要支撑。

四 跨境物流

跨境物流是跨境电商的另一个重要环节。跨境 B2B 多采用集装箱运输，成本较低。而跨境 B2C 由于面对的是零散的国外消费者，其物流方式呈现包裹小、数量多、时间长、风险高的特点。目前，跨境 B2C 主要采取邮政小包、国际快递、专线物流、海外仓等形式。

目前，我国跨境 B2C 主要依赖邮政小包和国际快递，物流配送时间较长。例如，使用中邮小包或香港小包到俄罗斯和巴西等地，普遍的送达时间在 40~90 天，使用专线物流也需 16~35 天；还有一些跨境电商卖家不重视进口国监管制度，或目的国海关的贸易壁垒，导致海关扣货查验；再加上一些国家需要人力清关，效率很低。这些因素都导致整个物流配送时间延长。较长的配送时间极大地考验了海外消费者的耐心，也成为制约跨境 B2C 发展的重要因素。

第二节 "一带一路"背景下中国产业的国际转移

从全球价值链的角度来看，制造业是零售业最重要的上游关联产业，直接为零售业提供满足居民生活所需的制成品。尤其是对于受限于长途运输的生活制成品来说，零售市场邻近的供应商是零售商必然的选择。在"一带一路"背景下，中国零售业除了在中国市场采购以外，也会选择在"一带一路"沿线国家和地区乃至全球市场进行国际化采购。为了强化中国零售业进入"一带一路"关联产业的联动，就要考虑"一带一路"背景下中国产业的国际转移问题。

一 产业国际转移的机理

根据解释国际产业转移的"雁型"模式，母国可以通过对外直接投资，将其在国内不具比较优势的产业转移到其他国家。在选择东道国时要确保该产业转移后，在东道国具有比较优势。这种产业转移模式为后进国家通过参与国际分工实现产业结构升级提供了理论基础。这种产业转移模式包括四个阶段。对于母国的某一产业而言，最初由于产能缺口，需要从国外进口产品。此后随着母国国内产能持续增长，产品产量逐渐超过进口量，实现了进口替代。当母国国内产能过剩后，该国不再需要进口产品，反而可以向外出口产品。同时该国趋向于寻找成本更低、市场更广阔的东道国进行对外直接投资，由商品输出转变为资本输出。最终母国产能逐渐减少，反而从东道国进口产品。通过"雁型"模式形成的分工体系发现，其特征是以母国为核心，通过构建区域国家间的垂直产业梯度分工体系，促进母国及其他国家产业结构升级。在雁阵中，处于前一产业梯度的国家产业升级后，会带动处于后一产业梯度的国家产业升级，这样逐级带动就形成了地区内的国际产业转移，从而最终推动并形成整个地区的生产网络。从发展实践看，日本的国际产业转移采用的就是典型的"雁型"模式，日本借以自身为核心的"雁阵分工体系"，使制造业能够在海外（首先是在东南亚）获取更广阔的生产基地与市场空间。

美国发展经济学家赫希曼提出的"产业关联理论"认为，产业链上下游产业之间普遍存在关联关系，某个产业的生产要素和生产效率的改变会或多或少地影响其关联产业，这种影响基本上呈现线性规律。下游产业可能出现由于上游产业生产要素优化、技术创新或市场拓展而推动的发展和进步，这一过程被叫作前向关联效应。另外，上游产业的发展也能够受到下游产业发展的带动，例如下游产业的技术升级倒逼上游产业的技术革新，以为下游产业提供更优质的原材料、服务、设备等，这种现象可以称为后向关联效应。该理论有助于确定产业链中最有价值的和关联系数较高的产业。市场导向模式通过"外包"和"产业链分工"将价值链上的部分环节转移到国外，以便于母国利用东道国的成本、资源等优势。但是该模式坚持将企业最具竞争力的价值链环节留在母国，比如技术研发、品牌营销等。

产业转移不仅取决于企业的扩张战略和组织特征，也受全球化趋势等外部环境变化的影响。首先，从微观层次看，企业空间扩张是促使产业转移的主要动力，产业转移的过程也是企业空间扩张的过程，其原因有降低劳动力成本、接近消费者市场、回避贸易摩擦等。其次，外部环境的变化也是产业转移的重要动力来源。外部环境既包括现有区位的推力和阻力因素，也包括目标区位的拉力因素，这些因素都影响企业的经营成本。最后，随着经济全球化进程的加快，一些跨国公司将世界市场看作一个整体来考虑，在全球范围配置生产要素，并在成本最低的地方生产（于鑫等，2017）。

二 面向"一带一路"的中国产业国际转移

国际产能合作是指围绕生产能力新建、转移和提升开展的国际投资和经贸合作，以企业为主体，以共赢为导向，合作领域广泛，形式多样。2015年，在《愿景与行动》的框架下，《国务院关于推进国际产能和装备制造合作的指导意见》发布，明确了中国政府推进国际产能合作的指导思想和政策导向，在此基础上逐步建立起国际产能合作的政策框架。截至2018年底，中国已与36个国家建立了产能合作双边机制，与法国、德国、加拿大、日本、澳大利亚等国家建立了第三方市场合作机制，与欧盟的三方市场合作也有了具体的项目，与东盟、非盟、欧盟等区域组织开展了多边产能合作。中国企业开展国际产能合作的领域广泛，既有公路、铁路、桥梁和水坝等传统基建领域，以轻工、家电、纺织服装为主的传统劳动密集型产业，以钢铁、电解铝、水泥、平板玻璃为主的优势产能富余产业，又有以电力设备、工程机械、通信设备、核电、高铁和轨道交通为主的高端装备制造产业。

"一带一路"沿线国家和地区之间资源禀赋和产业结构具有巨大互补性。在"一带一路"沿线区域中有的国家自然资源富集，有的国家劳动力资源充足，国家之间的差异性和互补性为推进国际产能合作和产业转移提供了非常重要的基础（于鑫等，2017）。联合国工业发展组织提供的数据表明，从人均收入和制造业各产业就业趋势演变来看，在低收入阶段，食品与饮料、纺织、服装三大产业吸收了较多的就业人口。在一国进入中上或高收入阶段后，纺织和服装两个产业的就业水平将显著降低，特别是服装产业。在这样的背景下，我国的制造业海外转移要充分结合我国的国际竞争力，利用好我国制造业的行业优势、技术优势以及国家的资金优势和制度优势，优先将那些在国内市场已丧失成本优势的劳动密集型产业转移出去，通过前向关联效应推动我国制造业技术进步和结构升级。为加快推动制造业海外转移，可以与特定国家进行战略对接、政策沟通，通过重点项目的就业创造、民生改善、资源利用等积极效应，激发沿线国家参与合作的积极性，由点及面，推动我国面向"一带一路"的产业转移（苏杭，2015）。从产业转移的形成机理看，推动我国传统产业和新兴产业向"一带一路"沿线国家转移，可以帮助沿线国家形成新的生产网络和消费市场，进入全球产业分工体系，参与全球价值链，更可以帮助这些国家和相关地区发挥生产要素优势，建立制造业体系，发展新型产业链，创造就业岗位，增加税收收入，从而改善沿线国家的市场供应机制和促进民生福祉水平提高（赵东麒、桑百川，2016）。

第三节 中国零售业关联产业优势分析

前面我们分析了"一带一路"背景下中国产业的国际转移问题。要成功实现中国产业向"一带一路"沿线国家的转移，其核心在于，中国产业拥有以及获得在"一带一路"沿线国家的竞争优势。从国家计划的高度来看，除了考虑中国转移至"一带一路"沿线国家的具体产业本身要具备竞争优势之外，尤其要关注发挥中国转移产业的集群及整体优势。而要发挥中国产业转移至"一带一路"沿线国家的集群和整体优势，就必须考虑相关产业的联动发展问题。

无论是发达国家还是发展中国家，流通业作为服务性质的第三产业，都具有中间投入率和中间需求率较低的行业特性，并且呈现越来越低的趋势。研究表明，以增加值而不是总产出来衡量，流通业的影响力系数和感应度系数不仅大于全行业平均水平，并且在各行业中排名靠前，同时有越来越强的趋势；与发达国家的流通业投入结构、对国民经济的拉动效用和推动效应对比，中国明显高于其他国家，且流通业的产业地位在不断提高（刘天祥，2017）。通过分析我国 2010 年投入产出表，流通业与国民经济相关产业存在明显的产业关联和产业波及效应，流通业增长对我国国民经济有较强的带动作用，具体表现在，流通业每增加 1 亿元产值，能够带动整个国民经济增长 1.82143 亿元，提供 1778.7 个就业岗位，增加 0.36685 亿元资本投入。但是相对于国民经济中的制造业，我国流通业影响力还很低，说明我国现阶段工业处于主导地位，"重生产，轻流通"的状况仍然存在（李杨超、祝合良，2016）。从产业波及视角看，批发和零售业的拉动作用与推动作用均呈现先增强再减弱的趋势，流通业与经济增长之间呈现"倒 U 形"关系（祝合良、王明雁，2018）。进一步的分析表明，2005~2013 年，我国流通业对第

第四章 中国零售业"走出去"与关联产业联动发展

一产业的产出贡献和增长拉动作用呈下降趋势；对第二产业的产出贡献和增长拉动作用表现出上升趋势；对第三产业的产出贡献呈上升态势，而增长拉动作用则表现出先增后降的变动趋势（赵霞，2015）。针对流通业存在较为明显的结构性失衡问题，政府和企业应借助新技术创造新业态、挖掘新需求，顺应产业融合趋势，调整流通业产业结构，释放流通业发展潜力。尤其是要在新零售引领的流通产业变革中，突出流通业在国民经济中的基础性、先导性、战略性产业地位，大力推动线上线下融合，使之不仅是连接生产和消费的桥梁和纽带，而且对整个产业链上下游产生更强大的引导作用，促进上游制造业转型升级，带动下游消费增长。

党的十八大以来，国家从深化流通体制改革、培育消费热点、改善营商环境、推动线上线下融合发展等方面陆续出台了一系列政策文件，旨在培育消费发展新动能、构建扩大消费新机制、创造消费供给新条件、建立消费市场新秩序、降低企业成本。但是，我国零售业发展方式粗放、有效供给不足、运行效率不高等突出问题依然存在。2016年11月，《国务院办公厅关于推动实体零售创新转型的意见》出台，从调整商业结构、创新发展方式、促进跨界融合、优化发展环境、强化政策支持5个方面提出了16条具体措施，以适应消费需求新变化，进一步降低流通成本、提高流通效率。当前，制约我国零售业发展的主要问题很多，除了对流通业的认识还不到位，缺乏明确的战略定位，从而造成"大市场、大流通"无法形成之外，市场碎片化特征明显，集中度不高，难以形成国内零售业的市场集聚。零售业和关联产业协同创新和联动发展程度比较低，缺乏创新的动因和内在机制，与世界级跨国零售集团强大的战略实施和系统整合能力相比差距较大是非常明显的特征（荆林波，2011；洪涛，2011；李飞，2012）。如果把中国零售业置于国际化经营的背景，那么长期以来我国外贸市场的割裂等都会对关联产业的国内以及国际联动产生显著的不利影响（周英芬、朱瑞庭，2015）。

如何打破上述困局，探索中国零售业可持续的长期增长模式并寻求创新发展机遇,既是摆在零售企业面前的一个重大课题,又是需要引起国家重视的全局性的战略难题。为此,国家要从把流通业作为基础性、先导性、战略性产业定位的高度,在产业层面构建增强中国零售业在海外市场竞争力的市场支持和保障体系,其内容广泛涉及市场体系、行业标准、工商协调、内外贸一体化、行业中介、商业技术等(朱瑞庭,2015;周英芬、朱瑞庭,2015)。其中,推动和实施由零售终端主导的全价值链关联产业的联动发展,实现我国完整产业链的集群式海外扩张,是确保中国零售业"走出去"对接"一带一路"、实现两者联动发展的前提和保证。根据我们对中国零售业在国际和国内两个市场联动发展的讨论,一切在国内市场促进和支持中国零售业与关联产业联动发展的措施都将有助于推动中国零售业"走出去"(如图4-2所示)。

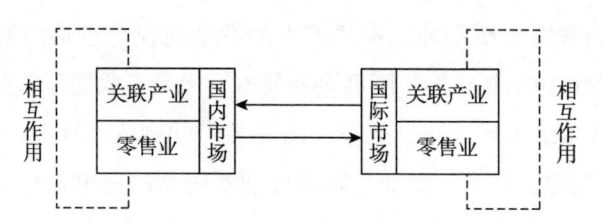

图4-2 零售业与关联产业"两个市场"联动发展模型

为了更好地推动中国零售业与"一带一路"的关联产业联动发展,我们把中国相关产业在"一带一路"沿线国家的竞争优势问题纳入问卷调查之中。表4-3是被访企业高层管理者和专家对相关题项给出的均值(最高为5)。

表4-3 中国相关产业在"一带一路"沿线国家的竞争优势

题项	均值
制造业	4.0
交通运输业	4.2
金融业	3.5

续表

题项	均值
物流业	3.7
电子商务	4.0
人力资源	3.4

从表4-3中数据来看，所列中国相关产业在"一带一路"沿线国家均具备一定的竞争优势，交通运输业、制造业和电子商务尤其如此。有趣的是，被访企业高层管理者对中国人力资源在"一带一路"沿线国家的竞争优势更为肯定，相反，被访专家在其他所有题项上都比被访企业高层管理者给出更为积极的评价。基于中国关联产业在"一带一路"沿线国家的竞争优势，在被问及"中国零售业应该和关联产业集群式走向'一带一路'沿线国家"的问题时，被访企业高层管理者和专家总体上都予以较高程度的认可（均值为3.9），在这里，企业高层管理者的回答同样更为积极。

第四节　中国零售业"走出去"对接"一带一路"的实证检验

把中国零售业海外目标市场的选择置于"一带一路"的背景下，还有许多问题需要研究，下列问题更需要深入的实证分析和研究。第一，在"一带一路"的背景下，沿线国家是否可以成为中国零售业"走出去"的重要目标市场？其中，东南亚国家或地区这样的近邻能否成为我国零售业国际化的首选目标市场？第二，在"一带一路"的"五通"建设框架下，"五通"建设是否有助于推动中国零售业进入"一带一路"沿线国家和地区市场？第三，相对于"一带一路"沿线国家和地区，我国零售业的关联产业是否具有比较优势？如果有，那么这些关联产业的优势是否有助于我国零售企业"走出去"？第四，零售业国际化发展到今天，地理相近、文化相似对"一带一路"背景下海外目标市场的选择是否具有影响作用？在前面对这些问题进行理论和初步的实证分析的基础上，下面我们进一步采用结构方程模型来加以论证（尹卫华、朱瑞庭，2018）。

一 模型构建

（一）变量选择

在以往的研究中，尽管各方对中国零售业"走出去"的必要性和可行性有不同的认知，但是总体而言，对必要性的认知普遍更高，而在讨论可行性的时候显得较为谨慎，这一差异在企业高层管理者的判断上表现得尤为明显［朱瑞庭、尹卫华，2014（b）］。基于这样的原因，我们把我国零售业选择"一带一路"沿线国家和地区为目标市场的可行性（简称"可行性"）定义为本书的被解释变量。前面已经提及，我国零售企业"走出去"的实践滞后于发达国家，到目前为止，"走出去"的案例并不多。分析已有的中国内地零售业"走出去"的实践，比较集中的目标市场是中国香港、东南亚、日本等周边市场，这既是基于地理相近、文化相似的考虑，也是以中国内地作为配送基地构建跨境供应链的结果。从市场潜力和行业特征来看，在中国内地零售业已经进入的英国、日本、中国香港等发达国家和地区，零售行业的结构相对成熟和稳定，但是竞争激烈，对于创新能力不足的中国内地企业来说，很难找到新的蓝海。此外，中国零售业的目标顾客大多是海外华人，主要是在华人聚居区成立小型的零售店，经营业态单一，以单店经营为主，没有形成规模和品牌效应，导致市场容量进一步受限，更难以形成国际化经营网络。从文化差异来看，中国零售企业往往难以在国际化经营中处理好标准化和本土化的关系，导致企业市场适应能力较差，中国商品的价格优势也未能转化为企业的竞争优势，从而影响企业的生存和发展。但是，随着国内外环境的变化，这种现象正在发生变化。在"一带一路"的"五通"建设框架下，区域基础设施更加完善，投资贸易更加便利，我国与"一带一路"沿线国家的经济联系更加紧密。此外,"一带一路"的经济本质在于,它首先是一项跨区域经济合作倡议,相对于大部分沿线国家和地区而言,中国产业的整体优势比较明显,在"一带一路"框架下,中国优势产能的国际转移十分有利于实现共商、共建、共享的目标,这为中国零售业关联产业的集群式"走出去"创造了良好的政策和环境条件。总而言之,从主客观条件等多个角度来看,我国零售企业的"走出去"已逐渐具备了更加可行的条件。

基于这样的背景分析,结构方程模型的解释变量为"五通"发展、关联产业优势;中介变量为零售企业对接"一带一路"倡议的意愿(简称"对接意愿");调节变量为地理相近、文化相似。

(二)变量关系及假设

1. "五通"发展

为了整合区域经济和促进全球一体化,中国于2013年提出了"一带一路"的构想,其核心在于,在共商、共建、共享的原则下,将"五通"作为合作的主要内容,"五通"分别是政策沟通、设施联通、贸易畅通、资金融通、民心相通。因此,本书的第一个解释变量为"五通"发展。根据毕克贵(2013)、朱瑞庭〔2015,2016(a)〕的研究,基于中国零售业所处的发展阶段以及"走出去"的国际化实践,我国零售业的国际化具有鲜明的政策导向特点,在这样的背景下,"一带一路"的实施有助于推动我国零售企业进入沿线国家和地区,尤其是"五通"以减少"一带一路"沿线国家的市场准入限制、完善其基础设施为重要的内容,将有助于缓解并消除我国零售业"走出去"的外部障碍,降低我国零售企业在"一带一路"沿线国家和地区的经营风险。因此,本书提出以下假设。

H1:"五通"发展对我国零售企业进入"一带一路"沿线国家和地区的可行性有显著正向影响。

2. 关联产业优势

在社会分工的系统中,各产业部门需要为其他产业部门提供产品和服务，同时其他部门提供的产品和服务是各个产业部门正常运转的必备条件。根据中国连锁经营协会的调查，最近几年，在中国零售企业的发展战略中，传统的商品销售获利模式的竞争优势日渐减弱，而关联产业多元化发展模式逐渐占优，对零售业支持较大、关联度较高的产业是制造业、金融业、电子商务和物流业等。零售业"走出去"不仅是零售企业自身"走出去"，还包含其他关联产业的全价值链"走出去"[朱瑞庭，2017（a）]。尤其是，随着平台经济的兴起，中国零售业"走出去"仅仅依靠零售企业自身的力量已经远远不够，而需要关联产业集群式"走出去"，这不仅可以消除我国零售企业国际化实践中目标顾客趋同、业种业态单调的弱点，而且可以提高中国零售企业的市场适应能力，增强国际竞争优势。从中观产业的角度来看，我国零售业关联产业优势在"一带一路"沿线国家体现得越明显，我国零售企业越容易进入"一带一路"沿线国家和地区。因此，本书提出以下假设。

H2：零售业关联产业优势对我国零售企业进入"一带一路"沿线国家和地区的可行性有显著正向影响。

3. 对接意愿中介作用

零售企业对接"一带一路"国家倡议的意愿简称"对接意愿"。已有的研究表明，中国零售业"走出去"的理念及内容与我国"一带一路"倡议的核心思想完全吻合[朱瑞庭，2017（a）]。但"一带一路"的实施，最终需要在企业层面加以落实，否则，微观企业层面缺乏对接意愿和具体行动，那么国家顶层设计再完美也将变成一纸空文。同理，中国优势产能的国际转移是"一带一路"建设的重要内容，也就是说，我国零售业的关联产业优势在"一带一路"沿线国家得到体现，需要以中国零售企业进入沿线国家开展国际化经营为前提。从这个意义来说，一方面，以"五通"为主要合作内容的"一带一路"可以推动中国零售业进入沿线国家；另一方面，中国零售业带动关联产业集群式进入沿线国家市场，反过来可以充实和丰富"一带一路"建设的内涵，从而实现国家倡议和企业战略的联动发展。因此，本书提出以下假设。

H3a：我国零售企业对接"一带一路"倡议的意愿在"五通"发展与可行性之间起着中介作用。

H3b：我国零售企业对接"一带一路"倡议的意愿在关联产业优势与可行性之间起着中介作用。

4. 地理相近的调节作用

以往的研究中将地理相近作为零售企业选择海外目标市场的主要驱动因素之一。本书将母国与目标市场地理相近作为一个调节变量。"一带一路"沿线国家同时包含发达国家和发展中国家；同时有近邻和远邦，国内多数学者认为，与我国地理相近的东南亚国家可能是我国零售企业"走出去"的首选目标市场，即意味着越是与我国地理相近的国家，越有可能被我国零售企业作为"走出去"的目标市场。因此，本书提出如下假设。

H4a：地理相近对"五通"发展与对接意愿之间具有正向调节作用；地理越相近，"五通"发展与对接意愿之间的正向联系就越强。

H4b：地理相近对关联产业优势与对接意愿之间具有正向调节作用；地理越相近，关联产业优势与对接意愿之间的正向联系就越强。

5. 文化相似的调节作用

同样，以往的研究将文化相似作为市场邻近性模型的核心内容，其成为零售企业选择海外目标市场的主要驱动因素之一。本书将母国与目标市场的文化相似作为一个调节变量。"一带一路"涉及60多个国家，它们有着非常复杂和差异巨大的宗教信仰、文化习俗、消费习惯。通常，母国与目标市场地理相近，则会伴随文化的相似性，因此，国内学者建议将东南亚国家作为我国零售企业"走出去"的首选目标市场，即越是与我国文化相似的国家，越有可能被我国零售企业选择为目标市场。因此，本书提出如下假设。

H5a：文化相似对"五通"发展与对接意愿之间具有正向调节作用；文化越相似，"五通"发展与对接意愿之间的正向联系就越强。

H5b：文化相似对关联产业优势与对接意愿之间具有正向调节作

用；文化越相似，关联产业优势与对接意愿之间的正向联系就越强。

（三）理论模型

本书在文献梳理的基础上，结合零售业国际化实践的发展，对"一带一路"倡议下"五通"发展及关联产业优势对零售企业对接意愿、选择"一带一路"沿线国家和地区作为目标市场的可行性进行讨论和分析，提出了"五通"发展及关联产业优势将影响到企业对接意愿，企业对接意愿直接影响到我国零售企业将"一带一路"沿线国家和地区作为目标市场的可行性，从而推出"五通"发展及关联产业优势，通过企业对接意愿对选择目标市场的可行性产生影响的逻辑假设体系，构建了"'五通'发展/关联产业优势—对接意愿—可行性"的理论模型（如图4-3所示），并将地理相近、文化相似作为调节变量纳入其中。

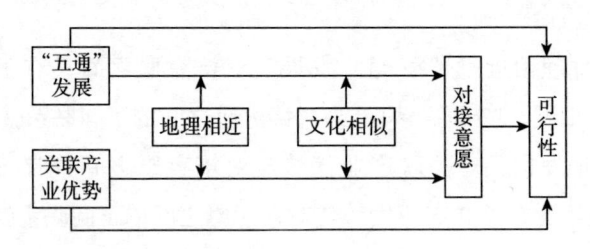

图4-3 理论模型

二 研究方法

（一）问卷设计

我们通过问卷调查采集数据，来探讨"五通"发展/关联产业优势、对接意愿以及可行性三者之间的关系。目前针对"一带一路"背景下我国零售企业国际化的研究还没有成熟的量表。根据国内外学者（Dunn et al.，1994；Hinkin，1995）的研究，我们采取以下步骤开发适合"一带一路"零售企业选择目标市场的量表。（1）查找文献，初步设计测度题项。（2）与学术界专家、零售企业管理人员进行深入交流、讨论，完善测度题项。（3）进行预调研，并进一步评定和修改初始问卷，形成最终问卷。

在调查问卷中，为方便被访者填写和统计处理，我们按照李克特5点评分方法对每个题项进行设计，其含义是：1 表示完全反对；2 表示反对；3 表示中立；4 表示同意；5 表示完全同意。

（二）变量测量

1. 探索性因子分析

为了检验量表的信度和效度，我们对样本数据进行了探索性因子分析（Exploratory Factor Analysis，EFA）。探索性因子分析遵循以下一些原则：①因子特征值大于1；②各个题项的因子负荷（Factor Loading）值大于0.5；③不存在交叉负荷（Cross – loading）的情况；④每个因子的题项数应尽量大于2项，且其包含题项的信度应大于0.7；⑤因子对方差的总解释度大于60%。

（1）"五通"发展

"五通"发展探索性因子分析的结果（见表4-4）表明：①用 Kaiser – Meyer – Olkin 方法得到 KMO 值为 0.856，$p < 0.05$，适合做因子分析；②特征值大于1的因子只有一个；③"五通"的5个题项在该因子上的载荷全部大于0.5；④该因子解释的方差达到 76.735%；⑤该因子包含的5个题项信度为0.920。以上结果表明，"五通"发展是一个单维度的概念，具有良好的信度和效度。

表4-4　"五通"发展探索性因子分析结果

变量	结果
共建"一带一路"中的"政策沟通"有利于推动中国零售企业"走出去"（BRYX3）	0.874
共建"一带一路"中的"设施联通"有利于推动中国零售企业"走出去"（BRYX4）	0.898
共建"一带一路"中的"贸易畅通"有利于推动中国零售企业"走出去"（BRYX5）	0.916
共建"一带一路"中的"资金融通"有利于推动中国零售企业"走出去"（BRYX6）	0.891

续表

变量	结果
共建"一带一路"中的"民心相通"有利于推动中国零售企业"走出去"（BRYX7）	0.795
对总方差解释力（%）	76.735
信度	0.920

（2）关联产业优势

设计关联产业优势的题项之前，我们参考了中国连锁经营协会的调查，并就零售企业关联产业进行了专家深访。虽然制造业是零售业关联度最大的产业，但是由于制造业门类极其繁多，就是直接服务于家庭和个人消费所需的制造业也是数量众多，既不适合对其加以笼统讨论，也不可能对其加以细分讨论，为此我们没有把制造业纳入解释变量关联产业中。此外，相较于"一带一路"沿线国家的现状，中国的人口不仅数量庞大，而且从业人员素质比较高，人力资源的综合优势比较明显。最终本书将金融业、物流业、电子商务产业以及人力资源作为我国零售企业的关联产业，关联产业优势的题项主要围绕这四个方面展开。关联产业量表的 KMO 值为 0.745，$p<0.05$；另外得到关联产业优势的探索性因子分析结果。如表 4-5 所示，该因子包含的 4 个题项，对总方差的解释程度为 62.125%，信度为 0.795。以上结果表明，关联产业优势是一个单维度的概念，量表的信度和效度处于可接受的范围。

表 4-5 关联产业优势探索性因子分析结果

变量	结果
中国的金融业在"一带一路"沿线国家具有竞争优势（BRYX15）	0.885
中国的物流业在"一带一路"沿线国家具有竞争优势（BRYX16）	0.792
中国的电子商务产业在"一带一路"沿线国家具有竞争优势（BRYX17）	0.700
中国的人力资源在"一带一路"沿线国家具有竞争优势（BRYX18）	0.764
对总方差解释力（%）	62.125
信度	0.795

(3) 对接意愿

同理可得对接意愿量表的 KMO 值为 0.723，属于可接受的范围，$p<0.05$；并得到对接意愿的探索性因子分析结果。如表 4-6 所示，该因子包含的 3 个题项信度为 0.859。以上结果表明，对接意愿是一个单维度的概念，具有良好的信度和效度。

表 4-6 对接意愿探索性因子分析结果

变量	结果
中国零售企业应该积极对接"一带一路"国家倡议（BRYX8）	0.882
中国零售企业应该积极走向"一带一路"沿线国家（BRYX9）	0.908
"一带一路"沿线国家是中国零售业"走出去"的重要目标市场（BRYX10）	0.863
对总方差解释力（%）	78.22
信度	0.859

(4) 地理相近及文化相似

地理相近、文化相似与可行性的题项分别设计为"地理相近国家（如东南亚国家）是中国零售业'走出去'的首选目标市场""文化相似是影响中国零售业海外目标市场选择的重要因素""在'一带一路'国家倡议的背景下，中国零售业'走出去'变得更为可行了"。在按照李克特 5 点评分方法设计的情况下，三个变量均为显变量。

2. 验证性因子分析

根据 Anderson 和 Gerbing（1988）的研究，本书采取结构方程模型对各个测量因子的一致性进行验证性因子分析，通过结构方程模型比较（卡方检验）测试"五通"发展、关联产业优势、对接意愿的区别效度。

根据 Schumacker 和 Lomax（1996）等学者的研究方法，本书采用的拟合度指标为：（1）$\chi^2/\mathrm{d}f<5$；（2）$RMSEA<0.1$；（3）$CFI>0.8$；（4）$GFI>0.8$。

如图 4-4 所示，经过验证性因子分析，可知：（1）$\chi^2/\mathrm{d}f=1.944<$

5；（2） $RMSEA = 0.096 < 0.1$；（3） $CFI = 0.937 > 0.8$；（4） $GFI = 0.881 > 0.8$。因此，模型的拟合度较好。

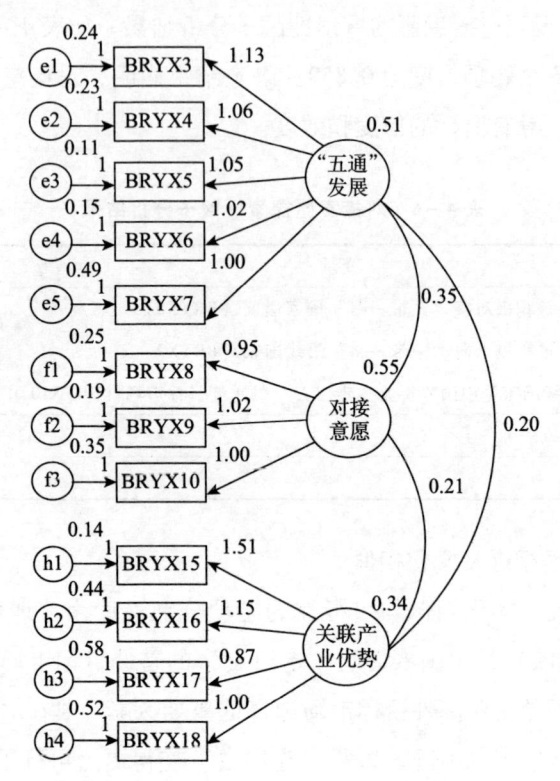

图 4-4 "五通"发展、关联产业优势及对接意愿的验证性因子分析

三 数据分析与结果

（一）变量的描述性统计分析

表 4-7 总结了本书主要变量的平均值、标准差以及相关系数。可以看到，"五通"发展与对接意愿（$r = 0.616$，$p < 0.01$）、与可行性（$r = 0.430$，$p < 0.01$）呈现显著正相关关系；关联产业优势与对接意愿（$r = 0.387$，$p < 0.01$）、与可行性（$r = 0.349$，$p < 0.01$）呈现显著正相关关系；同时，对接意愿与可行性（$r = 0.469$，$p < 0.01$）呈现显著正相关关系。

表4-7 各主要变量的平均值、标准差和相关关系

变量	平均值	标准差	1	2	3	4	5	6
1. 地理相近	3.78	1.009	1					
2. 文化相似	3.95	0.922	0.557**	1				
3. "五通"发展	4.0990	0.78459	0.387**	0.492**	1			
4. 关联产业优势	3.665	0.74142	0.253**	0.302**	0.428**	1		
5. 对接意愿	4.0291	0.79775	0.483**	0.482**	0.616**	0.387**	1	
6. 可行性	3.56	0.925	0.262**	0.216*	0.430**	0.349**	0.469**	1

注：** 表示在0.01水平（双侧）上显著相关；* 表示在0.05水平（双侧）上显著相关；样本量为103。

（二）假设检验

本书主要采用层次回归（Hierarchical Regression）的方法来进行假设的验证。

1. 主效应

为了验证假设H1，我们首先将可行性设为因变量，其次将自变量（"五通"发展）放入回归方程。层次回归的结果如表4-8所示。从表4-8中，我们可以看到，"五通"发展对可行性（模型3，$\beta = 0.430$，$p < 0.01$）具有显著的正向影响。因此，假设H1得到数据支持。

表4-8 假设检验结果（1）

	对接意愿		可行性				
	模型1	模型2	模型3	模型4	模型5	模型6	模型7
	自变量						
"五通"发展	0.616**		0.430**			0.228*	
关联产业优势		0.387**		0.349**			0.197*
	中介变量						
对接意愿					0.469**	0.329**	0.393**
R^2	0.379	0.150	0.185	0.122	0.220	0.252	0.253
Adj. R^2	0.373	0.141	0.177	0.113	0.212	0.237	0.238
$\triangle R^2$	0.379	0.150	0.185	0.122	0.220	0.252	0.253

续表

	对接意愿		可行性				
	模型1	模型2	模型3	模型4	模型5	模型6	模型7
			中介变量				
△F	61.639	17.775	22.934**	14.014**	28.474**	16.858**	16.932**

注：**表示显著性水平为0.01；*表示显著性水平为0.05；样本量为103。

如表4-8所示（模型4，$\beta = 0.349$，$p < 0.01$），假设H2同样得到数据支持。

2. 中介效应

我们根据Baron和Kenny（1986）建议的分析步骤，运用层次回归的方法验证了对接意愿在可行性与"五通"发展和关联产业优势之间所起的中介作用，结果如表4-8所示。可以看到，"五通"发展对可行性（模型3，$\beta = 0.430$，$p < 0.01$），关联产业优势对可行性（模型4，$\beta = 0.349$，$p < 0.01$）都具有显著的正向影响。

"五通"发展对对接意愿（模型1，$\beta = 0.616$，$p < 0.01$）具有显著的正向影响；关联产业优势对对接意愿（模型2，$\beta = 0.387$，$p < 0.01$）具有显著的正向影响。同时，对接意愿对可行性（模型5，$\beta = 0.469$，$p < 0.01$）具有显著正向影响。

在加入了中介变量对接意愿后，"五通"发展对可行性（模型6，$\beta = 0.228$，$p < 0.05$）的影响仍然显著，对接意愿对可行性（模型6，$\beta = 0.329$，$p < 0.01$）有显著正向影响，可见对接意愿在"五通"发展与可行性之间起到部分中介作用；关联产业优势对可行性（模型7，$\beta = 0.197$，$p < 0.05$）的影响仍然显著，对接意愿对可行性（模型7，$\beta = 0.393$，$p < 0.01$）的影响仍然显著，可见对接意愿在关联产业优势与可行性之间起到部分中介作用。由此，我们可以得出，假设H3a和假设H3b得到支持。

3. 调节效应

为了验证假设H4a、H4b、H5a、H5b，我们首先将对接意愿设为因变量，其次引入自变量（"五通"发展/关联产业优势）和调节变量（地理相近），最后加入自变量和调节变量的乘积项。通常情况下，为了消除共线性，应先将自变量和调节变量均进行标准化，之后再构造自变量和调节变量的乘积项。我们用同样的方法将对接意愿设为因变量，引入自变量（"五通"发展/关联产业优势）和调节变量（文化相似），最后引入自变量和调节变量的乘积项。

层级回归分析结果如表4-9所示。从表4-9中的模型8、9、10及11，我们可以看到，地理相近、文化相似与"五通"发展和关联产业优势之间的交互项均不显著，不会对对接意愿产生显著的正向影响，故此，假设H4a、H4b、H5a、H5b没有得到支持。由此可见，在"一带一路"背景下，在零售企业管理人员和学界专家看来，地理相近、文化相似等因素对零售业海外目标市场选择的影响作用越来越不显著。

表4-9 假设检验结果（2）

	对接意愿			
	模型8	模型9	模型10	模型11
自变量				
"五通"发展	0480**		0.475**	
关联产业优势		0.241**		0.225**
调节变量				
地理相近	0.275**	0.392**		
文化相似			0.232**	0.374**
调节变量与自变量的乘积项				
地理相近ד五通"发展	-0.097			
地理相近×关联产业优势		-0.146		
文化相似ד五通"发展			-0.1	
文化相似×关联产业优势				-0.158
R^2	0.458	0.327	0.430	0.318
Adj. R^2	0.441	0.306	0.413	0.297

续表

	对接意愿			
	模型8	模型9	模型10	模型11
	调节变量与自变量的乘积项			
$\triangle R^2$	0.458	0.327	0.430	0.318
$\triangle F$	27.870**	16.026**	24.938**	15.393**

注：**表示显著性水平为0.01；样本量为103。

（三）研究结论

本书以我国零售企业管理人员以及流通和国际商务领域的研究专家为被访对象，通过问卷调查的形式验证零售企业管理人员及学界专家对"一带一路"沿线国家作为我国零售业"走出去"目标市场的判断，最终回收有效问卷103份，并且采用SPSS21.0以及AMOS17.0对本书提出的假设进行检验。结论如下（尹卫华、朱瑞庭，2018）。

1. "五通"发展对我国零售企业进入"一带一路"沿线国家和地区的可行性有显著正向影响，假设H1得到支持，说明"一带一路"倡议，尤其是"五通"建设对我国零售业的国际化提供了强有力的支撑。

2. 相较于"一带一路"沿线国家和地区，我国零售业的关联产业优势对我国零售企业进入"一带一路"沿线国家和地区的可行性有显著正向影响，假设H2得到支持，说明我国零售企业在"一带一路"沿线国家和地区的关联产业优势有助于我国零售企业进入"一带一路"沿线国家和地区。

3. 我国零售企业对接"一带一路"倡议的意愿在"五通"发展与可行性之间起到部分中介作用，假设H3a得到支持，说明一个国家的顶层设计只有经过企业的对接、实施才能真正落地，企业的积极介入和具体行动可以提高国家倡议的实施效果。当然，国家顶层设计的最终落实除了微观企业有对接意愿之外，还应该有许多其他因素，才能最终使我国零售企业在海外经营取得成功。实证检验还表明，我国零售企业的对接意愿在关联产业优势与可行性之间起到部分中介作用，假设H3b

得到支持，说明零售业关联产业优势应该而且也有可能推动中国零售企业进入"一带一路"沿线国家和地区。

4. 地理相近、文化相似这两个因素长期以来是零售企业选择海外目标市场的重要参照标准。但是本书的结果显示，这两个因素在"五通"发展/关联产业优势与企业对接意愿之间并没有起到显著的正向调节作用，假设 H4a、H4b、H5a、H5b 均未得到支持，说明在我国零售企业管理人员和学界专家看来，尽管在"一带一路"沿线国家和地区中既有近邻也有远邦，文化差异也迥然不同，但这两个因素在选择海外目标市场时已经不是非常重要的因素。其原因可以进一步分析如下（尹卫华、朱瑞庭，2018）。

（1）共建"一带一路"的核心是以"五通"为重要内容的合作，从"五通"的内容来看，它们之间相互关联，相互影响，是一个密不可分的整体。"一带一路"倡议的背景下，我国与"一带一路"沿线国家和地区之间的多方位的联系更加密切，中国零售企业"走出去"面临更大的市场选择空间，具备更加有利的市场条件。在这样的全球化背景下，地理距离对中国零售企业"走出去"的影响正在不断弱化。

（2）文化相似作为核心内容，主要适用于国际化程度不高的跨国经营零售企业。随着企业国际化实践的不断增加，其国际化经验愈加丰富，体现为企业处理目标国市场的标准化和本土化关系的能力日益提高。综观 21 世纪以来零售业国际化的实践，事实上，地理相近、文化相似的原则已经被大型跨国零售企业的国际化实践所突破。至少有两个因素有助于跨国零售企业认识和消除目标国市场的文化差异所带来的挑战。其一是在投资自由化、贸易便利化的推动下，区域和全球经济一体化的发展速度总体上不断加快，生产要素在全球范围内的流动空前高涨，人员交流日趋频繁，在这一过程中，不同经济体之间的文化差异在凸显的同时表现出了某种程度的融合和趋同，这对全球化经营企业来说是十分有利的。其二是以互联网为代表的科技发展推动了文化融合的进程。对于国际化经营企业来说，原有的信息优势地位在开放的互联网环境下得到弱化，信息不对称的状况被逐渐打破，在为全球消费者提供更为充足的信息，从而消费主权得到高度伸张的同时，也为企业自身深刻理解目标市场及其消费者创造了条件。以上两个因素相伴而生，互相促进，互为影响，其结果是极大地促进企业认识和利用好目标市场的文化差异。

四　小结

总结起来，在这里我们研究了"一带一路"背景下中国零售业"走出去"的目标市场选择机制，研究从国家计划的宏观层面以及关联产业的中观层面，提出"五通"发展以及中国零售业关联产业优势是影响中国零售业"走出去"的重要驱动因素，同时也发现，中国零售业"走出去"的海外市场选择突破了西方发达国家的跨国零售企业在海外市场扩展时所遵循的"地理相近、文化相似"的普适性原则。从理论上，研究论证了微观企业战略与宏观国家倡议对接的重要性和必要性，深化和丰富了零售业国际化目标市场选择理论的内容（尹卫华、朱瑞庭，2018）。

中国零售业选择"一带一路"沿线国家和地区作为目标市场，可以充分利用"五通"发展带来的政策和环境红利，充分发挥我国金融、物流、电子商务以及人力资源等零售业关联产业的相对优势，在沿线重要国家和节点率先落地，在与沿线国家合作共建的经济贸易区内率先落地，实现中国零售业"走出去"。但是必须指出，影响零售业海外目标市场选择的因素非常复杂，除了地理距离、文化差异之外，还必须对目标国的宏观、中观环境因素进行全面的评估和分析。比如结合上一章的分析，通过宏观经济指标测度目标国的零售市场潜力，从而分析其对中国零售业的市场吸引力；通过测算中国与目标国商品结构的相似度，结合目标国零售市场的结构性指标，来分析其零售市场的竞争烈度，从而决定经营业态和品类策略，发挥创新优势；通过分析目标国包括零售市场在内的市场开放度，评估目标国的市场准入和贸易便利程度。在对

第四章 中国零售业"走出去"与关联产业联动发展

"一带一路"沿线国家市场进行上述实证和系统评估的基础上,我们大致可对"一带一路"沿线国家作为我国零售业"走出去"的目标市场的可靠性做出综合鉴定:首先,东南亚国家仍将是近期内我国零售企业"走出去"优先选择的目标市场;其次是中亚地区,该地区当前存在一定障碍,但依托"一带一路"的持续推进,市场进入条件将持续改善;再次,南亚和西亚地区都存在显著的、短期难以克服的市场进入障碍,零售业"走出去"缺乏明确有效的突破口,总体进入条件尚不成熟;最后,俄蒙地区进入风险较大,欧洲市场则远景潜力可期[朱瑞庭,2017(a)]。

事实上,到目前为止,我们的研究尚未涉及过去几年快速发展的跨境 B2C 电子商务问题。Goncalves 等(2016)认为电子商务可以显著地提高企业进入海外市场的可能性。Tolstoy 等(2016)指出,在线销售渠道的使用对零售企业的国际销售有正向影响,尽管该正向影响可能被母国与目标市场的地理距离负向调节,但如果有一些针对地理位置方面的战略考量,那么也非常有可能显著地改善企业在海外市场的销售业绩。从我国电子商务的发展现状来看,我国在全球领先的电子商务产业可以成为我国零售企业在"一带一路"沿线国家进行发展的有力武器。可以在"一带一路"框架下,借助我国跨境 B2C 电子商务快速发展的良好机遇,推动"网上丝路"建设,使其成为"一带一路"先试先行的零售渠道和"一带一路"建设的先导力量。本书对此将在后面单独加以讨论。

第五章
中国零售业"走出去"的市场开发战略

在讨论了"一带一路"沿线国家和地区可以作为中国零售业"走出去"的目标市场之后,"一带一路"沿线国家和地区市场开发有两个层面的问题需要讨论,这是由目标市场的两个方面的内涵所决定的。一是以区域或国别为对象的目标市场,即国别、区域市场的选择,它决定了目标市场的布局以及开发路径;二是对确定区域或国别市场内目标消费者的选择,这又与零售业态、店址的选择密切相关。许多零售企业海外市场经营失败,归根结底是由在这两个层面上对目标市场的调研不充分、目标市场选择不当以及对目标市场环境的不适应等原因造成的。这些问题需要通过实施目标市场开发战略来加以解决。事实上,跨国零售商往往会同时评估和决定上述两个层面的战略。对于我们的研究而言,对国别、区域市场的选择显然是这里需要优先讨论的课题,对第二个战略层面的分析,我们将在下一章"全球本土化"经营战略的范畴内继续加以讨论。

第一节 零售业跨国经营的市场开发战略

一 目标市场开发的路径选择

从战略管理的角度来说,零售商的目标市场开发可以有两种基本的路径：一是全球整体扩散，二是区域相对集中（孙元欣，1999）。这代表了两种不同的市场布局和开发战略。全球整体扩散战略是指零售商把全球作为单一的市场进行布局和开发，在全球范围内选择目标市场，制定统一的市场开发战略，实施统一的经营决策和管理模式。对于采用该战略的零售商来说，强调的是满足相同的目标群体的消费需求、偏好和生活方式，往往忽视国家和地区之间的其他差异。采取这一战略的优势主要在于，可以以比较低的成本进入全球市场，市场进入的时间比较短，速度比较快。反过来，这一战略也对零售商的资源和品牌提出了极高的要求。对于有志于拓展海外市场的零售商来说，笼统意义上的海外市场显然不是真正的目标市场，即使是世界上最大的跨国零售企业，也不可能把自身业务扩张到世界上的每一个角落，这一点不仅适用于国际采购，还适用于海外销售。为了满足全球消费者的需求，即使是对近年来得到快速发展的跨境电子商务而言，也有许多无法逾越的困难和障碍。

与全球整体扩散战略不同，区域相对集中战略把零售商的资源和品牌首先置于某一相对集中的区域市场，以求先在某一个或者某几个区域市场站稳脚跟，获得竞争优势，然后伺机寻求扩张，开拓新的目标市场。如果说全球整体扩散战略在理论上更适合跨国零售巨头，而且主要体现在其全球化的思维和布局，而不是具体的市场选择和战略实施上的话，区域相对集中战略则为国际化经营企业提供了一种更为现实且易于操作的选择，对于处于国际化起步阶段、国际化程度不高的零售企业来说更是如此。关于这两种战略的基本要素及其优劣势如表5-1所示。

表5-1 两种市场开发战略的比较

要素	全球整体扩散战略	区域相对集中战略
空间分布	分散	集中
市场覆盖面	广而大	窄而小
优势	市场进入成本较低，时间较快	资源需求较少
劣势	极高的资源和品牌影响力需求	市场范围有限，扩张速度较慢

与制造业相比,零售业国际化更容易受到东道国经济文化和政策法规的制约。制造业可以在某国生产,并将产品出口到世界上的任何地方,而零售企业一旦选定了目标市场,就必须在一定范围内面对最终消费者开展经营活动。因此,在进行国际扩张之前,零售商必须充分研究东道国的政治、经济、文化、消费习惯和生活方式。早期,零售业国际化存在种种障碍,单体经营规模较小,对国外状况和消费方式缺乏了解及面临东道国政府的限制等,因而,零售商跨国经营的起步要晚于制造商(孙元欣,1999)。20世纪六七十年代以来,零售商借助其销售网点的增加和经营面积的扩大,特别是在实行连锁经营后,企业规模迅速扩大,市场地位越来越高。为了提高市场占有率,零售商开始实行独立的、"以我为主"的市场营销手段,市场力量逐步向零售商倾斜,为零售商实施自身的品牌战略创造了条件,反过来又增强了零售商的市场力量。这种市场力量对比逐步向零售商倾斜的倾向自20世纪80年代以来更为明显,原因在于通过零售商业态创新,尤其是零售企业国际化进程的加快以及世界范围内的收购兼并等,市场力量越来越集中于处于价值链末端的零售商身上。科技的发展、基础设施的完善、高效的物流系统的建立更是强化了这一趋势。综观跨国零售企业的国际化经营实践,我们既可以发现像沃尔玛、家乐福这样放眼全球市场进行战略布局和市场开发的案例,也可以看到更多地集中于对特定区域市场进行开发的国际化经营企业。像沃尔玛、乐购、家乐福、麦德龙等世界著名零售企业,能在世界零售市场取得重要地位,并享有盛名,无不得益于其全球化战略和视野。零售企业全球化目标在日趋复杂的国际环境下从全球范围考虑企业的市场分布与资源配置,增强竞争力,提高地位,最大限度地利用总部优势并实现总体利益。它能将商业网点安排在最有利的国家内,对它们的经营行动统一协调,能将位于不同国家的零售企业连接起来,及时转移其在技术开发、管理创新上的成果,共享企业总部信息、人才等资源(郑后建,2016)。

需要指出的是,即使是沃尔玛、家乐福等跨国零售巨头,它们今天的全球化布局和市场开发也是经过几十年才得以完成的,而且它们也不是从一开始就放眼全球采取全球整体扩散战略的,相反也是按照一定的路径首先在一定区域实行集中开发,从点开始不断延伸其目标市场,连成线(直线形或者蛇形),当目标市场覆盖一定区域时就形成蜘蛛形的分布,最后形成其今天的全球经营版图。由此可见,市场开发战略的选择不是孰优孰劣的问题,企业只有找到了最适合自身发展的市场布局和开发战略,才能够确保企业国际化经营成功。而在目标市场布局及其开发的过程中,某一特定区域内的重要国家和节点城市的选择既是市场布局和开发的第一步,也是关键的一步。在这里,以产业集聚为基础形成的国际贸易中心城市和支点城市是中国零售业开展目标市场布局和开发的首选。

二 EPRG 模型下的零售业目标市场开发

为了能够描述企业的国际化经营,Perlmutter 早在 20 世纪 70 年代就提出了 EPRG 模型。在这个模型中,他提及了基于决策者某种态度的公司跨国领导理念。这种领导理念在国际化经营企业的组织结构中表现得非常清晰,并且影响着对国外市场的处理。在 EPRG 模型的框架中,领导或者经营理念可以被分为四类:本国中心(E,母国导向)、多中心(P,东道国导向)、地区中心(R,地区导向)和全球中心(G,世界导向)(Perlmutter,1969)。上述四种导向的基本特征见表 5-2。

表 5-2 EPRG 模型

组织特征		本国中心	多中心	地区中心	全球中心
复杂性	母国	高	差异化,彼此互不相关	差异化,地区间有相关性	高,世界范围内高度相关
	外国	低			
决策能力		母公司	子公司,受母公司影响小	地区性总部	母公司以及子公司
控制标准的来源		总部	分公司	地区性总部	国内中心以及不同地区性总部、当地分公司

续表

组织特征	本国中心	多中心	地区中心	全球中心
奖励制度	总部高激励，分公司低激励	差异化	区域目标达成激励制度	国内外领导层的全球奖励
沟通的强度和方向	来自总部的指令	信息流很小	区域内深度交流	所有组织机构参与信息交流
文化认同基础	母公司文化	子公司文化	地区性总部文化	世界文化，同时保持民族认同
人事管理职能	母公司	子公司	地区性总部	全球范围负责

Perlmutter假设了一种典型的企业国际化发展路径，即一个企业在开展国际化活动中可以遵循的道路以及经历的各个阶段，依据企业现有的国际化经营策略及其强度，从本国中心导向开始，经过多国或者地区中心导向，最后发展到全球中心导向。尽管并不总是能够发现统一的发展模式，但笔者认为，跨国公司未来的组织结构几乎完全由地区中心或全球中心导向决定。类似的国际价值导向划分体系还有以下几种，即国民公司、国际公司、多国公司和跨国公司。第一类虽然也服务于国外市场，但是将国内市场视为运营基础。而国际公司则更重视国际市场，但依旧会在本国发展的背景下做出重大决策。多国公司将国外市场视为需要独立开发的区域，与之相对的是跨国公司，它们致力于不去区分国内外市场，而是跨境建立统一的标准，从而指导它们的国际化行动。

从表5-2的基本特征中我们可以发现，四种不同的领导或者经营理念会体现在和企业有关的很多方面，而这些方面直接影响到企业对国际化市场的选择和开发。如果我们把EPRG模型应用到国际市场营销领域，那么我们可以发现以下三种基于EPRG模型而来的国际市场营销导向。

1. 扩大国内市场

企业追求增加销量，可以通过给国外市场提供类似的服务或产品来达到目标，其主要动机是保障国内业务。因此，和国内市场有高相似度的国家会被挑选出来作为目标国。市场营销设计的中心决定元素是本国

（母国）的消费者和竞争者。

2. 多国市场营销

基于国外市场和国内市场具有差异性这样的认知，企业致力于提出有各国特色的市场营销方案。位于不同国家的企业分支机构彼此独立，并对本国的成果负责。企业提供的产品或服务并不通过国家间协作实现，而是适应本国市场的要求。标准化的营销只存在于具有类似情况的几个市场中。市场营销是分散进行的，着重关注各国和各地区市场内的主要竞争者。

3. 标准化市场营销

标准化市场营销，首先表现在通过相同的市场表现实现经验曲线效应。企业寻找跨国的目标客户群，并且将国际市场上的竞争者视为参照物。

需要注意的是，在企业国际化的发展过程中，企业价值导向会按照一定的顺序演化交替。至于在现实中是否一定会到某个特定的阶段，则还存在争议。

如果我们把 EPRG 模型应用到零售业国际化领域，则可以为零售企业海外目标市场的选择以及确定开发战略提供有益的启示。通过零售企业目标市场的跨境延伸，市场一体化就会降低本国市场导向的相关性。当然，我们仍然可以在国际化程度较低的零售企业中找到致力于扩大母国市场的本国中心理念。在东道国的市场选择中，国内外市场的同质性对处于国际化起步阶段的零售企业来说是十分重要的，事实上，这种对市场同质性的要求在零售企业海外扩张的一定阶段都会有所体现。随着海外直接投资的增加，在零售企业中，多中心的管理理念就会逐渐占据主导地位。在某些情况下，当企业在国内的零售专业技能具有很高的竞争力，并且能够跨境转移到国外市场的时候，企业总部就会尝试对每个分公司都施加影响。如果企业国际化到了某种程度，那么，根据 EPRG 模型，企业将建立分地区的总部，它们将接管所属地区的控制权。在这种情况下，母公司总部就能够由此减轻对全球管理的压力，并且能够在区域内实现跨国经营的经验曲线效应。而跨国的标准化市场营销是否能够取得成功，取决于以下问题是否能够解决：一是能否形成具有一定市场规模的同质市场，这一市场由多个国家组成；二是能否找到在跨国经营中的标准化营销过程和工具，在零售业的跨国经营中，这一标准化的营销过程和工具包括寻找合适的店址、建立新的门店、人力资源发展、完善物流配送、管理信息系统等。此外，企业还需要有一定的空间来适应特定目标市场的某些需要，例如商品标识、本土商品品类的补充、价格标识以及由不同国家门店营业时间规定不同而制订的人员安排计划等。

正如我们已经指出的那样，即使在今天，全球的跨国零售企业要做到真正意义上的"全球导向"是不可能的，不要说全球销售，即使是全球采购也是如此。由于巨大的区域市场的存在（包括在自由贸易区内），更为现实的是，应在零售业的国际化中形成区域中心的领导和经营理念。

根据EPRG模型的原理，对于跨国零售企业来说，不同零售业态的国际化战略可以是不同的，从而在处理不同的产品供应时采用不同的价值导向。比如说，在大面积的专业市场业态当中，采取地区中心导向的理念，而在超级市场等业态领域，采用多中心导向的理念。在这里，起决定作用的是在目标国家是否存在特有的市场行情，如果是，那它能允许什么程度的标准化营销？

总结一下，可以得出以下结论。

（1）零售企业的本国中心导向理念表现在，在一国或者跨国市场细分的时候，可以对母国以及外国市场的同质性加以鉴别。

（2）随着零售企业的国际化程度不断提高，多中心的管理理念将占主导地位，只要企业的扩张策略没有遇到明显的阻力。

（3）最晚在国际化的合并阶段，区域性（多国）总部将接管其附属子公司的控制权。

（4）由于零售企业的国际化会在不同的零售业态上发生，对于多业态经营的零售企业来说，在跨国管理上可以而且必须采用不同的理念，只有这样，零售专业技能的跨境转移才能成功。

（5）对于跨国经营的零售企业来说，由于其国际销售在经验和程度上往往低于国际采购，因此企业在跨境采购上积累的经验和知识往往会为企业的海外销售业务提供帮助。

第二节 中国零售业的"一带一路"市场开发

一 "一带一路"市场布局

无论是从传统的国际贸易理论、国际投资理论，还是从空间经济学、地缘经济学理论来解释，"一带一路"向我们展示的空间特征都是一幅崭新的全球化蓝图。这幅全球化的蓝图以欧亚非大陆为底座，以"一带"（丝绸之路经济带）和"一路"（"21世纪海上丝绸之路"）为动脉，以"六大经济走廊"为依托，以"五通"建设为重点，通过沿线国家和地区的互联互通，来实现经济增长。这一倡议是在世界经济复苏乏力、中国经济步入新常态的背景下提出的，不仅是中国构建全方位对外开放新格局和开放型经济新体制，实现"重点布局、陆海统筹、东西兼顾"的发展计划，还是一个以沿线国家和地区为主，遵循共商、共建、共享理念和原则的包容性、开放型国际经济合作计划。从全球版图来看，"一带一路"覆盖亚洲、欧洲和非洲大陆，其延伸和辐射范围则更广，甚至全球。

面对"一带一路"所展示的空间特征，中国零售业需要在市场布局方面进行全方位的权衡和分析。根据前面的讨论，基于EPRG模型所揭示的目标市场选择以及开发的路径，对于实力尚不够强大的中国零售企业而言，稳健经营的区域相对集中战略是目前我国零售业跨国经营比较好的选择。为了实现区域相对集中战略，我国零售企业应坚持本土化优先的战略，在海外市场上稳健经营，提高本身的抗风险能力，以成长型分店为主，谋求迅速占领市场，获得较高的市场成长率，从而经受住区域性经济波动的考验，并具有较强的市场扩张能力。

上述结论在问卷调查中同样得到了证实。在"全球整体扩散、区域相对集中，以及全球整体扩散+区域相对集中战略中，您认为哪一类更适合中国零售业'走出去'"的题项中，只有3位被访者选择了全球整体扩散战略，而有54%的被访者选择了区域相对集中战略。在这里需要指出的是，考虑到"一带一路"的空间特征，在"一带一路"区域相对集中战略实施到一定范围和阶段时，它的延伸实质上将最终自然形成全球整体扩散的格局。在这样的背景下，大概我们也就可以理解，为什么有41%的被访者在这里选择了全球整体扩散+区域相对集中战略。

在零售业的跨国经营中，人们往往会把注意力主要集中在其为消费者提供的商品上。事实上，零售商向消费者提供的商品并不是由自己生产的，而是从上游供应商（主要是制造商）那里采购的。那么现在的问题就来了：要做好商品的采购，零售商的供应链管理就是一个无法回避的重大问题，采购和销售就像一个天平的两端，零售商必须处理好两者的关系，而不能顾此失彼。对于跨国经营的零售商来说，采购和销售这对关系还有新的特点，那就是销售是针对在地的目标消费者的，而采购可能是全球采购。在这样的背景下，在讨论目标市场选择和市场布局战略的时候，零售商的供应链管理必须被一并纳入。

跨国经营零售商的供应链管理有三个层面的问题尤其值得关注：一是跨境供应链的定位，是基于成本节约导向、顾客响应速度，还是两者兼顾；二是围绕哪一类的供应商来构建跨境供应链；三是供应链管理的内容有哪些。事实上，这三个层面的问题是互为关联、相互影响的，但是，在很大程度上它们都会受到零售企业经营战略的影响。而在业务层面，主要与零售商经营的商品种类有关，即与品类有关，而品类直接与经营业态有关（朱瑞庭，2015）。被访企业和专家对这些问题的关注如下。

一共有82%的被访者选择了兼顾成本节约导向和顾客响应速度，

第五章 中国零售业"走出去"的市场开发战略

另有14%的被访者选择了顾客响应速度,只有不到5%的被访者选择了成本节约导向。再进一步观察细分数据的话,被访企业管理人员和专家对跨境供应链的定位几乎没有什么差异。我们知道,无论是成本节约导向,还是顾客响应速度,其实都是以顾客为中心的经营理念的体现。原因就在于,随着零售业的不断发展,对于绝大多数的经营业态而言,价格已经成为竞争的基础,特别是对于那些覆盖范围广泛,主要经营食品和日常生活用品的业态来说,价格甚至是主要的竞争工具。沃尔玛"天天平价"的口号就是最好的证明。换言之,对于零售商(包括跨国零售商)而言,撇开成本考量的顾客响应速度是不存在的,而且,在很多情况下,顾客响应速度往往可以通过库存管理来加以应对。

在跨国零售商的跨境供应链管理中,其供应链上的供应商既有来自母国的,也有来自东道国的,还有基于全球采购的国际供应商,在这里,跨境供应链围绕哪一类供应商来展开是另一个无法回避的问题。在提及这个问题时,46%的被访者选择了兼顾以上三者。考虑到上面一样的背景和理由,这也是一个可以想象的结果。除此之外,差不多的被访者比较均匀地选择了三类供应商当中的某一类,比较而言,单纯选择国际供应商的略多。如果我们将被访企业管理人员和专家分类加以观察,情况就有些差异。在被访专家中,有58%选择了三者兼顾,只有39%的被访企业管理人员选择了三者兼顾。如果撇开三者兼顾这一选项,那么无论是在被访专家还是被访企业管理人员眼里,围绕国际供应商来构建跨境供应链是最多的选择,然后是东道国供应商,最后是母国供应商。这一结论可以给跨国经营的中国零售商提供有益启示,那就是跨境供应链的构建不宜单独以中国为基地,这样可以避免产生国外消费者偏爱价廉物美的中国商品的假象。而利用好中国商品价廉物美的优势的话,这一结论还提供了一个有价值的启示,那就是在中国零售业的跨国经营中,更要做好中国制造业的国际转移,实施零售业关联产业的集群式海外扩张。

在上述第三个层面有关供应链管理的内容上,选择供货价格、质量、运输、时间等交易条件的被访者最多，比例为23%。除此之外，按照选择频率从多到少排列，分别是信息管理、成本管理、库存管理、第三方采购和配送管理、设施条件等。在这里，信息管理被被访者放在了很重要的位置，这同样值得中国零售业在进行海外经营时关注。最后，与供应链管理有关的一个问题是门店顾客管理问题。与制造业不同，零售商通过门店的商品销售和服务直接与顾客接触，门店顾客管理对零售商而言，既是其相对于制造商的优势所在（增强顾客黏性，有效的面对面沟通等），又是一项挑战。不管怎么说，零售业发展到今天，门店顾客管理已经成为事关实体零售业生死存亡的重要课题，必须予以高度重视。在我们的问卷反馈中，被访者对门店顾客管理重要性的均值为4.2（最高为5），而且在被访企业管理人员眼里更为重要（均值为4.4）。

再回到"一带一路"市场布局问题。零售业国际化早已突破"地理相邻、文化相似"的束缚，根据海外目标市场选择的原理，结合"一带一路"的空间特征，对于有志"走出去"的中国零售企业来说，可以率先从周边国家和地区，特别是东南亚市场迈出国际化步子。苏宁、国美等已经在这方面做出了非常有益的尝试。为了降低国际化经营的风险，企业可以借助港澳台的地理优势和国际化资源，与这些地区的企业联手进军国外市场。在具体的目标市场选择上，首先考虑在"一带一路"沿线国家和节点城市落地，在稳健经营的前提下，逐步将"一带"从我国的中西部通过中亚延伸到西亚，将"一路"通过东南亚往西延伸至南亚、西亚、东非、北非，最后将"一带一路"延伸到欧洲市场。

随着"一带一路"互联互通的不断推进，在"一带一路"的全球化蓝图下，中国零售业海外目标市场布局将在区域相对集中战略的基础上不断延伸，由点到线，由线状到网状，形成城市—国家—走廊—区域的市场布局，实现线性价值链到蜘蛛形价值链的过渡。在这个市场布局的轮廓中，全球产业链在不断延伸，生产、采购网络在扩大和不断完善，这对于实现中国全球价值链的发展影响深远。

二 "一带一路"市场开发

综合零售业海外目标市场选择的原理，结合"一带一路"的市场特点，特别值得考虑的是，中国零售业可以优先在"一带一路"沿线的重要国家和节点城市，尤其是已经与中国商签投资保护协定、建立自由贸易区以及境外经济贸易合作区的国家和地区开拓海外市场，原因在于：一是可以最大限度地发挥区域相对集中战略的优势，将跨国经营风险置于更为可控的范围内；二是这些市场往往可以使我国出口有效绕过贸易壁垒，减少贸易摩擦，同时为企业获取先进技术、稀缺资源，促进为我国各类企业集群式国际化"走出去"提供有效的渠道。

双边投资保护协定是东道国与投资国之间订立的，旨在保护外国投资者权利、促进发展的双边条约。作为吸引外资和对外投资大国，中国支持跨国跨地区投资便利化。中国政府大力推进简政放权，放宽外资准入门槛，加快推进自由贸易试验区建设，营造高标准的国际营商环境，吸引各国来华投资。近年来，中国政府通过多双边经贸机制、驻外经商机构、境外中资企业和商会等途径，积极促进投资便利化，为中国对外投资合作创造稳定透明的外部环境。据报道，中国已经与130多个国家签订双边投资保护协定，与多个国家签订基础设施领域合作协定、投资促进备忘录等。截至2016年底，中国与"一带一路"沿线53个国家签署了双边投资协定，与大部分国家建立了经贸和投资合作促进机制。中国还与"一带一路"沿线54个国家签署了避免双重征税协定，共同为企业享有税收公平待遇、有效解决纠纷创造了良好的税收和法律环境。

建设境外经贸合作区是我国政府为支持有实力的中国企业到一些国家和地区开展互利共赢的合作、促进与驻在国共同发展所做出的政策设计。近年来，由我国投资主体在境外建设的经贸合作区快速发展，为中国企业有效开展国际产能合作提供了优惠的政策、优良的环境和高质量的服务，成为中国企业对外投资建厂的优先选择，也是所在国经济发展政策与我国"一带一路"倡议有效对接的重要载体。据商务部统计，截至2017年底，中国投资主体在44个国家在建初具规模的经贸合作区有99个。截至2018年4月，中国在"一带一路"沿线国家建设经贸合作区75个，累计投资255亿美元，入区企业超过3800家，在东道国上缴税费近17亿美元，为当地创造就业岗位近22万个。这些经贸合作区的建立为我国企业深化与驻在国企业间的合作搭建了桥梁，中白工业园、泰中罗勇工业园、埃及苏伊士经贸合作区等境外园区建设成效显著，成为中国企业集群式"走出去"的平台和友好合作的象征。尤其值得关注的是，在制造业向"一带一路"沿线国家转移的过程中，充分发挥境外经贸合作区的载体作用，鼓励制造业企业进驻经贸合作区，政府相关部门要强化针对园区企业的服务和保障机制，如为园区企业提供与驻在国有关的国情、产业、文化介绍和法律服务；与驻在国政府签署双边合作区协定，保护园区企业的投资权益，避免双重征税，为园区企业提供风险预警；推动园区内企业间的分工合作，最大限度地发挥园区的产业集聚效应。此外，要促进"一带一路"沿线国家经贸合作区间的合作，充分利用各驻在国的比较优势，将境外合作区的资源进行优化和整合，使分布在各地的经贸合作区成为我国与"一带一路"沿线国家构建地区生产网络的承接平台，以更好地服务境外合作区的发展，更好地服务中国企业"走出去"（和佳，2017）。

对外洽谈和签署自贸协定是我国对外开放的一个重要内容，也是我们加强国际交流与合作的一个重要抓手。根据商务部的消息，截至2019年5月，中国已经和25个国家或地区签署了17个自由贸易协定，其立足周边、辐射"一带一路"、面向全球，其中既有周边国家如东盟成员，也有"一带一路"沿线国家如巴基斯坦、格鲁吉亚，还有其他国家如拉美的秘鲁、智利。这个自贸区网络既包括发达国家，像澳大利亚，也包括一些发展中国家。目前中国正在与27个国家进行12个自贸协定谈判或者升级谈判，主要包括"区域全面经济伙伴关系协定"

（RCEP）、中日韩自贸协定、中国—挪威自贸协定、中国—斯里兰卡自贸协定、中国—以色列自贸协定、中国—韩国自贸协定第二阶段、中国—巴基斯坦自贸协定第二阶段谈判，以及中国—新加坡、中国—新西兰自贸协定升级谈判等，与包括加拿大在内的另外10个国家就可能达成的协定进行研究。自贸协定为我国开展国际贸易、投资合作提供了一个广阔的空间，为我国对外贸易和投资关系的发展发挥了重要的推动作用。

为了更好地利用"一带一路"沿线国家和地区市场，我们在问卷中专门就中国零售企业优先开发的"一带一路"沿线国家和地区市场对被访者进行调查。表5-3是被访专家和企业管理人员对相关题项的选择。

表5-3 "一带一路"优先开发市场

题项	均值（最高为5）
优先开发"一带一路"沿线主要国家市场	3.8
优先落脚"一带一路"沿线主要国家的节点城市	4.0
优先开发与中国商签投资保护协定的沿线国家	4.1
优先开发与中国签署自贸协定的沿线国家	4.1
优先开发与中国建有经济贸易合作区的沿线国家	4.2

正如表5-3所显示的，"一带一路"作为一个市场概念，包含了零售业海外目标市场选择中两个不同层面的市场。在上面讨论的把沿线国家和地区作为目标（国或地区）市场后，对于中国零售企业而言，则需要结合自身特点在确定的国家中寻找区位合适、与自身经营业态相匹配，零售专业技能优势明显的城市或地区作为自身的目标市场。在这里，所谓"一带一路"沿线的节点城市是中国零售企业可以优先落脚的城市。对此，国际贸易中心城市的理论及研究可以提供有益的支撑。国际贸易中心城市，一般是指资源高度集中，以巨大体量参与国际贸易，国际化程度极高，国际贸易影响力对内辐射全国、对外辐射全球的

国际著名大都市。国际贸易中心的内涵包括国际消费功能、商品流通功能、商贸服务功能、国际会展功能、创新功能以及信息功能等（中国人民大学重阳金融研究院，2015）。在"一带一路"沿线城市，不乏高度国际化的贸易大都市，但更多的是具有国际贸易发展潜力的中小城市。国际贸易中心城市的概念显然不能涵盖这些城市，而国际贸易节点城市在某种程度上不仅包含国际贸易中心城市，而且包括具有国际贸易发展潜力的中小城市。换言之，国际贸易节点城市既包含国际贸易中心大都市，又包含具有国际贸易发展潜力的中小城市，并且更加强调中小城市的国际贸易的未来发展潜力和空间。因此，我们把节点城市定义为，在"一带一路"沿线，经济规模和国际贸易额较大，具有良好的区位优势、基础设施、人力资源和商贸投资环境，对国际贸易具有较强的集聚和辐射等功能，在国际贸易中具有重要地位的城市。可见，从内涵来看，国际贸易节点城市的内涵更深，从外延来看，国际贸易节点城市外延更广，从区位优势来看，国际贸易节点城市与"一带一路"关联性更高，从发挥作用来看，国际贸易节点城市对"一带一路"的作用更大。从《愿景与行动》出发，找到沿线国际贸易节点城市，有助于推进国际贸易合作，实现贸易畅通。建设好国际贸易节点城市，可以促进投资贸易便利化，消除投资贸易壁垒，构建良好的营商环境，共建自由贸易区，释放合作潜力，做大做好合作蛋糕，进而推动"一带一路"建设不断向前发展。在中国零售业走进"一带一路"的过程中，沿线节点城市最有机会成为中国零售业优先落脚的城市。表5-4是"一带一路"六大经济走廊的节点城市的情况。

表5-4 "一带一路"沿线节点城市概况

节点城市	城市概况
新加坡	国际贸易中心城市（国家），位于马来半岛南端，区位优势突出，十分重视开发及储备人力资源，具有优越的国际商贸环境
伦敦	英国首都，欧洲最大的城市，国际政治中心、金融中心、贸易中心、航运中心、信息中心等，基础设施完备，人力资源优渥

续表

节点城市	城市概况
巴黎	法国首都，欧洲政治、经济、文化中心，也是世界华人聚居中心，"一带一路"中线终点
鹿特丹	荷兰第二大城市，欧洲最大的进出港口、最重要的转运中心，是欧亚大陆桥的西桥头堡，素有"欧洲门户"之称
汉堡	德国第二大城市，处于欧洲的中心，拥有欧洲对华贸易第一大港——汉堡港，其成为欧洲的中国中心，是德国历史最悠久的自由保税港区
迪拜	阿联酋人口最多的城市，人力资源丰富，经济实力雄厚，集中了阿联酋70%的非石油贸易，被称为阿联酋的"贸易之都"，零售业高度集聚，中东地区的经济、金融中心
阿拉木图	哈萨克斯坦第一大城市，也是中亚第一大城市，古丝绸之路通往中亚必经之地，区位优势十分有利，中哈霍尔果斯国际边境合作对接"一带一路"，潜力巨大
伊斯坦布尔	土耳其最大城市和经济贸易中心，世界上唯一地跨两大洲的大都市，成为欧亚交界的支点城市，地缘战略位置十分重要，文化开放多元
喀布尔	阿富汗首都和全国最大的城市，坐落在亚洲心脏地区，位于西亚、南亚的交接地带，地缘战略位置十分重要
塔什干	乌兹别克斯坦首都，政治、经济、文化和交通中心，是独联体中仅次于莫斯科、圣彼得堡和基辅的第四大城市，地缘战略地位重要，与中国的贸易发展迅速
德黑兰	伊朗的首都，经济中心，西亚地区最大城市之一，地理位置优越，素有"欧亚陆桥"和"东西方空中走廊"之称，是中国在西亚地区的重要经贸合作伙伴
乌兰巴托	蒙古国首都，蒙古国政治、经济、文化、交通、工业、科技中心，世界上人口最年轻的城市之一，依托中蒙俄经济走廊对接"一带一路"
瓜达尔	位于巴基斯坦西南，中巴经济走廊的南端，波斯湾出口的东翼，区位优势显著，自中国加入之后，瓜达尔开发得以全面推进，有望打造成"一带一路"样板工程

资料来源：根据中国人民大学重阳金融研究院（2015）整理而成。

综上所述，我国零售企业国际化仍处于初始阶段，在这一阶段，如何进行海外市场布局和开发就显得非常重要。这不仅关系到我国零售业后续经营的绩效，而且关系到整个国际化过程的成败。进行跨国经营的零售企业应做到充分了解有关国家和地区的政治和法律环境，赢得我国和目标国政府的支持，制订适宜的、有弹性的投资和发展计划。要充分利用中国政府着力打造合作平台，抓好境外经贸合作区建设，优化国别产业布局，支持园区基础设施建设，提高合作区水平，以及深化产能合作，聚焦重点产业、重点国别，推动我国优势产能、先进装备"走出去"，乘势而上，提高跨国经营能力，提高防范风险的能力。总之，随着"一带一路"建设的不断推进，包括中国零售企业在内的中国企业"走出去"的条件和环境正在变得日益成熟。

第六章
中国零售业"走出去"的"全球本土化"经营战略

众所周知,进入 21 世纪以来,全球化得到了迅速发展,其中,零售业国际化既是全球化的重要内容,又是推动经济全球化的重要动力。在这一过程中,尽管很少有文献把零售业国际化发展直接置于经济全球化的背景和逻辑之下,但是经济全球化在零售业领域的影响无所不在,其中之一就是如何将全球化思维应用于零售业的国际化经营当中。事实上,前面讨论零售业海外目标市场布局及开发战略时论及的全球整体扩散以及区域相对集中战略,最初也来自制造业全球化过程中生产基地的布局和市场开发。如果说从战略管理的视角来看,我们在之前讨论的市场布局和开发战略更多地涉及企业国际化经营的战略层面的话,那么,在企业经营的策略层面,经济全球化过程中有关全球化思维(Think Global)和本土化运作(Operate Local)的理念同样在零售业的跨国经营中有所投射和发展。回溯营销管理的理论研究和企业实践,这个命题最初实际上就是有关东道国市场的标准化和本土化处理问题,只是到了今天讨论这个老生常谈的话题的时候,人们的注意力不是聚焦讨论这两者之间的区别,以及它们分别适用于企业经营的哪些方面,而是,如何在企业国际化经营中处理好两者之间的融合。融合是全球化时代的关键词。在零售业国际化经营中,这种融合直接使一个新词出现,即"全球本土化"（Glocalization），它是全球化（Global）和本土化（Local）两个词的结合。"全球本土化"因此成为很多跨国企业市场营销的核心口号，也是全球企业未来可持续发展的战略。

第一节 跨国经营的"全球本土化"战略

一 "全球本土化"战略的起源

"全球本土化"起源于日本的商业实践，最早出现于20世纪80年代由日本经济学家发表在《哈佛商业评论》上的一篇文章，意为全球范围的本土化定位，很快在西方商业领域得到推广，部分原因是当时日本汽车在美国市场上竞争优势显著。这一理念被应用于产品的营销以及对营销组合效应的评估上，最关键的作用是在产品和品牌之间建立有机的联系。在企业的全球化开始从商业梦想向商业现实转化的时期，"全球本土化"一词被引入英文词典。全球扩张的商业思路和根据各地现实做出的适应和改变合成了"全球本土化"（Tiplady，2013）。

在全球化的起步阶段，任何公司，如果根据不同地区的习俗和品位做出调整，那么将是彻底失败的，因为世界各地消费者的需求和欲望已经不可逆转地均质化了（Levitt，1983）。从当时美国的视角来看，全球化的商业活动不必为了适应各地文化而做出调整。然而事实上，需求和欲望的均质化并没有普遍发生，企业全球化扩张不可避免地受到本土化因素制约。

经济全球化观点认为，全世界经济互动形成了全球动态市场。这一观点仅仅考虑了全球化的经济影响，把全球化等同于国际贸易。Stegar（2003）在《全球化：一个简短的介绍》一书中借用古代佛教寓言的盲人摸象故事来形容人们对全球化的理解：每一个人都准确地描述出其所感知的大象的局部，但没有一个人能够充分理解大象的整体。全球化不仅与经济密切相关，还影响社会制度、生活方式以及文化和技术领域等方面。"全球本土化"包含的地区条件有全球化压力的回火效应,即普遍化和具体化倾向相互作用(Khondker,2004)。Friedman(1999)认为"全球本土化"是一种文化能力,当它遇到其他文化后,吸收其影响并对其加以丰富。"全球本土化"是在吸收外来文化影响而形成多元文化和被外来文化影响所淹没之间寻求平衡的艺术。从市场营销的角度看,"全球本土化"理念可帮助企业通过适应地区市场来实现全球目标。

二 "全球本土化"战略的营销学意义

沃尔玛于1997年通过企业收购进入德国市场,2006年在德国亏损10亿美元,被迫全面撤出德国。沃尔玛在德国的失败是由于误读了德国文化,忽略了美国和德国商业文化的差异。在美国沃尔玛超市门口设有迎宾员,其背后的逻辑是这有助于创建个性化的购物体验。进入德国后,沃尔玛并没有成功实现品牌本土化。首先,德国人认为沃尔玛设迎宾员是一种浪费,因为成本会转嫁给消费者,损害消费者福利。其次,德国有着影响力强大的劳工组织和严谨的劳动法,在美国本土就素有员工福利争议的沃尔玛进入德国后,拒绝加入德国服务业集体协议和雇主协会,因此遭遇多起罢工等劳务纠纷事件。另外,沃尔玛低估了德国本土零售企业的竞争力,比如主营生活必需品的 Aldi 超市售价比号称"天天平价"的沃尔玛还要低(汪旭晖,2007)。沃尔玛失败在于没有成功地将全球化转化为目标市场的本土化,以本土化来接近顾客,并通过本土化来实现全球化目标。

"全球本土化"包含文化融合因素。文化融合是指文化形式以正确的方式穿越时间和空间,与其他文化形式和环境相互作用,产生新的文化形式和环境。文化融合是一个有机的过程,比萨饼的演化就是一个很好的例子。比萨饼来源于18世纪意大利的那不勒斯,当地农民在扁平的面包上加入番茄、牛至叶、大蒜烤出比萨饼雏形,之后逐渐普及整个意大利。19世纪末,意大利移民把比萨饼带进美国,结合当地食材形成美式比萨饼，成为文化融合的产物。其实，向全球传播的比萨饼每到一地都发生相应的变化，适应当地人口味。无独有偶，麦当劳在我国四川推出了一款川菜风格的辣味鸡翅，满足当地人的嗜辣需求。

文化融合并不是单向的，本土商业文化也受到外来文化潜移默化的影响。如果沃尔玛成功地适应了德国文化，那么德国反过来也将适应沃尔玛文化。德国的老百姓很显然尚未做好接受沃尔玛的准备。"全球本土化"战略所带来的，不仅是为单纯地适应目标市场当地文化而做出调整，而且更重要的是进行两种文化的融合，从而推动全球化目标实现。

受可口可乐、汉堡王和菲利普·莫里斯等企业资助的"新世界青少年研究"项目调查了45个国家600个15~18岁的年轻人，结果表明，尽管有文化差异，世界各地的青年们在一个个平行空间里过着极为相似的生活。他们起床后穿上李维斯牛仔裤和耐克运动鞋，戴上帽子，背上背包，前往学校的路上用耳机听音乐。这种全球青少年需求的同质化被形容为"有史以来最伟大的营销机会的到来"（Klein，2005）。这说明企业以本土化进入目标市场后的全球化目标完全是可能实现的。

三　"全球本土化"战略对跨国经营的影响分析

为了确保品牌在全球范围内取得成功，营销经理们必须考虑各地市场在经济、体制、社会、文化和环境上的差异。标准化理论在战略层面上起作用，而在需要处理大量具体问题的操作层面，适应目标市场当地文化和环境的营销活动往往会更成功。因此，纯粹的全球营销战略并不理想，因为它忽略了目标市场的本土问题。全球营销人员必须了解品牌在每一个具体的地区是否能够满足顾客的需要（Kotler，2009）。

为了制定与多元化的目标市场进行有效沟通的营销方案，跨国公司必须开发出战略框架以决定最优的市场营销是全球化的还是本土化的，或者是两者的结合。

表6-1列出了跨国公司的四个营销战略框架，涵盖了全球化战略（全球统一标准的产品和沟通方式）和本土化战略（针对每一个市场的

特定产品和沟通方式）（Schiffman，Lazar，2009），而二者不同形式的融合发展为"全球本土化"战略。

表6-1　全球营销战略框架

产品战略		市场沟通战略	
		标准化沟通	本土化沟通
	标准化产品	全球化战略 • 全球统一的产品 • 全球统一的沟通方式	"全球本土化"战略 • 全球统一的产品 • 适合当地顾客的沟通方式
	本土化产品	"全球本土化"战略 • 适合当地顾客的产品 • 全球统一的沟通方式	本土化战略 • 适合当地顾客的产品 • 适合当地顾客的沟通方式

很显然，"全球本土化"战略在这里分成了三种表现形式，即产品和沟通有一种是全球化的、一种是本土化的，或者二者都是本土化的。成功的企业必须利用其全球经验来决定其产品、服务和运营分别采取全球化还是本土化战略，以达到吸引目标市场顾客的目的。这不仅适用于上述的产品设计和沟通方式，还包括品牌建设和所有可能的营销组合，以及目标市场管理团队的结构。

"全球本土化"战略选择的实质是实现核心要素的标准化、非核心要素的本土化。这是全球化和本土化战略之间的妥协，既体现了全球营销的理念，同时也顾及各地区具体情况。为了成功地实现全球营销目标，跨国公司总部给出企业全球战略的大方向，而各地分部则专注于当地顾客的具体需求（Kotler，2009）。

有学者用五项因素来归纳"全球本土化"战略：一种战略性融合全球化与本土化并使其协同作用的路径；兼顾全球和本土市场的管理体系；既能解决目标市场现实问题又能面对全球市场挑战做出规划的能力；掌握连接全球化和本土化价值链的机会；使本地企业以最佳方式进入全球市场，使全球企业以最佳方式进入本地市场（Foglio，Stanevicius，2007）。从表6-2中可以看出全球化、本土化和"全球本土化"战略的定义、标志性特征以及三者之间的区别。

表6-2 全球化、本土化和"全球本土化"战略的区别

	全球化战略	本土化战略	"全球本土化"战略
定义	国际货物、技术、信息、劳动力、资本的国际一体化趋势，或促成这种一体化的过程	使产品或服务适应特定的文化、语言，发展出当地的吸引力和满足当地需求的过程	创建关于品牌、理念、产品、服务等业务的全球性宗旨，同时考虑到各地区具体情况的差异
标志性特征	• 目标市场国的顾客偏好与收入趋同 • 考虑广大消费者的需求 • 全球化 • 数量 • 国际品牌意识 • 标准化所产生的成本和效益 • 日益增长的全球化带来贸易成本的下降	• 目标市场国的顾客偏好和收入有差异 • 考虑到特定的需求 • 本土化 • 质量和价值 • 本地品牌意识 • 竞争来自成功的国内产品和国际品牌 • 贸易的高成本创造了相互独立的市场	• 利用全球经验或全球品牌的名称，在各地采取不同营销方式以吸引本地市场的顾客 • 同时在全球大市场和目标市场国的小市场中运作 • 整合全球化和本土化 • 整合大量销售的产品的质量和价值 • 高知名度的品牌 • "全球本土化"的产品或服务能够以更好的方式面对来自本地和国际品牌的竞争，因为公司的全球优势使其以较低的成本满足和符合特定的本地需求和偏好

"全球本土化"营销的优势是：第一，让消费者感觉到品牌是针对他们的需求而设计的；第二，有助于协调与平衡战略、战术和操作层面的营销活动；第三，通过品牌赢得更大的市场份额（Kotler，2009）。

近年来，全球品牌公司更加关注其本土商业伙伴，学习如何让产品和广告适应地方口味。品牌管理者们必须平衡总部与各地分部的要求，充分利用各地专家意见、知识和信息。因此，一些跨国企业将更多的产品研发和市场营销权力下放给当地管理人员，并且开始雇用当地人才来管理企业。

同时，菲利普·莫里斯和可口可乐等跨国巨头增加了对世界各地本土品牌的收购行动，在实现它们本土化的同时也为投资者分散了投资组合的风险。可口可乐在日本2/3的销售额是由其在当地收购的日本饮料品牌完成的，而该公司目前在全球各地拥有超过100个本土饮料品牌。

联合利华在印度建立了独立的低成本企业,为本地大众市场提供廉价的本土品牌产品(Quelch,2003)。

第二节 零售业"全球本土化"经营战略

一 "全球本土化"战略对零售业海外投资的启示

在本章的开头,我们已经提及,"全球本土化"这个命题最初实际上就是有关东道国市场的标准化和本土化处理问题。虽然我们在上一节讨论"全球本土化"的时候很少提及"标准化"这个词,但是这并不是为了诠释"全球本土化"所做的有意回避,相反,"标准化"仍然深深地隐含在"全球本土化"的本质内涵中,"全球本土化"中"全球"的起点和核心就是"标准化",是"标准化"在全球化时代的延伸,是把"标准化"置于全球市场下的战略思维。换言之,在本书的讨论中,正如前面已经指出的那样,我们更认为"全球本土化"就是标准化和本土化的一种融合。只是,标准化和本土化的融合作为当今讨论企业国际化经营的热点,融合是一回事,讨论两者之间的含义以及它们在不同领域的应用则是另一回事。在国际化经营实践中,成功的案例往往很好地处理了标准化和本土化之间的关系进而实现国际化,换言之,既做好了标准化,也做好了本土化,而失败的案例往往在于没有很好地实施本土化战略。从这个意义上说,在国际化经营中,更加全面而审慎地评估如何实施本土化战略,是今天实施"全球本土化"战略的核心所在。所以,在接下来的分析中,我们会回到标准化和本土化的逻辑原点,把关注的重点放在本土化战略在零售业国际化经营中的实施问题上。

标准化与本土化是两种国际营销方案,前者指的是跨国经营的企业忽略国家和文化间的特殊差异,使用标准化的营销组合来应对全球市场;后者则是指企业针对各个目标市场的不同特点,选择适应当地经营环境的经营模式。在跨国营销中,很多企业都面临一个共同的基本问题，即采用标准化方案还是采用本土化方案。自20世纪60年代以来，这一问题一直是国际市场营销的几个核心战略问题之一，也是国际市场营销理论与实践中至今争论不休的问题。企业对标准化和本土化的选择，可间接反映其对全球化的认识。迄今为止，采用不同方案的企业都有很多成功和失败的案例。分析全球著名跨国公司如可口可乐、麦当劳、索尼的全球战略可以知道，有的营销计划是高度标准化的，但也有重大失误，原因主要是营销方案没有实现本土化。

对标准化还是本土化的选择首先从对标准化的讨论开始，其中主要是营销内容的标准化。经济全球化是实行标准化营销的重要前提。具体来说，下面这些变化促成了营销内容的标准化：全球市场的形成；消费需求的同质化（尤其是在发达国家）；不同目标市场中，产品生命周期处于相同阶段；产品的文化限制性小；各目标市场的经济、文化、法律等框架条件差别小；集中的组织机构；众多市场上价格竞争加剧，从而导致消费倾向理性化；传媒、信息领域的全球化倾向。如果我们把标准化选择置于EPRG模式加以讨论，那么本国中心论和全球中心论的基本管理取向就是标准化。以本国中心论为基本取向的公司，会采用国际化的市场营销策略，即营销内容（产品）的标准化，公司立足于本国国内市场，而将对国外市场的开拓视为一种出口。可见，这种营销概念通常会用于和国内市场拥有高相似度的国外市场，也常见于公司起步阶段的国际化。以全球中心论为基本取向的公司，会采用全球化的市场营销策略。这种营销概念从一开始就着眼于全球市场，为了实现在全球范围内的优化，可以放弃地区性的优化策略。此类策略的目标，是通过融合和协调所有的企业行为，使之成为一个完整的体系，从而增强企业的国际竞争力，子公司不再仅限于一国范围，而参与全球分工。也就是说，整个产业链会分散到全球各地，哪里有优势，哪里就完成该部分工作。与EPRG模式下本国中心论和全球中心论相对应的，在多中心和地区中心的管理取向下，企业采取地区差异化的营销策略，完全的差异化营销意味着公司区别对待各个市场。事实上，国际营销中通常所称的跨国公

第六章 中国零售业"走出去"的"全球本土化"经营战略

司，采用的主要就是这样的营销策略。其背景在于，不少学者认为，尽管全球化是一股不可逆转的历史潮流，然而它却不应该也不可能使未来的世界成为一个完全同质或均质的体系。由于世界经济发展的不平衡，各国、各民族之间的差异长期存在，体现在营销上，则应以本土化营销取代标准化营销（刘玉芽，2010）。

当一家企业试图拓展海外市场的时候，必须在标准化和本土化营销之间做出战略选择，更确切地说，企业是要在哪些层面实施标准化战略，在哪些层面实施适应每个区域市场特点的本土化战略。跨国零售企业应该实施标准化还是本土化市场营销战略在西方学术界是很有争议的，而这是每一个跨国零售企业及其营销实践者都非常关心的问题（常健聪、朱瑞庭，2016）。标准化战略的主要依据在于，全球市场已呈现均质化，跨国公司可以在世界各地使用相同的标准化战略推销其产品和服务，以达到降低成本和增加利润的目的；相反，如果重视和强调不同国家或地区市场之间的明显差异，特别是在消费品需求上的显著差异的话，就有理由认为应该进行差异化营销，即采用本土化战略。从沃尔玛、家乐福、麦德龙等跨国零售巨头的全球扩张来看，其全球化战略首先体现在市场布局全球化、资源配置全球化、技术应用全球化、管理架构全球化以及品牌文化全球化上（郑后建，2016）。无论是上文提及的标准化还是本土化，事实上都是极端的例子，在跨国公司的营销实践中，出现更多的通常是混合策略。许多公司，采用的是一种分段式的标准化，也就是说，在某些方面采用标准化（例如产品特性、品牌名字、公共关系等），而在其他方面（例如分销渠道或者价格）则采取适应当地市场的策略。

一方面，跨国零售企业不应该将世界视为单一的市场。零售企业应该有针对性地进行市场研究以确定其目标客户，并且了解目标客户的需求和期待，理解他们的问题；另一方面，跨国零售企业还需要确定外部环境约束，以及相关约束条件下标准化战略能够带来的好处。比如跨国零售企业在本土化过程中，应该保持足够多的投入以确保食品安全监控等方面的全球标准化。片面地支持或反对标准化或本土化战略都是没有实用价值的，因为在零售业跨国经营的实践中必须在特定情况下综合考虑各方面因素而决定选择的战略（常健聪、朱瑞庭，2016）。以零售业业态的选择为例，零售企业在选择海外扩张时，必须考虑东道国的经济发展水平是否符合业态生存的基本条件。零售商在向海外转移业态时，总会将核心要素（商店类型、位置）以一种标准化的方式转移，而对次要要素（分类、促销、价格）则根据目标市场的情况，进行调整性转移。实证研究表明，流程和计划要素在心理上接近的国家比在心理上遥远的国家更加标准化，而次要要素通常在两种类型的国家差别很大。零售商通过较高的适应性在遥远的国家里应对不确定的环境，尤其是次要要素。在心理上遥远的国家绩效水平更高，符合心理距离悖论（Swoboda et al.，2009）。沃尔玛、家乐福及麦德龙在海外市场进入业态选择时，往往选择最为专长的模式，并且该业态是东道国新兴的具有竞争力的业态。有时在母国市场已经进入成熟和衰退期的零售业态，在东道国却可能是一种进入导入和成长期的业态。在进入心理距离近的国家，即使选择自己专长的业态模式，也要充分考量当地宏观和微观环境，根据目标地区的人口、商圈、店铺规模等，进行准确的顾客分析和市场定位，做出相应的业态选择和调整。

因此，零售业"全球本土化"战略必须与零售企业基于流程的动态国际化结合起来理解，而不能仅仅局限于进入目标市场的模式选择。零售企业国际化是一个渗透进整个公司的转化过程，这一转化过程会影响竞争对手的行为，改变共同面对的市场环境。Dawson（2003）将跨国零售企业进入目标市场后的阶段分解成稳定期、整合期、控制期和统治期。稳定期是指获得市场准入后的初始阶段，企业寻求目标市场的知识并且与本地供应商和消费者建立关系。整合期的零售商已经选择好经营模式与运作方式，扩张门店网络。控制期的企业形成安全的市场并且增强市场话语权和影响力。统治期的零售商取得市场主导地位，进行多元化扩张。前两个阶段主要体现本土化战略，后两个阶段则倾向于全球

第六章 中国零售业"走出去"的"全球本土化"经营战略

化战略。

"全球本土化"战略使本地和全球营销活动同时进行优化成为可能。跨国零售企业进入海外市场初级阶段往往采用本土化战略迎合当地消费者，在建立品牌后推动目标市场消费者需求的同质化，以便实现其全球化产品的销售。零售企业在进行海外投资前必须进行大量的学习和准备，熟悉当地的经济、政策、法律法规、消费者需求和心理等，掌握必要的知识，以本土化战略进入目标市场。

根据上面的分析，跨国零售企业必须根据目标市场的条件战略性地进行不同程度的本土化运作（常健聪、朱瑞庭，2016）。超市的经营者只能在较小的范围内实现跨境协同效应，他们必须调整门店运作和商品种类以适应不同国家和地区的环境、法规以及不同的消费者口味。零售企业在目标市场的大规模本土化有助于以恰当的组织结构有效利用当地的社会文化资源（消费趋势、家庭结构、企业责任感等）和经济资源（与供应商、竞争对手和消费者的关系等）（Tacconelli，Wrigley，2009）。

为了协调不同国家的仓储和采购，跨境零售商往往需要建立海外仓和跨境采购的网络，适应或融入其房地产和土地使用规划、知识网络（比如咨询公司）、供应链网络和消费文化。而这种融入需要应对两个主要障碍：第一，零售专业技能的保护极其困难，本土零售商会积极模仿跨国零售企业的核心竞争优势；第二，进入东道国的零售企业将彻底处在当地监管之下，这就需要在国际化战略和组织结构方面做出相应的调整（Leknes，Carr，2004）。

总结起来，跨国零售企业在目标市场的本土化之路有三个重要影响因素（常健聪、朱瑞庭，2016）。

第一，零售企业受不同的文化影响进行不同程度的差异性适应。标准化战略和高度集权的公司对本土化做出响应会比那些"联邦"式管理的公司要少一些。文化对企业战略决策起关键作用，它也是处理企业内部权力关系的基础（Shackleton，1998）。个体零售企业的独特起源、发展历史等因素都会对其国际化路径的形成发挥重要作用。只有能够适应"全球本土化"的文化的企业才能在与本国文化不同的市场上取得成功,本土化的核心问题是如何理解东道国文化。家乐福全球化发展的关键原因是能适应不同市场文化,就像它的座右铭"We are global, we act local"一样,它在全球市场上的进入、扩张等战略都是紧紧围绕本土化制定和开展的。

第二,"全球本土化"战略并不是为适应目标市场而做出的"一次性"调整,它是企业通过学习不断提高跨国管理能力的动态流程。跨国零售企业必须坚持学习,以形成和转移包括零售专业技能在内的各种知识(Palmer, Quinn, 2005)。虽然很多这方面的操作会被竞争对手"尽收眼底",但是基于流程的"内部"知识(比如库存管理和物流技能)对于增强竞争力来说更重要,而且这些是不易被观测到的(Au-Yeung, 2003)。分析表明,越来越多的跨国零售商建立"自上而下"的包含信息网络的知识管理结构,用来捕捉"自下而上"的实现学习本土化知识的机会,并且把各地零售店当作创新的潜在来源(Currah, Wrigley, 2004)。

第三,"全球本土化"战略是一个互动的决策过程,目标市场情况不断影响跨国零售企业的战略决定,同时跨国零售企业也在不断通过影响目标市场创造有利的营销条件。这意味着,跨国零售企业在不同的目标市场追求不同程度和形式的"全球本土化"战略,不存在可以参照的"标准"模式。跨国公司之间的互动及其在不同市场的主要竞争对手必然会影响彼此的结构和策略。跨国零售企业不仅是东道国经济体制的接受者,也在积极地影响东道国的经济体制变迁,在互相影响中各自发生相应的转化(Durand, Wrigley, 2009)。

二 零售业跨国经营的本土化战略

通过上面对零售业跨国经营的标准化和本土化战略的分析,我们讨论的内容似乎都在向本土化战略的方向聚焦,即一个零售企业跨国经营的成败,决定因素不在于是否使用了标准化战略,而在于本土化战略的

第六章　中国零售业"走出去"的"全球本土化"经营战略

使用是否得当（常健聪、朱瑞庭，2016）。为此，下面的分析主要围绕零售业跨国经营本土化战略的应用而展开。

本土化方案提出的背景在于，一是非关税壁垒的普遍存在。各国为阻碍进口商品的冲击，保护民族市场，往往设置很多非关税壁垒，无论在产品的成分、包装、商标方面，还是销售渠道、促销方式方面都有严格的控制。如在食品行业，各国对一瓶果酱内糖、水果和液汁的比例，对水果中水的分量，对包装中防腐剂的数量和种类，以及几乎每种加工食品都有不同规定，这就要求企业必须放弃标准化，转用本土化策略，以适应不同国家的要求。

二是收入的差距。收入接近的消费者有相似的购买行为。但由于世界各国收入相差甚大，消费者的需求结构、需求层次有很大不同，就产品而言，发达国家的消费者追求更多的额外功能，注重产品特性而非价格；而发展中国家的消费者则往往更强调产品的基本功能，且对价格反应敏感。企业只有正视这种差别，才能在全球市场赢得消费者。

三是文化的差异。不同国家的消费者处于不同的文化背景中，由于长期的潜移默化，形成了不同的口味和偏好，有些偏好甚至带有明显的国家倾向性。不同的价值观、不同的偏好影响着人们的消费方式、消费习惯，进而影响整个市场结构和模式。守旧意识和民族意识强烈的地区往往排斥和拒绝新产品和舶来品；信仰宗教者通常禁食或禁用某些商品；崇洋思想严重的消费者则热衷于模仿外国生活方式，以消费舶来品为荣。面对这种文化差异造成的不同消费行为，企业的经营秘诀只能是入乡随俗，迎合消费者的不同爱好，否则将导致整个营销计划流产。

四是基础设施的差异。基础设施涉及一国的通信、能源和运输等。市场营销活动诸如营销调研、分销和促销都离不开这些基础设施。但各国的通信媒介大相径庭，媒介的覆盖面、传递速度、可靠度存在很大差异。各国在运输系统的构成、运输效率、运输服务等方面也相差甚大。因此，企业应充分考虑各国的基础设施发展状况，制定不同的营销方案。与标准化营销相比，本土化营销更注重不同国家和地区市场的差异性，通过灵活的调整，适应不同市场的需求，以获得当地更大的市场份额，增强自己的竞争力。

本土化涵盖的内容非常广泛（常健聪、朱瑞庭，2016）。由于零售业服务的是在地的消费者，首先目标顾客本身就是本土化的，即零售企业致力于满足并开发当地市场。企业根据目标顾客的特点，对产品设计加以适当调整和当地化改造，或者开发具有当地特色的新产品，以满足目标顾客的实际需求和潜在需求，并通过采用符合当地文化特点的促销方式，增进消费者对品牌的亲近感，为企业赢得良好的市场机会。在这样的前提下，营销体系本土化成为企业经营战略本土化的主要内容，即采用本土化的营销策略组合。这项举措可使企业充分利用当地经销商熟悉市场环境的优势和现有的商业网络，降低新开辟渠道的成本，这既有利于经营灵活性的提高，也易获得当地政府和消费者的认同，减少民族保护倾向带来的冲击。但是本土化营销也会导致成本提高，使企业在价格竞争中处于不利地位：在不同市场提供不同产品，会导致生产和研发的规模不经济。为适应地域差别，企业需在有业务的国家进行一整套价值创造活动，这种重复建设会使企业成本不断提高。为制定可行的营销方案，企业必须加大调研力度，增加调研投资，在了解各地投资环境和要素禀赋基础上，建立全球信息网络；同时还必须对不同国家的营销方案进行协调和沟通，这些都提高了营销成本。总之，本土化经营赋予地方经营更大权力，削弱了总部的控制能力，致使管理成本提高。

本土化战略的程度是跨国零售企业营销成功的关键因素（常健聪、朱瑞庭，2016）。本土化战略的制定应该考虑所有过程因素，包括市场文化、消费者偏好、供应商网络系统、组织管理形式等。零售企业国际化面临的一个重要问题是，如何在东道国子公司的本土化战略收益和母国总公司的标准化战略收益之间达到有效的平衡。有学者提出本土化战略过程包括两个因素：一是该战略重点应该集中在动态能力上，本土化战略必须具备灵活地适应不断变化的竞争和市场环境的能力；二是本土化战略的实施是一个双向流动的过程，零售模式和技能可能来源于零售

第六章 中国零售业"走出去"的"全球本土化"经营战略

业务所在的不同国家（Coe, Lee, 2006; Tokatli, 2008），换句话说，零售专业技能的转移不仅是从零售企业的母国向东道国的转移，也可以从东道国向母国转移。下文我们选择具有代表性的选址、产品组合和供应商网络三个方面来讨论零售企业跨国经营的本土化战略（常健聪、朱瑞庭，2016）。

1. 选址的本土化

选址战略始终是零售企业海外扩张时需要考虑的一个至关重要的问题，它涉及零售企业是否能够适应新的市场环境。选址的本土化是基于全球生产网络的区域根植性概念的。区域根植性指的是，跨国企业的经济行为深深嵌入社会、文化、制度等各方面的社会关系之中。全球化企业在不同地区的各机构在运营上实施其特有的规则，因此全球生产网络框架中每个角色和每个部门都应该建立在其特定的位置上，而跨国企业对这些位置的选择需要应用具有反射性和杂交性特点的模型以适应多个位置的社会文化特点，也就是说，通过跨国零售企业嵌入当地社会关系来使在每个特定选址上的运营满足当地社会、文化、制度和政策的多元化需要（Coe et al., 2008; Currah, Wrigley, 2004）。

选址的本土化受当地房地产市场和当地政府法规的影响非常大。这些新市场环境带来的障碍对于跨国零售企业的区域性嵌入过程来说是一个挑战。零售企业跨境扩张要实现的是区域根植性、全球生产网络运作控制权的分配、企业价值的提高，这三者之间是相互作用的。这就意味着，如果跨国企业没有在东道国市场上成功取得和使用地产的话，则有可能为了实现区域根植性而失去全球生产网络运作控制权以及企业价值提高所带来的利益。在一个典型的东亚城市，正确选址的挑战包括找到适当大小的土地、获得可用的土地、遵守土地使用要求、支付当地地产的高额成本。零售企业为了保持其业务增长和维持利润，必须进行正确的选址，这包括三个主要方面。

首先，最需要解决的问题是找到跨国零售企业在目标市场的最佳进入点，而这取决于经济潜力和政策及制度条件等因素。找到理想的目标市场进入点才能挖掘企业在东道国市场的发展潜力。确定合适的进入点可以为跨国零售企业降低风险并且提供更多的机会（Maharajh，Heitmeyer，2005；Sakarya et al.，2007）。选中的地区应该能为零售企业的扩张提供足够的土地供应。在一线城市非市中心而且可以提供理想市场环境的位置开店，通常是一个跨国零售企业的首选。完成这样的首选之后，跨国零售企业在东道国的业务可以扩张到二、三线城市。比如，沃尔玛在中国市场的扩张计划就选择了在上海但远离其市中心的基础设施重建和升级地区，那里的土地使用限制条件较少，之后沃尔玛逐渐把业务扩张到珠江三角洲地区、长江三角洲地区和北京周边地区。这些地区有很多重要的二线城市，其不断增加的人口和快速增长的居民收入为沃尔玛进一步扩张创造了条件（Tacconelli，Wrigley，2009）。

其次，零售门店布局模式应进行调整以匹配新的市场环境。亚洲城市的典型特点是人口密度大、土地供应有限；此外，土地使用在不同地区有不同的审批政策，使跨国零售企业无法用一个统一的门店布局模式来获得各地区的土地使用法律许可。因此，零售企业必须把选址战略本土化，采用新的门店布局，以便更容易获取和开发当地的土地。比如，家乐福将其在中国的零售布局修改为小规模的折扣商店，在人口密集的中国城市开设大约300家平均每个在510平方米左右的商店。把零售门店调整为小规模、多楼层的布局是跨国零售巨头在东亚战略扩张的重要本土化战略（Tacconelli，Wrigley，2009）。

最后，与当地商业伙伴密切合作以便在资源紧缺的零售地产市场上获得土地产权或使用权。这些合作伙伴包括公共和私人房地产开发商、零售租赁代理和零售扩张服务公司。这就是大多数跨国零售企业把兼并收购当地企业作为进入海外市场模式的原因。兼并收购当地企业可以增强跨国企业的实力，接管被收购企业的当地合作网络，避免为获得土地产权或使用权而花费过多的成本和时间（Laulajainen，1988）。

2. 产品组合的本土化

产品组合的本土化战略的目标是对商品决策进行适应性调整，使其嵌入东道国的文化、制度和消费者行为。由于欧美和亚洲在社会文化、饮食和消费行为上存在巨大的差异，因此产品选择应该根据当地市场情况进行修改和调整，包括产品范围、定价、门店范围、门店服务水平、广告和创建自有品牌等。

产品范围是指企业商品为了适应目标市场消费者偏好而做出的变异。乐购在韩国取得成功的原因是其具有很好的本土化战略。与沃尔玛和家乐福在韩国的扩张相比，乐购的战略更多基于区域根植模型，其中关键因素之一可以概括为本土化产品的选择。总体来说，乐购实现的是针对某些区域市场的"独特生产"战略，而不是针对其全球市场的"世界生产"战略（Coe，Lee，2006）。除了在目标市场优先提供本地消费者喜欢的产品之外，商品展示方法和典型的客户购买方式也应得到零售企业的关注。比如，家乐福为了在中国实施产品组合的本土化战略而对生鲜市场进行了广泛的调查研究。其选择了鲜鱼来迎合一些中国人偏爱食用海鲜的饮食习惯。然而，由于中国沿海城市和西部地区消费者的偏好之间存在很大的差异，因此产品展示风格必须适应不同的地区。家乐福为沿海地区提供鲜鱼，但向中国西部地区提供冷冻鱼，因为西部地区的消费者更加相信冷冻鱼的质量（Tacconelli，Wrigley，2009）。

本土化战略的另一个关键方面是侧重于创建自有品牌。自有品牌产品被欧洲和北美消费者广泛接受。与之相对应的是，自有品牌在亚洲的很多区域性市场仍然是新生事物（Tacconelli，Wrigley，2009）。亚洲消费者强烈地忠诚于知名制造商品牌，而深受信任的零售商品牌尚未在东亚地区建立起来。此外，东亚的消费者更有可能被一个提供高质量商品的品牌所吸引，而不愿意信任一个售价较低的商品的零售商品牌（Lin et al.，2009）。如果产品质量能够得到消费者足够的信任，而且也能让消费者得到更多的实惠，那么消费者对零售商的忠诚和信任就可以建立起来并迅速发展，零售商将在消费者心中建立稳固良好的自有品牌形象。经验表明，自有品牌产品的盈利能力比非自有品牌产品高30%左右。满足本土化需求的自有品牌建设对于跨国零售企业在亚洲市场的扩张起到重要的作用。

3. 供应商网络的本土化

跨国零售企业在东道国巩固本土供应商网络关系相对来说比较困难。全球生产网络框架中的网络嵌入理念可以用于在所有生产网络的成员之间建立信任，从而形成零售商与供应商网络之间成功的、稳定的、高效的运作关系。网络嵌入理念必须考虑生产网络中每个企业和非企业组织或非营利组织（比如政府、各种民间组织等）的作用。零售企业与这些组织之间的信任有助于建立起利益共同体并且把价值最大化。因此，网络嵌入可被视为全球生产网络框架中各成员间为了建立稳定关系而进行的转移权力和建立信任的过程。零售企业的市场领先地位必须依赖与供应商的良好关系，进一步说，这种关系从成本效益的角度来讲是有利可图的。尽管当地供应商的过度竞争可能会影响零售商和供应商之间的增值活动和权力转移，与当地供应商建立密切的合作关系仍然是零售商在目标市场保持对价格、库存、运营、渠道结构和信息等要素的掌控权的重要前提（Christopherson，2007）。然而，东亚经济体具有产业间高度协作、彼此依存的特征，处理与本地供应商的关系对于外国零售企业来说是一个很大的挑战，跨国零售企业在东亚市场的成功在很大程度上依赖公司间的联盟，并通过这样的联盟建立与当地供应商的网络关系。

家乐福在中国台湾的发展是一个跨国零售企业供应链网络成功实现海外扩张的例子。家乐福从1989年开始进入中国台湾，到2016年在中国台湾开设了84家零售店，占中国台湾折扣商店产业的50%左右。家乐福在中国台湾的成功可以归结为两个关键因素。第一个因素是它有一个完善的物流体系，包括6个配送中心。通过7000多个供应商，家乐福创建了一个供应链体系，其物流受到当地供货公司和法国公司的联合管理。第二个因素是价格控制。家乐福在中国台湾积极地与当地企业和供应商打交道。事实上，家乐福管理者们试图直接与当地中小企业和制造商进行交易，以避免中间成本，从而获得价格控制权（Hitoshi，

2003)。家乐福对中国台湾当地供应商实现高水平掌控可以归因于其本土化战略。家乐福成为中国台湾地区领先的折扣商店,其战略定位起到了至关重要的作用,最终使中国台湾家乐福以本土化战略嵌入其全球生产网络框架。

因此,本土化战略是决定跨国零售企业在东道国运营表现的关键性因素。选址战略、产品组合选择战略和供应商网络整合战略实现本土化以适应各种各样的新市场环境,是必不可少的。然而,如何恰当而准确地使零售企业的管理战略本土化,同时又不损害零售企业母公司的标准化,是一个亟待解决的关键性问题。

在零售业的国际化进程中,标准化与本土化的关系事实上是一种相对的、动态演变的关系,如果说在战略、管理、组织、品牌、技术等方面强调标准化的话,那么在业态、品类、服务及运营方面一定要突出本土化的要求,特别是在对目标国市场的文化认同、国际化(当地)人才的使用、就业贡献以及企业的社会责任等方面,都是跨国经营企业在推进投资项目本土化的过程中需要认真对待的。为了更好地适应可持续的国际化战略,企业应该加强具有跨文化适应能力的企业制度、企业文化建设,并通过先进的IT、商业技术和管理信息系统保证制度的落地、生根、开花和结果。

在零售业跨国经营当中,处理标准化和本土化之间的关系,一直是跨国零售企业的首要战略选择之一(李红云、杨国利,2013)。为了培育可持续发展的综合竞争优势,零售企业标准化与本土化的融合是必然的。就中国市场来说,跨国零售巨头能在中国这个如此巨大的市场带来这么大的冲击,重要原因之一是它们把握住了中国市场的特点,在保证自己的标准化、保持自己的特色的同时进行不断的创新,与本土环境进行结合,根据当地的消费状况来制定符合自己情况的发展道路。虽然本土化结构还不完全成熟,但在探索中不断走向完善。由于"一带一路"沿线国家和地区与中国的国情差异众多,因此中国零售企业在进入"一带一路"沿线国家和地区市场的过程中,不可避免地要进行本土化调整,总体来看,"一带一路"沿线国家和地区中,有的地区人口稀少,有的地区对基础设施有巨大需求,但政府和民众购买力低下;电子商务企业要在追求物流速度和降低物流成本之间实现平衡;中国零售企业应适度引入一定比例的中国技术和管理人员(作为骨干),通过传帮带和培训等方式逐渐提高当地劳工的技能水平,一方面既是出于成本的考虑,另一方面也是出于人力资源管理本土化的需要。

三 "全球本土化"战略下的零售专业技能及其转移

在零售业的跨国经营中,决定其经营成败的因素有很多,零售专业技能的本土化转移是重要的决定因素。零售专业技能是指零售商所拥有的或者是可以有效利用的,能够使其体现出超越竞争对手的差别化优势的核心技能。为了确保能够成功实现零售专业技能在国际化经营中的本土化转移,从而在目标市场获取竞争优势,下面先来分析零售专业技能跨国转移的影响因素及其本土化转移过程。

(一)零售专业技能的跨国转移

零售专业技能的跨国转移是技术转移在特定行业中的具体表现,有着零售行业的特殊性,是指零售企业在实施国际化战略时,将母国市场已经形成的专业技能组合适应东道国市场环境的过程。零售专业技能的跨国转移并不是单纯的复制,主要分为两种形态:标准化复制和创新本土化。标准化复制是零售企业连锁经营的基本特征,指在经营流程和组织结构等方面与原经营环境下的模式保持一致,基于零售企业本身所具有的专业技能,在新的区域内重复原有的经营模式。零售专业技能转移的另一种形态是创新本土化,所谓零售专业技能创新本土化就是指零售商根据当地市场的经济技术、政策法令、风俗习惯和顾客偏好等适当调整不同的专业技能,以便更好地满足当地顾客需求,使顾客产生强烈的心理依恋并实施重复购买行为。

跨国公司是由母公司和不同东道国的子公司以及外部相关环境因素构成的复杂网络,分为内部网络和外部网络,母公司与各个东道国公司可视为网络中的各个节点。内部网络由母子公司、子子公司之间构成；跨国公司的外部网络包括跨国公司母公司和子公司以外的供应商、竞争对手、行业协会、东道国的政府机构、消费者及其公共组织以及其他利益相关者群体等外部环境因素。零售企业跨国公司形成的网络如图6-1所示。

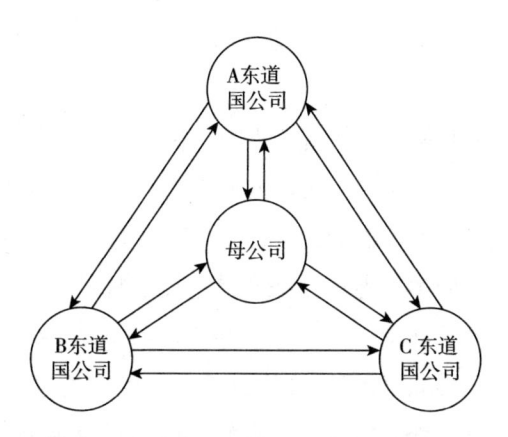

图6-1 零售企业跨国公司形成的网络

零售专业技能的转移并不是从母公司到东道国公司的单向转移，而是网络中各个节点之间的双向互动、互相激发、创新驱动的过程。零售企业专业技能转移的主要路径包括跨国公司母子公司之间、子子公司之间、子公司与当地外部环境之间三个方面。

1. 零售专业技能在母公司与东道国公司之间的转移

这种途径是零售专业技能转移的基本形式。零售专业技能从母公司输出，由东道国公司接受；东道国公司通过消化吸收，将其内化为自身特有的国别技能，再反馈给母公司，母公司根据自身特点以及所处环境，鉴别、选择、吸收从东道国公司输出的专业技能。通过这一路径，母公司和东道国公司共同发展。

2. 零售专业技能在各个东道国公司之间的转移

各个东道国公司在消化吸收母公司的专业技能之后，形成各自的国别技能，各个东道国公司可以互相学习，互相借鉴，共享知识溢出的好处，以达到跨国公司整体最优的状态。

3. 零售专业技能在东道国公司与所在国环境之间的转移

这是零售企业进行跨国经营必不可少的环节。零售企业进入新国家（地区）时，面临新的市场，必须与环境中的政府、竞争者、供应商、消费者、媒体等各个因素进行互动，使得专业技能本土化，以适应新的市场、新的需求和消费行为，增强竞争力，保持和发挥母公司的竞争优势。

零售专业技能是根据消费者的需求，在特定的社会、文化、经济环境下产生的，因此，零售专业技能的形成受到社会信息技术发展的整体水平与社会文化、法律体制的约束，并与不同的环境背景相吻合。在特定环境下发展起来的零售专业技能在其他商业环境下可能是无效率的，也就是说，东道国的环境因素影响零售专业技能的转移效果（Kacker，1985）。相关调研显示，如果东道国缺乏某些特定的前提条件或缺乏某些基本的基础设施，那么零售专业技能的转移过程将面临严重的问题。比如说欧洲零售企业向发展中国家扩张时往往会由于交通运输基础设施落后、供应商供货能力不强以及计算机控制技术普及程度不高等问题，而使零售专业技能的转移不能顺利进行，结果零售企业必须通过学习，调整原先打算转移的零售专业技能以适应东道国的环境（Kacker，1988）。Dupuis 和 Prime（1996）通过实证研究也证明了商业距离对零售专业技能跨国转移的影响，他们认为零售专业技能是在母国经历了多年的运营后逐渐培育而成的，在不同的商业和文化环境下，其必须进行本土化的调整，才能够有效满足东道国的需求。Evans 和 Bridson（2005）将心理距离引入零售专业技能本土化的研究中，建立了心理距离与零售专业技能本土化程度正相关的假设，并加以验证。在 Evans 和 Bridson（2005）的研究中，心理距离是指对国家文化及商业环境等差异的感知与理解而形成的母国市场与国外市场之间的距离，其中商业环境包括法律政治环境、经济环境、商业惯例、语言环境以及市场结构等。他们的研究发现，在心理距离的构成要素中，市场结构差异、商业惯例差异与语言环境差异都与零售专业技能本土化程度存在显著的正相关关系，尤其是市场结构差异与零售专业技能本土化程度的正相关性最为明显，而国家文化距离、法律政治环境与经济环境的差异对本土化程度的影响不大。但是，除了环境因素以外，跨国零售商的战略目标、国际地位以及学习能力也会影响零售专业技能跨国转移的效果及其在海外市场的本土化程度，不过针对这些非环境因素的研究相对很少，并且也没有深入分析这些因素对零售专业技能跨国转移的影响机理。

（二）零售专业技能跨国转移的本土化

零售企业面对的是最终消费者，相较产业用户，最终消费者消费行为的个性化、多样化特征十分明显。消费者的社会性特征导致消费行为与购物习惯在很大程度上要受文化传统、风俗习惯、生活方式、民族性、语言，甚至地理与气候条件等因素的影响，因此零售企业所面对的市场是一个非常难以标准化的市场，很难采用一种全球通行的原则、方法来经营。从这个意义上讲，零售专业技能在一个新的国家环境下很难发挥作用，甚至在一个国家内的不同地区，零售专业技能的复制都会遇到很多困难，因此，在零售企业进行跨国经营时，零售专业技能的创新本土化至关重要。

一些学者通过对典型的零售企业国际化案例的研究，对零售专业技能跨国转移过程进行了分析，如 Vignali（2001）分析了英国特易购（Tesco）向爱尔兰市场扩张时的专业技能本土化调整过程，尽管其母国市场与爱尔兰市场的文化距离是很小的，但是它进入爱尔兰时针对当地消费者的偏好与购物习惯，并且考虑到爱尔兰政府的政策，在产品组合、价格策略、促销策略、选址与营业时间、客户管理、员工管理、服务策略等方面都进行了本土化的调整。Hurt 和 Hurt（2005）对法国零售企业进入波兰以后管理知识与技能的适应与融合，进行了长达10年的研究，发现法国零售企业在波兰的管理方法经过了三个阶段的演变：强制执行法国标准、脱离法国标准和在适应波兰文化的基础上回归法国标准。这期间，法国零售企业专业技能转移体现法国文化与波兰文化之间的碰撞、交融和相互适应。Burt 和 Mavrommatis（2006）通过考察家乐福旗下的迪亚（Dia）折扣店在总部所在地市场——西班牙市场和在希腊市场店铺品牌形象的差异，发现迪亚进入希腊市场后在店铺形象不同维度上的标准化定位及本土化适应战略创造了希腊消费者对迪亚形象的良好认知，这反映出体现在店铺形象不同维度上的专业技能在海外市场的适应过程。Cho（2011）以特易购韩国市场的知识转移为例探讨了零售业国际化进程中，知识转移的特点以及其对不同零售商品牌份额之间关系的影响。

国内对零售业国际化过程中零售专业技能转移的研究也是一大亮点。丛聪和徐枞巍（2010）从知识的视角分析了跨国公司母子公司间的知识构成情况与特性，并对跨国公司母子公司双方知识投入对母子公司关系的形成的影响进行了研究，在对母子公司间的知识转移研究的基础上，得出结论：跨国公司母子公司关系会随母子公司间知识转移而发生变化，子公司拥有当地化知识水平的提高使子公司在跨国公司母子公司关系中越来越占据主导地位。汪旭晖（2012）以沃尔玛为对象，通过研究其在华经营活动，从知识特性的角度分析了母子公司间的知识转移机制。研究发现，知识内隐程度可以影响转移的媒介，地区嵌入程度能够影响知识转移的深度及本土化程度。内隐程度高的知识倾向以人员为转移媒介，通过人员媒介可以使隐性知识显性化，并逐渐固化为标准化的物件范式；内隐程度低的知识则倾向以物件为转移媒介。对于地区嵌入程度高的知识，母公司仅转移知识架构，子公司自行建构知识具体内容，以本土化为主；对于地区嵌入程度低的知识，母公司同时转移知识架构和具体内容，以标准化为主；对那些地区嵌入程度正在降低的知识来说，可以在进行初步本土化探索的同时，实施收缩等待战略，待时机成熟后实施与母国相同的标准化转移策略。有的研究以在华外资零售企业为研究对象，探讨零售专业技能本土化对零售企业海外市场绩效的影响，研究发现，商品本土化、价格与促销本土化、选址本土化、物流本土化与人力资源本土化均对零售企业的海外市场绩效具有显著正向影响，而服务本土化与店铺环境本土化对零售企业海外市场绩效的影响并不显著（汪旭晖等，2013）。汪旭晖等还从流通服务业的外商直接投资（FDI）的溢出途径入手，研究了FDI溢出效应对我国流通服务业自主创新的影响机制，认为FDI溢出效应通过示范、竞争、产业关联和人力资源流动四个途径对我国流通服务业的自主创新产生影响，而本土流通企业通过企业的社会网络，利用自身的吸收能力消化外资企业的溢出成果并实现再创新。研究建议，有效利用FDI溢出效应，提高本土流通企业自主创新能力，需要政府在保护知识产权、改良产业政策等方面做出努力，创造良好的政策环境，同时需要流通企业更新观念、引进人才、提高自身吸收能力（汪旭晖，黄睿，2011）。刘玉芽（2010）以家乐福为例，其在中国市场高度本土化而在韩国市场高度全球化的策略导致不同的经营结果，说明跨国零售企业进入与母国市场差异较大的海外市场时，实施本土化策略具有重要性。汪旭晖和翟丽华（2011）从社会网络嵌入的视角出发，发现跨国零售企业进入海外市场后，将嵌入一个全新的社会网络中，只有有效利用由社会网络带来的社会资本与知识资源优势，才能有效地实现零售专业技能的本土化。

在企业国际化经营中，零售商必须掌握国外市场项目运作以及国内组织架构之间的良性互动情况，这是企业必须面对的最重要的、极具挑战性的决策。在不同的国家使用相同的市场组合谓之标准化。Elsner（2014）认为零售商必须在标准化与本土化之间找到合适的平衡，唯有如此，企业才有可能成功。

（三）零售专业技能"本土化"的影响因素

在零售业的跨国经营中，零售专业技能的跨国转移是绕不开的重要问题。零售专业技能使用的特性体现在适用和适应方面。在零售专业技能跨国转移时，选择标准往往着眼于对于东道国企业和市场具有"技术优势"或"竞争优势"的知识和技术，同时它们往往又以"体系化""一体化"形式进行转移。知识虽然具有"适用的普遍性"，但往往在东道国企业的运营方面会出现矛盾、障碍。为此，就要考虑哪些知识是可以直接采用的；哪些知识是通过调整、修正可以继续使用的；哪些知识是一体化且重要不可分割的，同时又体现"优势"的等。东道国企业在进行经营模式导入时，对其组织内部管理，人员培训方式、内容，供应渠道管理等方面的判断是相对不容易的。一是在对经济水平、固有文化、商业习惯、职业文化认识等方面，跨国企业与东道国存在一定的差距。二是在对零售专业技能的运用、运营中，内隐程度高的技能不易通俗地表达和传递。后者基本都要通过人员媒介进行转移。例如，沃尔玛在客服培训方面，通过长时间的持续培训和专家咨询，使员工深入理解公司经营理念，不断实践、反复推敲、吸收、演化，最后形成员工自身的技能"三米微笑"。在组织沟通系统，虽然有母公司的规范、示范等，但是系统运作还需要人员的有效领会、实践、习惯，最终才会形成执行力。这些都说明母公司以"原创"方式进入东道国企业，要有一个适应过程和进行适用的选择。显然，零售专业技能的跨国转移与其供方和受方的情况密切相关。

1. 零售专业技能供方的推动力

零售专业技能供方的意愿、决策、推动力直接影响零售业跨国知识转移的有效性。零售专业技能转移供方的意愿主要表现在：母公司的经营发展战略；受方市场发展前景；母公司的知识能力；母公司对东道国的社会、政治、经济、文化等人文方面的考量和判断；零售专业技能转移的方式等。通常，母公司自上而下的控制机制对子公司的知识转移具有明显的作用。沃尔玛和家乐福在华经营显示：较多的规章制度、高度正式化的控制机制，促使子公司技术运用更多地体现标准化方式，缺乏灵活性，没有调动"人"的工作激情，进而也影响内外社会资本的有效形成，从而表现出对本土的极大不适应，经营绩效也不理想。而下放权力、利用文化和激励等非正式手段控制，有助于企业内部建立良好信任和沟通，同时促使下属更积极地发展外部关系，促进对外部知识的吸收和整合，进而知识运用更适应本土，更具有竞争优势。

2. 零售专业技能受方的吸收力

零售专业技能受方的吸收力直接影响零售专业技能跨国转移的有效

性。这种吸收力主要表现在子公司对专业技能内容的习得、运用上并通过消化吸收结合东道国实情形成企业自身的创新能力。特别是在跨国企业内部的母子公司间的零售专业技能转移是带有主观性的，也就是说，被转移的不仅停留在硬件、软件、操作方式方法及与技术相关原理的应用方面，事实上，还反映母公司在针对零售专业技能的理解、运营思想、工作方式、开展工作的思维方式等方面。如果这些主观性的东西直接进入当地，那么零售专业技能在可显示"优势"的时候，也会出现零售专业技能"不适合"的硬性定论。发挥"优势"，让转移知识更为当地适用，企业内部的吸收力的养成对零售专业技能转移的有效性至关重要。

在华的沃尔玛和家乐福的吸收力主要体现在，跨国零售专业技能转移开始、实施、整合各阶段所表现出来的对外来知识的识别、理解、应用（汪旭晖，2012）。在开始阶段，沃尔玛不能辨别哪些适合或不适合中国大陆市场，最终只能大量复制，而家乐福结合在中国台湾市场的成功，进行有效的复制，取得成功。在实施阶段，家乐福较沃尔玛更理解母公司技术实施过程，同时，学习适应当地历史、文化、环境，并且以店长为核心聘请大量当地员工，利用适应单店铺发展的人力资本，使人才本土化、管理本土化，提高员工积极性，建立有效的学习机制，从而提高店铺经营绩效。在整合阶段，沃尔玛根据先前经验，综合经营资源在中国大陆形成了灵活的店铺选址模式，而家乐福固守原有方式不变，导致其市场占有率下降。不难看出，两家跨国企业在不同阶段所表现的对原有知识的学习、理解及应用程度影响其各时期知识转移的绩效。同时，从中也可以发现，相关人员在对知识学习、理解及运营中的重要作用。

（四）人在零售专业技能跨国转移中的作用

从上面的分析可以看到，"人"在零售业跨国知识转移中是至关重要的。在企业内，人是知识的主体，主导知识实践及运营，推动技术创新；与制造业相比，要求人在跨国零售专业技能转移中，具有多变性、个性思维，创造新的收入来源；具有更高的认知程度及在与东道国结合中形成技能。人是知识转移媒介和重要路径，从零售业跨国知识转移分析来看，相关人员是跨国知识转移的重要因素、影响对知识使用的特性识别，形成企业知识吸收能力要素，同时主体性的发挥也受到知识供方（例如控制机制）的影响和左右。因此，促成知识转移有效性的实现，东道国的人才育成是非常重要的。

发挥人在零售业跨国知识转移中的作用，是实现零售专业技能转移有效性的关键。其途径和手段如下。（1）完善东道国企业内的人才育成机制。服务业的发展要求人的主体性、主观性和技能形成有利于应对市场变化，因此，人才的培养不能仅仅停留在相关技术人员的培训阶段，而应该循序渐进地从知识学习、实践、以自身为主体的知识运营阶段加以推进。特别是以自身为主体的知识运营事实上是重要的激励，因为强烈的信赖给予会促成技术人员自主的技术积累、技能形成及应用，会避免标准化的复制带来的当地"不适应"进而影响绩效实现。当然合理的晋升评定及工资体系的建设是必要的支撑。（2）加强企业内知识运营组织的建设。这主要体现在通过推进更高管理层"人的当地化"（比如使用本土化的职业经理人），实现与母公司在知识理解及运营信息方面沟通、共享，以便迅速应对当地市场的变化，解决业务处理上的即时问题。因为母公司自上而下的控制机制程度会影响子公司的标准化方式的运用程度、灵活程度及"人"的工作激情，进而也影响内外社会资本的有效形成，影响技能的形成，影响绩效的实现。在这种运营情况下，相关人员主体意识增强，自主学习、运用转移知识的能力提高，促进自我技能形成，事实上促进了人才育成。

第三节　中国零售业"全球本土化"经营战略的实施

一　中国零售业的零售专业技能

在分析了零售业跨国经营的"全球本土化"战略之后，我们来实

第六章 中国零售业"走出去"的"全球本土化"经营战略

证讨论中国零售业的"全球本土化"经营问题。讨论这一问题的出发点在于，如何通过中国零售企业具有相对竞争优势的零售专业技能的本土化转移，来推动中国零售业在目标市场获得竞争优势。

在这部分，我们的问卷调查是从被访者对处理好标准化和本土化这两者之间关系的认识开始的。被访企业管理人员和专家为此提供了有趣的反馈。没有意外，被访者高度认可在零售业国际化经营中，处理好标准化和本土化之间关系具有极端重要性（均值为4.5，最高为5）。在这个基础上，我们设置了两个题项来深入讨论如何理解和处理这两者之间的关系。对于"在零售业的国际化经营中，既要有全球化的思维，又要采取本土化的运作"的问项，被访者的意见完全一致，均值达到了惊人的4.6（最高为5）。与此相比，在问项"零售业国际化要遵循'核心业务标准化，其他业务本土化'的原则"上，被访者的认可度有所降低，但是其均值也达到了很高的4.0（最高为5）。必须指出，在零售业的国际化经营中，核心业务和其他业务如何划分还是一个仁者见仁、智者见智的问题，在这样的背景下，被访企业管理人员和专家对"核心业务标准化，其他业务本土化"这一原则的认可度已经很高了。

根据前面的讨论，我们同样可以想象，零售专业技能对于一个国际化经营的零售企业来说有多重要。对于零售专业技能的重要性，被访者给出的均值达到了4.5。在零售专业技能这部分问卷的设计中，我们采用以下思路进行题项设置。首先，通过文献研究，甄别出18项具体的零售专业技能，其内容涵盖从理念到技术、从决策到管理、从店铺选址到零售营销策略组合的广泛的零售要素方面。其次，我们把这些零售专业技能置于标准化和本土化选择的背景下，试图通过收集被访者的数据，来为企业进行国际化经营提供可操作的理论指导。最后，为了给中国零售业的"走出去"提供更为有效的帮助，我们借助被访者的判断，对中国零售企业在18项零售专业技能上的国际竞争力进行描述和分析（具体见表6-3）。我们相信，通过数据呈现，中国零售企业反过来可以更为客观地认识自身在有关零售专业技能方面的优劣表现，从而结合每个方面标准化及本土化的选择，最终找到最适合自身的"全球本土化"竞争优势。

表6-3 中国零售业专业技能的本土化及竞争优势

均值 （1为标准化，5为本土化）	零售专业技能	均值 （1为竞争力弱，5为竞争力强）
2.6	零售技术	3.1
2.1	其中：（1）信息技术	3.3
2.5	（2）供应链关系管理技术	3.1
3.4	（3）店铺选址与店铺发展技术	3.3
2.5	（4）现金流管理技术	3.2
3.5	理念、惯例、规则、操作和经验等	3.1
3.3	学习导向型的企业文化	3.1
2.8	决策的集中或分散	3.1
3.4	人力资源管理	3.1
3.2	零售业态的选择策略	3.3
3.3	店铺选址	3.4
3.0	供应商的选择及管理	3.3
3.2	商品组合及管理	3.3
3.5	卖场布局及店铺氛围营造	3.3
3.5	服务策略	3.2
3.4	价格策略	3.4
3.3	分销渠道策略	3.2
3.6	促销策略	3.4

我们先来看表6-3的左边部分，这是涉及18项零售专业技能的标准化和本土化选择的问题（在1~5的李克特分类中，1为标准化，5为本土化）。可以发现，一共有5项的均值在3以下，按照均值从小到大排列分别是：信息技术、供应链关系管理技术、现金流管理技术、零售技术、决策的集中或分散。考虑到前三项可以统一归入所谓的零售技术当中，可以认为，在被访者看来，有关零售技术方面的零售专业技能是

可以采用标准化战略加以处理的。这应该是由技术本身的工具属性所决定的，即技术不因内外环境的改变而改变，技术之所以是技术，是因为它首先并且主要是一种工具。但是这并不绝对，当外部环境的变化对技术的工具属性产生影响的时候，技术本身也应该随之发生调整。正是由于这样的原因，零售技术下的店铺选址与店铺发展技术项的均值为3.4，表明被访者更认为它和具体的目标市场外部环境直接相关，故而更加倾向于采取本土化的战略加以处理。

值得关注的是有关"决策的集中或分散"这一项，被访者给出的均值为2.8，表明被访者更倾向于采取标准化的方式来处理。这一题项在零售业海外经营的实践中是有不同处理方式的，而且到底是倾向于按标准化还是按本土化方式加以处理，起决定作用的内容往往和母公司的管理理念和模式有关。在国际化经营初期，母公司为了确保公司战略的实施，通常会采取一套标准化的程序来规范海外子公司的经营活动，这个时候海外子公司往往更多只是一个业务单位。随着海外业务的不断发展，海外子公司逐渐成为一个以财务指标为考核依据的利润中心，此时，母公司往往会加大对子公司的决策授权力度，换言之，子公司会获得更大的自主空间，按照目标市场的本土特征开展自身的经营活动。从这个意义上说，对于开展国际化经营经验不足的中国零售企业来说，在国际化的初始阶段，母公司采取标准化的决策程序来强化对子公司的集中和控制是符合管理需要的。为了深入分析决策模式与具体的决策内容之间的关系，我们专门选择零售业态进行进一步的研究。数据表明，零售业态的选择，在重要性上占零售企业决策（集中或分散）比较重要的部分。一方面，对于决策的反馈，标准化倾向比本土化倾向略占优势，但是基本上呈正态分布，可以认为标准化和本土化因素对于决策的影响并不十分显著；另一方面，尽管主张根据目标市场国当地条件来选择零售业态的专家人数，超过主张按照母公司业态来决定海外投资业态的专家人数，但整体上仍有正态分布的倾向，所以零售业态选择方面，标准化和本土化因素的影响十分有限。零售业态的选择在很大程度上决定零售商品定位与商品组合、售货方式、定价方式、利润率与商品周转速度、商品经营管理制度以及门店布局、零售配套基础设施（比如停车场）等，同时对于零售门店选址和人力资源也产生重要影响。超市、便利店、专卖店、百货等基本零售业态普遍被不同地域的各种文化所接受，区别只在某个零售业态下所经营的具体商品组合与服务等方面，因此不难理解为何调查结果显示标准化和本土化因素对业态选择的影响并不十分显著。

在表6-3左边剩余的13个题项中，被访者给出的判断均值为3.0~3.6，表明在被访者看来，这些零售专业技能更适合采取本土化方式来处理，尽管程度较弱。在这些零售专业技能中，就组织层级而言，越是接近门店经营方面，同时越接近消费者方面，就越有必要采取本土化的手段加以处理，这其中均值较高的包括促销策略、服务策略、卖场布局及店铺氛围营造等。有趣的是，这些要素和由社会、文化所决定的消费观念、消费习俗密切相关，显然，对此企业应该采用本土化的方式加以应对。被访者赋值较高的另外一项零售专业技能是理念、惯例、规则、操作和经验等。这多少有点出乎我们的意料。一般看来，涉及企业识别系统（CIS）中理念识别（MI）的时候，公司往往会特别强调保持一致性。然而在零售行业，如果我们将公司的理念定位于更好地贴近和服务消费者的话，那么在这一理念之下，公司具体的制度、惯例、规则和操作等就必须对在地的消费者进行深入的洞察，并据此设计以4P（零售营销中往往会将服务策略单独列为一项，从而成为商品、价格、渠道、促销之外的第5项）为核心的营销策略组合，其由零售营销的特点决定，其营销组合策略必须按照本土化的方式加以处理。对零售企业而言，在这一过程中积累下来的经验就更是其他卖场无法复制的专业技能了。

我们再来分析表6-3右边的情况。这里搜集的是被访者对中国零售企业在18项零售专业技能方面的国际竞争力的判断。可以发现，全部题项的均值比较均匀地分布在3.1~3.4（1为竞争力弱，5为竞争力强）。这一结果说明，总体而言，中国零售企业的国际竞争力并不让人

第六章 中国零售业"走出去"的"全球本土化"经营战略

乐观，整体处于比较弱的状态。如果说还有一定竞争力的话，那么主要表现在促销策略、价格策略、店铺选址等方面。有趣的是，在零售营销中，价格策略（尤其是低价策略）经常和促销策略一并被加以设计和运用，对于大多数零售业态来说，价格竞争已经成为最主要的竞争手段，任何一个零售企业、任何一家门店都无法对此视而不见。在这方面，中国企业依托中国商品的成本优势，往往会在价格竞争中占得先机，但是很多长期热衷于价格竞争的零售企业正是忽视品牌建设的企业，其恶果将在更加激烈的竞争中显现出来。此外，在店铺选址方面，中国零售企业具备一定的相对竞争优势，这和我国零售市场对外开放以来中国本土企业在与跨国零售商竞争中积累的经验有关。事实上，在我国很多中心城市，商业网点的密度已经非常高，有关店铺选址的竞争已经可以用白热化来形容，零售企业要找到人气和租金俱佳的店址已经十分困难，很多时候企业只能选择其一而忽视其二，在这一过程中，中国零售企业已经成为非常成熟的行家里手。

为了深入分析中国零售企业的国际竞争力，我们来对企业样本和专家样本的数据分别加以观察。可以发现，在大部分题项中，在总体差异不大的情况下，被访企业管理人员的选择赋值都要高于被访专家，而被访专家赋值更高的有以下4项：零售业态的选择策略、卖场布局及店铺氛围营造、分销渠道策略、促销策略。如此看来，在我们所列的18项零售专业技能当中，中国零售企业对自身的评价更为积极，如果我们把这种信心和前面中国零售业对"走出去"的积极、开放的心态相结合，这种积极的自我评价无疑就会对中国零售企业的海外经营产生持续的推动作用。也正是在这样的背景下，我们认为把结合运用表6-3左边对零售专业技能本土化/标准化选择与右边企业自身竞争优势的问题留给企业来分析，也许是更为合适的。

二　中国零售业的组织及人的"全球本土化"

上面的分析表明，每一个零售巨头跨国经营的成功，均离不开本土化策略的应用。中国零售企业要走出国门，在实施跨国经营的过程中必须很好地处理标准化和本土化之间的关系。在本土化方面，不但要实现产品本土化、经营策略本土化，还要实现企业文化本土化、管理本土化、员工本土化。如果进入目标市场后发现某些状况超出预期、某些决策无法执行，就需根据目标市场的实际状况进行本土化适应与调整。调整的内容既包括商品组合、服务、沟通、环境等消费者可以直接感知的显性要素，也包括业态、渠道、技术、管理、组织、文化、人力资源等消费者无法直接感知的隐性要素。

零售业的服务尤其需要本土化。服务本土化首先应该做到员工本土化，其次是语言本土化以及管理本土化。对于员工本土化，首先，招聘当地的员工，在管理层以及普通成员中都应招募本地员工，这样才能避免决策或者基本服务的偏差。其次，培训自己的员工，让其适应当地市场，这样外来零售业才能更好地为当地消费者服务，同时也可以把本国独特的元素带入具有差异性的市场。语言本土化，不仅要求从事服务工作的员工具有流利的当地口音，而且要求超市中的每个产品，尤其是进口产品，必须有当地语言的标识。这样才能在一个陌生的环境中取得高效率。管理本土化包括营业时间的划分，每个营业时段人力的投入、调拨，产品促销的形式、频率，当地节假日的消费习惯等。零售商应该在成本领先的基础上寻找差异化的突破。只有经营具有差异化，零售商才能获得更多平均利润，才能树立更高的知名度，建立自身有影响力的品牌。

当前中国零售企业从事跨国经营面临的一个主要问题是国际化经营知识存量不足。成熟的跨国公司，不仅具备较为丰富的国际化知识，而且经营的地理区域比较广泛，即使是进入新的海外市场，由于曾经在类似的国家开展经营活动，因而其也能以较快的速度和较低的成本取得特定市场知识，获得成功。但中国零售企业所遇到的困难和那些成熟的跨国公司是不同的，它们缺乏国际化知识与经验，在经营管理手段、技术、理念方面，在拥有熟悉国际零售业市场和发展趋势的高级专门人才

第六章 中国零售业"走出去"的"全球本土化"经营战略

方面等都与国外成熟的跨国公司有较大差距,有鉴于此,我国大型零售企业在跨国经营时必须注意保持渐进性。由于对从实践中获得的知识进行吸收、消化并将其制度化需要耗费一定的时间,因此,渐进性的安排可以使国内大型零售企业有条件仔细分析和总结从前期经营实践中学到的经验教训,不断扩展经验性知识存量,并在未来的国际化经营中有效地加以利用,从而最大限度地降低国际化经营的成本和风险。表6-4是被访者对跨国经营零售企业在组织及人力资源管理上本土化选择的反馈。

表6-4 跨国零售企业组织的标准化和本土化情况

组织要素	均值(1为标准化,5为本土化)
母公司、海外子公司的价值观、战略、使命等	2.5
母公司的管理制度	2.3
海外子公司的管理制度	3.3
海外子公司店长以上高层员工管理	2.9
海外子公司店长及中层员工管理	3.4
海外子公司店长以下基层员工管理	3.8

从表6-4可以看出,越是涉及公司战略、高层人员管理的,在被访者眼里越应该采取标准化战略。均值在3以下的题项包括:母公司、海外子公司的价值观、战略、使命等,母公司的管理制度,海外子公司店长以上高层员工管理。反过来,当企业组织层级往下延伸、员工层次随之往基层倾斜的时候,被访者更认为应该采取本土化战略,按照本土化程度从高到低排列依次是:海外子公司店长以下基层员工管理、海外子公司店长及中层员工管理,海外子公司的管理制度。在这里,除了海外子公司的管理制度以外,形成交集部分的是海外子公司店长以上高层员工管理,也正是在这一题项上,被访专家和企业管理人员有明显不同的判断:在被访专家眼里,海外子公司店长以上高层管理员工的选择更倾向于本土化(均值为3.2),而被访企业管理人员则更倾向于标准化

(均值为2.6)。被访专家和被访企业管理人员在这一问题上略微相左的判断,也许在一定程度上可以反映企业在海外经营中对子公司高层员工聘用和管理的困境,为了确保公司战略的执行,企业更愿意通过标准化的战略来实现决策的集中,从而提高决策的执行力和有效性。

三 小结

把中国零售业海外投资的"全球本土化"经营要素置于"一带一路"的背景下,有许多问题需要研究。总结起来,我国零售业对接"一带一路"市场的"全球本土化"经营要素的调研结果表明,可靠性很高,采用的变量合理,为此,我们没有做调试处理。较企业管理人员而言,专家在对我国零售业对接"一带一路"市场时,在18项零售专业技能中,信息技术和供应链关系管理技术应倾向于本土化还是标准化的看法上分歧偏大,但数值显示,信度仍在可接受范围内,假如在后续的研究中去掉这两个变量,将使调研的整体可信度提高。

中国零售业对接"一带一路"市场的"全球本土化"运营,按照优先顺序可以归纳为以下5个方面:生产运作因素、营销组合策略因素、技术因素、决策因素和人力资源因素。在国际化初期,中国零售业可以把有限的资源优先投放在生产运作因素上;在资源不足的情况下,人力资源因素可以暂时以标准化运营。其中,在生产运作因素中,首先值得优先投资进行本土化运营的是零售文化(理念、惯例、规则、操作和经验等),很显然,进入"一带一路"目标市场初期的中国零售企业必须迎合当地的文化才能在当地生根发芽。其次为店铺选址及与店铺发展技术;而供应商的选择及管理、商品组合及管理可以考虑在海外投资初期实行与国内母公司统一标准的供应商和商品组合以节约成本。对于营销组合策略因素进行本土化运营投资的顺序为促销策略、服务策略、价格策略和分销渠道策略,最适合本土化投资的是促销策略,而最后考虑的因素是分销渠道策略;而且这些因素彼此之间是互相促进的关系,比如促销策略本土化,会促使其他3个策略也倾向于本土化;统计结果还显示,促销策略的本土化倾向对其他因素的本土化影响最大,分销渠道策略的本土化倾向对其他因素的本土化影响最小,也就是说,促销、服务和价格实现本土化运营的同时,分销渠道可以适当倾向于标准化运营。

中国零售业对接"一带一路"市场的技术因素中优先考虑投资本土化运营的顺序依次为:信息技术、供应链关系管理技术、现金流管理技术、店铺选址与店铺发展技术。各因素彼此之间是互相促进的关系,其中供应链关系管理技术与现金流管理技术之间的互相促进作用最强。显而易见,供应链管理得越好,就越能给企业降低成本,增加利润,因此现金流状况就会越好,反之,现金流状况好,也使企业拥有更多资源以经营一个高效运转的供应链;信息技术中只有一部分用于店铺选址,选址确定之后,信息技术中更多的部分将被用于零售企业的整个生产服务与营销过程,所以信息技术与店铺选址与店铺发展技术之间的关联性相对较弱。

第七章
中国零售业"走出去"的风险管理

第一节 "一带一路"风险概述

西方跨国公司的发展实践表明,跨国公司的培育是一个长期、系统的过程。中国企业海外投资还处于探索和起步阶段,面对纷繁复杂的国际环境以及变幻莫测的国际化经营风险,建立适合中国企业现状的海外投资风险防范机制,探索适应中国企业自身特点的海外投资风险管理模式显得尤为重要。

一 全球化背景下的国家风险评估

由于世界经济、政治的竞争与合作以国家为基本单位,一般说来,对跨国企业可能遇到的风险进行预警、识别和应对,是以国别为对象的。在这样的背景下,国家风险评估应运而生。国家风险是经济活动跨越国境后产生的不同于一般商业风险的风险,包括由东道国的政治决策、经济政策、社会动乱、突发事件、自然灾害等导致的损失。进行国家风险研究的机构主要有银行、出口信用机构、资信评估机构、政府部门、非政府组织、学术研究机构等。目前国家风险评级仍然由发达国家的评级机构主导,标准普尔、穆迪和惠誉三家就占据了全球90%以上的市场份额,居垄断地位,而发展中国家的评级机构大多处于起步阶段。其中包括中国大公国际资信评估公司。部分国家风险产品简介如表7-1所示。

表7-1 部分国家风险产品简介

机构名称	产品名称
标准普尔（Standard & Poor's）	全球知名的独立信用评级机构,拥有150多年的历史,在全球23个国家和地区设有办事处。截至2018年底,标准普尔对126个国家和地区的主权信用进行了评级,并于每周更新各个国家和地区的主权信用评级
穆迪（Moody's）	对参与国际资本市场的100多个国家和地区进行评级,分支机构遍布全球29个国家和地区,员工总计约7000人
惠誉（Fitch）	惠誉是唯一一家由欧洲控股的评级机构,规模较标准普尔和穆迪稍小。经历了数次并购和巨大增长之后,惠誉已成长为世界领先的信用评级机构,在全球设立了50家分支机构和合资公司,致力于为国际信用市场提供独立和具有前瞻性的评级观点、研究成果及数据报告
国际国别风险评级指南机构（ICRG）	自1980年开始,每月发布一次《国际国别风险评级指南》,以季度为基础进行数据更新并逐月发布,是目前更新频率最高的国家风险产品,覆盖140个国家
环球透视（IHS Global Insight）	于2001年成立,目前为3800多个客户提供详尽的国家风险分析,主要针对在海外进行营商活动的投资者。GI评级的覆盖范围超过200个国家和地区。作为一家付费咨询机构,分析的风险对象涵盖范围极广,包括国家的营商、主权信用乃至一国某个地区的运营风险
经济学人情报部（EIU）	"经济学人集团"下属独立单位,国家风险服务（Country Risk Service）覆盖全球120个国家和地区,主要进行经济预测和咨询服务,目标客户是由于从事借款、贸易信贷以及其他商业活动而面临跨境信用风险或金融风险的机构
中国大公国际资信评估公司（简称"大公"）	于1994年成立,拥有自己的主权信用评级标准和方法,定期发布主权信用评级报告。截至2018年底,大公已经发布了全球90个国家和地区的信用评级报告,评级对象主要来自亚洲、大洋洲和欧洲,其中AAA级国家和地区有7个
中国出口信用保险公司（Sinosure）	自2006年至今,每年发布一次《国家风险分析报告》,2012年覆盖全球192个主权国家

资料来源:根据中国社会科学院世界经济与政治研究所《中国海外投资国家风险评级(2018)》整理。

由于研究主体不同,对国家风险的分类及其具体内容的定义也有差异。一般而言,国家风险评估从政治风险、经济及贸易风险、法律风险、文化风险、商业及投资风险等维度考察。其中政治风险关注政治体制、社会矛盾、政策稳定性和国际关系等；经济及贸易风险考察经济体制、金融与汇率波动、国际收支、双边经贸等；法律风险分析法律制度、相关法律法规和国际商务争端解决机制；文化风险分析语言、教育、宗教、价值观等；商业及投资风险研究科技水平、地理环境、人口因素、基础设施等。在综合分析各个风险的基础上，对单个国家或经济体进行评级，应从"正面""稳定""负面"三个层面给出国家风险水平展望，以反映未来一段时间内国家风险变化趋势。国家风险类别及其内涵见表7-2。

表7-2 国家风险类别及其内涵

类别	内涵	代码
政治风险	政治体制，立法、行政、司法和政党制度；社会矛盾、种族/民族冲突、宗教信仰、国家安全、对外战略、政策稳定性、廉洁与效率、民族主义、政治敏感性；国际关系	PS
经济及贸易风险	经济体制、发展水平、国民收入及分布；经济波动、国际收支、金融与汇率波动、外债偿付、财政失衡、双边经贸	ER
法律风险	法律制度、相关法律法规、国际商务争端解决机制	LR
文化风险	语言、审美、教育、宗教、价值观、社会组织	CR
商业及投资风险	科技水平、地理环境、人口因素、基础设施等	OR

注：国家风险总体等级及评价 = （PS + ER + LR + CR + OR）。

与制造业的国际化经营相比，零售行业海外经营涉及的环境因素既有相同的方面，也有很多不同的方面，这些方面往往与行业特性密切相关。为此，在进行零售业跨国经营的风险评估时，除了对目标国的整体风险进行分析评估外，还需要对与行业特性相关的环境因素进行专项评估。以中国出口信用保险公司发布的年度《国家风险分析报告》为例，其除了给出全球192个主权国家的风险参考评级及风险展望之外，还在每个国家首页发布"国别贸易风险指数"。"国别贸易风险指数"主要从买方所在国家的行业、交易主体素质、企业付款情况等多个维度，评估特定国家与中国进行贸易往来的所有行业的进口买家信用风险状况与风险水平。"国别贸易风险指数"反映一国宏观经济、行业需求与贸易环境等对该国企业履行财务承诺、足额按期付款的影响程度。国别贸易风险指数如表7-3所示。

表7-3 国别贸易风险指数

国别贸易风险指数	风险描述
大于105	宏观经济形势、行业需求与贸易环境等非常良好；贸易政策稳定性很高；企业整体的付款能力很强，基本不受不利经济环境的影响，违约风险极低
100~105	宏观经济形势、行业需求与贸易环境等较好；贸易政策变动性很小；企业整体的付款能力较强，较易受不利经济环境的影响，违约风险较低
95~100	宏观经济形势、行业需求与贸易环境等总体尚可；贸易政策的变动性较大；企业整体的付款能力一般，受不利经济环境的影响较大，违约风险一般
90~95	宏观经济形势、行业需求与贸易环境等整体较差；贸易政策变动较大；企业整体的付款能力较弱，受不利经济环境的影响很大，违约风险较高
小于90	宏观经济形势、行业需求与贸易环境等整体很差；贸易政策变动频繁；企业整体的付款能力极弱，受不利经济环境的影响极大，违约风险极高

资料来源：《国家风险分析报告（2013）》，中国出口信用保险公司，2013，第3页。

此外，2016年，中国出口信用保险公司还首次发布了全球192个主权国家的主权信用风险评级。主权信用风险评级以主权信用风险事件为监测指标，全球主权信用水平由高到低（风险水平由低到高）分为AAA、AA、A、BBB、BB、B、CCC、CC和C共9个等级。

二 "一带一路"风险

众所周知，在"一带一路"沿线的很多发展中经济体或欠发达经济体中，既有像巴基斯坦、阿富汗这样政局持续动荡的国家，也有宗教、民族问题集中的南亚、中亚和北非国家，许多国家对外深陷大国博弈的战场，对内面临政权更迭、政治转型、民族冲突等多重矛盾，安全风险、政治风险较大，许多国家的政策法规有比较大的不稳定性，"朝令夕改"的现象客观存在，这些都是中国企业"走出去"面临的风险。此外，法律、社会文化以及商业环境等还会对零售业的发展产生直接影响和制约。以反垄断法律风险为例，在"一带一路"沿线国家和地区，中国企业面临多方面的反垄断风险，首先是来自东道国的反垄断法风险，比如印度的《竞争法》，以企业在印度境内外拥有的资产价值或营业额为标准，界定了何为该法意义上的企业联合，并禁止"对印度相关市场产生或可能产生可估量的不利影响的企业联合"，对企业联合的申报、生效等也做出了规定。其次是来自非东道国的一些国家的反垄断法风险，反垄断法域外适用的目的就是防止发生在外国或在本国管辖范围以外的垄断行为对本国经济产生影响，中国企业在欧盟投资时就经历过多次经营者集中审查。最后是来自中国的反垄断法风险。《中华人民共和国反垄断法》第2条规定，"中华人民共和国境外的垄断行为，对境内市场竞争产生排除、限制影响的，适用本法"。中国企业对"一带一路"沿线国家投资，或采取跨国并购、特许经营等方式，都会同时面临国内法律和国外法律的双重规制。国内法律规制主要在项目审批及外汇来源，国外法律规制则来自反垄断法、反不正当竞争法和海外投资政策等（姜业宏，2018）。

在这样的背景下，做好风险预警，进而准确识别风险，以有效应对相应风险，是中国企业提高海外投资成功率的重要前提，对于"一带一路"沿线国家的风险，特别是与零售业跨国经营有关的风险进行分析与评估，已经成为中国零售企业"走出去"最为急迫的任务之一。

在"一带一路"起步阶段，以基础设施的互联互通为建设重点，基础设施领域的项目也是沿线各国最为急需的，发展也最为迅猛。但是，随着"一带一路"建设的不断推进，贸易、金融、互联网、文化、教育、旅游等行业在"一带一路"项目中所占比例已经逐步提高。在"一带一路"国际产能合作方面，也开始呈现传统产业与高端产业并举的趋势。可以预见，随着相关国家发展需求的变化，中国与其他国家在"一带一路"倡议下开展合作的行业将越来越多。从最近几年中国企业海外投资的主体来看，国有企业是"一带一路"建设的主力军，东南亚、西亚和非洲、南亚等"一带一路"沿线重点国家是中国国有企业

第七章　中国零售业"走出去"的风险管理

主要的投资区域，至少在当下和未来一段时间内，在国家倡议的引领下，国有企业将继续扮演"领头羊"和"主力军"的角色，但是可以预见，民营企业和外资企业在东南亚和南亚等"一带一路"沿线重点区域的投资力度将不断加大。

根据大公国际 2016 年 8 月发布的《"一带一路"沿线国家信用风险分析与展望》，沿线国家政治局势的稳定性相对较低，中东地区地缘政治风险突出，在 41 个受评国家中，新加坡是唯一的高稳定国家，表明"一带一路"倡议推进面临的整体政治风险较高；沿线国家总体经济发展水平较低，基础设施条件薄弱，经济下行压力较大，但同时潜力也较大，前景广阔；沿线国家主权债务风险较为分化，部分国家偿债来源减少与外部流动性压力上升导致主权信用级别面临下调风险；沿线国家整体金融发展水平有待提高，全球金融市场的高敏感度问题等将为金融部门带来较大风险；此外，沿线部分国家对外资本依赖度较高，外部经济环境恶化和美联储加息将增加外部风险。中国企业"走出去"面临较为严重的挑战。其中，国家风险水平下降、评级调升的有伊朗、塞浦路斯、芬兰、冰岛、爱尔兰等 15 国，国家风险水平上升、评级调降的有柬埔寨、黎巴嫩、缅甸、土库曼斯坦等 13 国（中国出口信用保险公司，2017）。从全球主权信用水平来看，沿线各国整体主权信用风险水平偏高，其中独联体、南亚、中东、北非地区由于政治风险水平偏高、经济发展落后和金融实力较弱等原因，主权信用风险整体处于高企状态。当然，各国主权信用风险差异性很大，在"一带一路"沿线国家中，既有新加坡、卡塔尔等低风险国家，也有阿富汗、黎巴嫩、巴基斯坦等高风险国家，即使在同一区域，不同国家之间的主权信用等级也存在明显差距，比如在东南亚，老挝和柬埔寨均被评定为违约风险较高的国家，而新加坡则拥有最高主权信用等级。此外，短期内，部分国家主权信用等级存在调整的可能，在绝大多数国家主权信用展望保持"稳定"的同时，印度、越南、老挝、阿尔巴尼亚等国在短期内可能被上调主权信用等级，这主要源于这些国家在保持国内政局稳定的同时，展现出较为强劲的经济发展势头。而土耳其受政局动荡、经济增速下滑、外部融资压力上升等不利影响，主权信用等级可能被下调；塔吉克斯坦则由于政治稳定性下降、银行业危机难以有效化解等原因，本已很低的主权信用等级存在进一步被下调的可能；阿富汗在美军撤离后可能面临内战进一步加剧、外援流入受阻等重大风险，主权信用有可能降至最低等级。从区域和整体角度看，主权信用风险来源亦存在明显差异。例如，受制于政府效率普遍较低及个别国家政治风险高企，在东南亚、中亚、独联体及中东、北非区域，政治稳定与政府能力是评级要素中较为薄弱的组成部分；与之相反，中东欧地区政治转型普遍较成功，在欧盟框架下，各国政治风险可控，政府效率较高，政治稳定与政府能力较强帮助该区域获得了沿线地区最高的主权信用等级。中亚、南亚和独联体区域主权信用指数接近，中亚、独联体区域主要受到政治风险偏高、各国银行业危机制约金融实力影响，而南亚区域则主要受到财政实力不足的拖累。

根据德勤 2017 年 12 月所做的调查，"风险、监管、人才"被受访企业选为海外投资面临的主要三大挑战，其中"风险"居于首位（见图 7-1）。大量实例证明，事先对风险准备不足、事中对风险应对不善、事后对风险不予总结改进是许多中国企业在海外投资失败的主要原因。

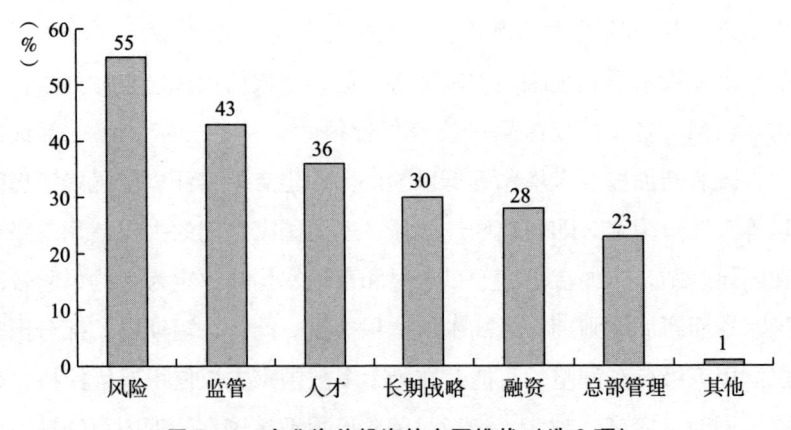

挑战	比例（%）
风险	55
监管	43
人才	36
长期战略	30
融资	28
总部管理	23
其他	1

图 7-1　企业海外投资的主要挑战（选 3 项）

第七章 中国零售业"走出去"的风险管理

上述调查还表明，从海外投资的全生命周期来看，72%的受访者认为"投资前"是最具挑战性的阶段（见图7-2），其中84%的受访者认为"缺乏迅速准确地了解目标地区的政治、经济（含税收）、社会等未来发展的真实情况，并提供综合分析的资源"（即"缺乏了解投资地信息资源"）是"投资前"阶段的最大挑战，接着是"难以及时获知投资地区、投资行业、资金流出等的监管政策的更新"（即"更新监管政策动态"）（见图7-3）。在"投资中"阶段，"总部对海外项目/分支机构的管理"是最大挑战。可见，虽然大部分企业已经开始积极推行"本土化"经营战略，但总部对于具体项目和分支机构的管控尚未到位。对于"投资后"阶段，管理是否到位，往往决定投资是否最终成功，所以"提高投资后整合能力，完善持续性管理能力，加强投资后评价监察能力"均是企业面临的问题。

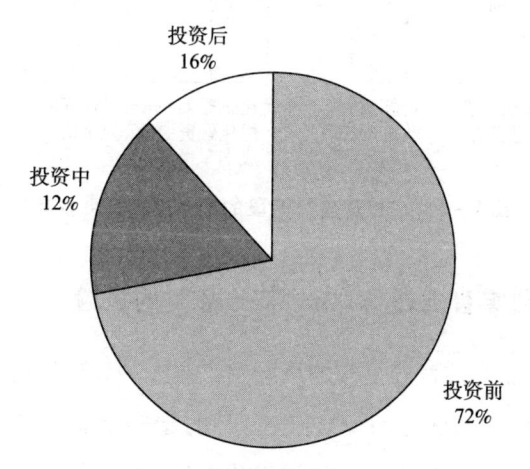

图7-2 海外投资最具挑战性的阶段

总之，在"一带一路"倡议背景下，对外投资企业需要以全新的思想来进行风险管理。倡议提出5年来，"一带一路"遭遇的风险除了来自上面讨论的沿线国家外，相关发达国家对债务、标准、地缘政治、透明度、公开采购等的疑虑也会在很大程度上影响中国企业投资"一带一路"沿线国家的情况。在风险如此复杂的背景下，对中国企业来说，单纯进行一时、一地、某一方面的风险分析是远远不够的；企业应在全面分析风险的前提下，为自己和项目构建一套风险分析、预警及应对机制。随着中国企业国际化业务的拓展，与投资地区各方面差异导致的信息不对称，往往让中国企业在制定海外发展战略时感到无所适从。企业在进行市场调查时，可以考虑借助国际专业服务机构的全球网络和渠道，最大限度地获取投资目的地的相关信息，确保对投资项目做出全面的分析和评价。

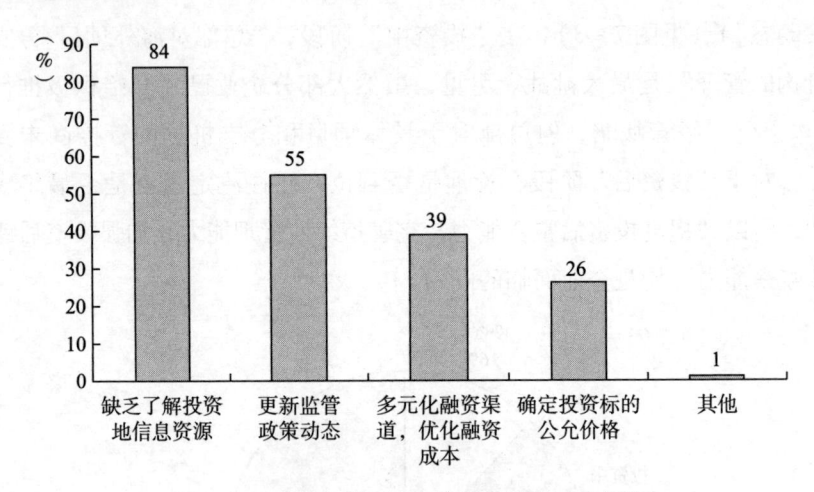

图7-3 "投资前"阶段的最大挑战（可多选）

三 我国零售业进入"一带一路"的风险

在中国企业对外直接投资的风险中，有一种风险值得特别关注，那就是政治风险。对于有志于"走出去"的零售企业来说，其同样值得被深入思考和分析。事实上，流通产业在各国经济发展中都占有重要位置，尤其是在发达经济体，流通产业往往是其基础性、先导性、战略性的重要产业，得到各国政府的重视和支持。这一点既可以体现在其流通市场的开放上，也反映在其国内流通市场的竞争政策方面。日本是一个典型的例子，它在二战后长期的经济发展过程当中，对流通市场予以特别保护，因此，欧美国家及学术界对其市场开放和竞争政策进行抨击。在全球化时代，由于流通产业在全球价值链中具有重要位置，其整合全

第七章 中国零售业"走出去"的风险管理

球资源及主导全球价值链的关键作用被世界主要大国认可,因此,欧美日发达国家尤其重视本国跨国零售巨头的海外市场开拓,通过各种方式给予其支持和保护。从这个意义上说,我国零售业海外投资都会遭遇政治风险。

从国际直接投资的角度看,政治风险意味着投资目标国的政府干预、政局更迭、政府征用、政策法规变动、排外思想与恐怖主义等因素,以及外国投资者在社会责任和环境保护方面的行为导致目标国的政策改变等。政治风险是国际投资中不确定性最大的风险,而且一旦发生,投资企业将面临不可预估的损失。

在介绍了中国企业海外投资的风险类型,特别是其中的政治风险之后,我们来分析问卷调查中被访者对"一带一路"沿线国家各类风险的评价情况(见表7-4)。

表7-4 "一带一路"沿线国家风险

风险类别	均值(1为很小,5为很大)
政治风险	3.3
安全风险	3.5
财政金融风险	3.4
债务违约风险	3.6
法律风险	3.6
社会文化风险	3.4

表7-4的数据表明,在"一带一路"沿线国家,不同风险类别的表现是不同的。总体而言,六类风险的程度还是比较温和的,相对而言,其中债务违约风险、法律风险和安全风险比较突出。这和推进"一带一路"倡议5年来的成果是完全一致的。其背后的逻辑清晰明了:"一带一路"致力于实现沿线国家基础设施的互联互通,而基础设施的建设往往周期较长,投资较多,很长时间才能收回。与此相对应,"一带一路"沿线很多国家的民族、宗教冲突不断,安全形势堪忧,政局不

稳，政策多变，这些方面带来的风险正是过去几年中国企业在推进"一带一路"建设项目过程中遭遇的风险，值得高度重视。事实上，除此以外的政治、金融和社会风险同样不能忽视。减少各类风险对中国企业海外经营活动的影响，需要在"一带一路"的框架下加强政策沟通，实施战略对接，强化商贸对话。

第二节 中国零售业海外投资风险管理

一 中国零售企业海外投资风险评估

对于零售企业来说，跨国营销风险可能发生在全球任何零售业态中。在过去70年里，每个时代都有跨国营销失败的零售业代表，但是，目前的学术研究常常聚焦成功案例，对失败案例和教训的研究还十分欠缺。由于零售业直接面对各国消费者，人们认为，如果东道国与母国存在较大的文化差异，那么这对零售企业的影响程度较高；对于行业环境风险的感知，企业十分关注当地零售业的行业结构和竞争程度；对于企业内部来说，由规模扩张导致的资金需求和财物风险，是"走出去"企业十分关心的。此外，对进入发达国家、新兴工业化国家和地区、发展中国家三大目标市场所做的感知风险调查发现，人们对进入不同目标市场的感知风险的侧重点不同。当前，单边主义和贸易保护主义的冲击还在进一步加大，影响逐步显现，它们对全球经济的影响还很难被准确预测，全球的投资贸易和经济增长动力存在巨大不确定性。由于中国零售业大都缺乏对产业链前端的控制，往往在进行跨国投资的过程中受制于上游企业，缺乏产业链延伸和扩张能力，对产业链上下游谈判缺乏主导性。在这样的背景下，中国零售业在开拓海外市场时有必要针对不同的目标市场进行环境分析，尤其是对与零售经营有关的环境因素（比如影响零售业海外目标市场选择的因素）进行全面的分析，只有这样，才能提出进入不同目标市场的有针对性的风险防范与管理策略。

第七章　中国零售业"走出去"的风险管理

　　跨国营销环境风险的评估是风险防范和管理的重要前提和内容，甚至可以说十分关键。中国零售企业跨国营销的风险防范机制，应该由政府、行业协会、专业机构和企业多方共同参与构建，以共筑风险防范网络。

　　通过前面的分析可知，在国家风险类别中，政治风险具有一定的特殊性。在一定程度上，政治风险的可控性可以归结为政府的稳定性。由于"一带一路"是中国政府提出的国际合作倡议，中国和沿线国家政府在推进"一带一路"建设中的作用不可或缺。事实上，对于起步于基础设施互联互通项目的"一带一路"来说，其建设项目往往处于双边及多边框架内，通过政策沟通、战略对接和商贸对话来推动实施。在这样的情况下，如果相关国家和中国有着良好的关系，则显然有益于风险管控。一般而言，"一带一路"倡议的受益国通常都和中国保持良好的关系，但是沿线国家政府更迭造成签约项目出现波折的案例并不少见。到目前为止，大部分"一带一路"项目得到强大的双边关系的支持；另外，由于发达国家越来越多地参与某些项目，风险处于可控状态，但是由于涉及巨额资金，高风险因素依然存在。由于"一带一路"沿线国家的风险水平总体上要高于其他国家，因此，对"一带一路"沿线国家风险的评估既不能夸大，也不能轻视。对于参与"一带一路"倡议的中国企业来说，其必须在投资之前充分了解风险因素，并在项目进行期间进行密切的监测。

　　正如前面述及的，到目前为止，中国参与"一带一路"的企业主体为国有企业，这样，沿线国家的运营风险自然落在了承接项目的国有企业身上，承担金融风险的是中国的政策性银行。2018年8月，中国政府向参与"一带一路"项目的国有企业发布了政策文件，内容广泛涉及尽职调查、项目可行性和持续运营等方面，另外，还包括声誉、立法和环境风险、利率、外汇、汇款、金融不确定性、税收规定、当地人才的项目管理能力，以及其他经济甚至自然灾害等风险。如果企业在做出"一带一路"投资决策时考虑到商业利益，那么，就意味着它们需要保证获得适当的回报。要做到这一点，国企必须在投资之前处理可能损害回报的风险，其中包括对合资伙伴进行尽职调查。事实上，对所有这些"一带一路"风险的分析评估也适用于国有企业之外的私营企业和外资企业。中国信保作为国有政策性保险公司，正通过其海外投资保险计划支持和鼓励中国企业及金融机构到海外投资。按照该计划，中国信保将承保投资者由于东道国，尤其是发展中国家的政治风险而产生的海外投资经济损失，在这里，东道国的支持仍然是中国企业海外投资的关键条件。对于私营企业和外资企业来说，其通过购买海外投资保险降低参与"一带一路"项目的风险。

对中国零售业海外投资风险的评估，可以在借鉴中国信保国家风险水平评估的基础上，针对零售业的行业特性，在国别贸易风险（行业风险）中重点考察一国流通业，特别是零售业的发展情况，分析其市场结构、产业政策、竞争状况、开放政策等，然后结合消费市场情况，在综合分析的基础上，对其贸易风险指数进行修正。在这一过程中，与中国已经签署或者正在商谈双边投资保护协定，探索建立自贸区、经济贸易合作区的国家/地区，可以把行业风险减少因素纳入国家风险的评估中；反之，对于明显具有突发事件、不可控事件、不可预知风险、其他不确定性风险的国家/地区，尤其是政局动荡，发生宗教冲突、种族矛盾等的国家/地区，可以把行业风险增加因素纳入国家风险评估中。在兼顾国家风险评估、零售行业经营风险的情况下，结合前面对中国零售业海外目标市场选择的分析，本书对中国零售业海外投资评估指标及评价体系进行整理（如表7-5所示）。

表7-5 中国零售业海外投资评估指标及评价体系

国家风险（NR）	
行业风险减少因素（ADV）	行业风险增加因素（DADV）
双边投资保护协定签约国/地区 自贸区谈判国/地区 经济贸易合作区谈判国/地区 ……	突发事件 不可控事件 不可预知风险 其他不确定性风险

注：中国零售业海外投资风险 = NR - ADV + DADV。

二 中国零售企业海外投资风险管理

面对"一带一路"建设过程中遇到的风险,中国政府正在不断改进境外企业对外投资安全工作机制,在国家安全体系建设总体框架下,完善统计监测体系,加强监督管理,健全法律法规,加强国际安全合作,研究制定企业海外经营行为规范。鼓励企业设立海外投资风险评估部门,以加强与国际机构、跨国公司、东道国企业和中介组织的合作,对投资地区或国家的政治动向、监管政策、安全形势、各利益相关方的诉求等进行综合分析,科学评估投资项目的收益和风险。加强政府各部门、驻外机构和使领馆的沟通协调,在中国海外投资利益受到损害时,协同运作、互相配合,支持中国企业维护海外权益。

中国的跨国公司是"一带一路"背景下"走出去"战略的主要实施主体,在布局全球、嵌入全球价值链的过程中,必须加强风险管理和合规性管理,熟悉投资目的国的政治、经济、法律环境,规避投资风险。中国金融学会等发起了"中国对外投资环境风险管理倡议",要求企业充分了解项目所在地的环境法规、标准和相关环境风险;参与对外投资的银行应借鉴国际可持续原则;对外投资机构应借鉴联合国责任投资原则,在投资决策和项目实施过程中充分考虑环境、社会、治理因素,建立健全管理环境风险的内部流程和机制;鼓励参与对外投资重大项目的机构在决策和项目实施过程中,充分利用第三方专业力量,帮助评估和管理所面临的环境和社会风险;鼓励对外投资项目,尤其是中长期基础设施项目,充分利用绿色融资工具等。在本书的企业访谈中,中国零售企业对于未来建立全面风险管理体系持积极态度。对中国零售企业来说,应该着力完善风险管理机制,加速提升海外投资风险管理能力。

1. 开展周密的市场调查研究

国际市场环境复杂多变,国与国之间文化差异明显。针对海外发展面临的风险,中国企业要充分了解相应国家的政治制度和外交倾向,认真研究投资目的地的税收、知识产权、劳工等相关法律制度；了解当地宗教、文化习俗，尽量招聘当地员工，避免触碰敏感文化界限；密切关注汇率波动以及贸易、投资相关政策变动情况，提前做好应对准备（SAP，2017）。由于国际商业竞争异常激烈，这就要求零售企业在"走出去"之前做好充分、周密的市场调查研究。美国沃尔玛、法国家乐福、荷兰万客隆、德国麦德龙进入我国市场都做了两年以上的准备工作，花费在 500 万美元左右。由于中国零售企业缺乏跨国营销经验，因此前期市场调查更为重要。根据前面提及的德勤所做的调查，对外投资中的"投资前"、"投资中"以及"投资后"三个阶段对企业带来的挑战是不同的，其中"投资前"是挑战最大的阶段，由此带来的风险显然也具有不同的特点。投资前的市场调查应该涵盖宏观政治经济、企业商务、财务、法律、税务、人力资源、IT 等多个方面，根据投资目的，了解和识别可能发生的风险，以便在投资期间的谈判和确定法律文件时进行规避，并做好风险应对预案。在过去，很多中国企业的市场调查做得不全面、不充分，最终蒙受巨大损失的情况屡见不鲜。由于上述调查内容广泛而专业，在必要的情况下，中国企业应该聘请合格的专业机构，进行充分全面的尽职调查，以为企业做出投资决策提供依据。

2. 选择合适的市场进入方式

在实施"走出去"战略的开始阶段，工程承包是中国企业走出国门的主要方式，其中多数是以施工、土建为主的项目，企业主要扮演"总承包商"的角色。这一特点在"一带一路"倡议提出至今表现得同样明显。随着技术水平与经营能力的提高，中国企业开始探索采用绿地投资、PPP、跨国并购等多种模式。特别是跨国并购，近年来正在迅速崛起。根据清华大学等发布的《"一带一路"跨境并购研究报告》，2000～2016 年全球针对"一带"国家的跨境并购规模高于"一路"国家；从并购金额看，对"一带"国家的并购金额为 8231.51 亿美元，占比为 52.58%；而"一路"的累积并购数量则多于"一带"国家。2014～2016 年中国对"一带一路"沿线国家的并购金额从 22.64 亿美元增至

97.55亿美元；在2016年，中国超过美国及日本，成为最主要的并购方。中国对"一带一路"沿线国家的并购金额高度集中，排名前五的是哈萨克斯坦、俄罗斯、以色列、新加坡和埃及，仅对这五个国家的并购金额就占据并购总额的78.07%（清华大学等，2017）。与其他投资模式相比，跨国并购并不需要很长的建设期，因此这成为企业加快市场进入、加速规模扩大的首选方式。另外，并购可以帮助获得目标企业的关键能力与无形资产，比如研究与开发能力、商标、信誉、技术、管理、销售渠道等，并且可以通过一定的跨领域并购来实现企业业务组合优化。

由于并购已经成为中国企业海外投资的重要手段，中国企业需要利用各种资源提升并购风险评估能力，尤其需要获得高质量的信息，做好风险管理。由于国际经验的缺乏，进行海外并购的中国企业常常会误判外国商业环境风险，或者由于过于小心而错失良机。培养内部风险评估专家以及招募海外当地的职员管理并购中的风险可以列入企业提升自身实力的中长期计划中。企业的短期计划仍然是雇用熟知当地商业环境的法律机构和公关公司以为其并购服务。企业在并购前要做大量细致的调研工作，充分发现并购目标公司在管理、法律和财务上的问题和风险；另外，还要评估收购的价格是否给企业今后的经营留下合理的利润空间，这些都需要专业性的人才团队来完成。

除了跨国并购以外，为了降低海外投资风险，并能在当地持续发展，各类企业寻找合适的当地合作伙伴、成立合资公司等形式会越来越多。

3. 合理配置商业风险

在中国企业的对外投资中，融资问题往往成为进行投资的最大难点。在德勤所做的调查中，63%的企业认为，融资中最应该得到重视的因素是"推动项目商业风险的合理配置，实现风险共担"；紧随其后的关键考虑因素是"东道国政府一般对融资方案和资金确定性十分敏感"（43%）和"减轻企业资产负债表的负担"（39%）。可见，在企业海外投资实践中，企业越来越重视研究风险分担，强调项目的可融资性。尤其对于目前阶段重点开展的基础设施和能源项目，项目融资不仅强调完善的商务结构，而且必须想方设法实现最低担保，有限追索项目融资。

4. 引进高素质的零售企业跨国营销管理人才

尽快实施跨国营销战略，零售企业迫切需要一批具有现代零售业营销管理理念、熟悉国际零售市场和发展趋势的高级专门人才，同时在营销管理的手段、技术和理念上逐步同国际惯例接轨，控制和防范营销中产生的风险问题。为此，应使用多种培养方式进行国际化后备人才培养，这是国际化人才管理中最关键的环节。人才的培养需要时间，企业必须未雨绸缪，实现其梯队式发展。在争夺国际化人才的激烈竞争中，一方面，企业要为派驻海外的人才制定有针对性的薪酬福利和职业发展政策；另一方面，企业可以采取各种有效措施吸引海外留学生和大型外资零售业集团、海外中资机构、华人企业等的高级管理人才，通过与国内外相关高等院校合作、与一些国际零售业巨头建立战略联盟等形式，培养满足跨国营销需要的各种人才。实现跨国公司营销人才本土化，揽四海英才为我所用，是明智之举和行之有效的发展捷径。

5. 中国零售业"走出去"的海外投资保险

面对海外投资的各类风险，海外投资保险可以起到"兜底"的作用，让企业放心地"走出去"，以更好地推动中国进行海外投资。出口信用保险或者说出口信用机构的作用在国际上有很坚实的基础，比如市场缺失理论、反经济周期理论认为，在经济下行周期，世界各国都会非常重视通过出口信用机构的作用增强本国企业的竞争力。各国的出口信用机构实质上都为本国的政治、经济目标服务，为增强本国企业的国际竞争力进行制度性安排，中国零售企业可以利用好出口信用机构，尤其是国家政策性出口信用机构的海外投资保险服务。

下篇

中国零售业"走出去"对接"一带一路"的政策建议

第八章
中国零售业"走出去"对接"一带一路"的对外政策建议

本书以中国零售业"走出去"为新时期扩大和深化对外开放的牵引,讨论中国零售业"走出去"对接"一带一路"的途径及对策问题。上篇的研究重点是理论建构,我们在分析零售业国际化的理论基础、进行海外目标市场选择的文献综述后,讨论中国零售业"走出去"对接"一带一路"的必要性和可行性,构建了中国零售业"走出去"对接"一带一路"的理论模型。在中篇,我们对中国零售业"走出去"对接"一带一路"的理论模型进行了实证分析和研究,分别讨论中国零售业"走出去"对接"一带一路"的途径、模式、战略、策略以及保障等。本篇将在上篇、中篇的研究基础上,深入探讨中国零售业"走出去"对接"一带一路"的对策,目的在于,在厘清我国零售业"走出去"对接"一带一路"的理论脉络后,通过理论模型的构建和检验,为我国零售业"走出去"对接"一带一路"找到理论依据、实施路径,抓住对外和对内两个方向,在对内方向上从宏观、中观和微观三个层面,为最终实现两者之间的联动发展,发挥"一带一路"的整体最大效应,提出中国零售业"走出去"对接"一带一路"的政策建议。本章首先讨论中国零售业"走出去"对接"一带一路"的对外战略,即围绕"一带一路"倡议,讨论中国和"一带一路"沿线国家及国际组织之间在双边和多边框架下的沟通、对话和协调。在这里，政策沟通是前提，战略对接是关键，商贸对话是重点。

第一节 政策沟通

"一带一路"对全球经济的影响和辐射广泛而深远，随之产生的全球经济治理也在发生深刻的变化。在前所未有的责任面前，没有现成的经验可资借鉴。作为倡导国，中国必须在双边和多边框架下，积极主导、引领和加强政策沟通，为沿线国家的互利合作搭建平台，为中国企业"走出去"创造良好的外部环境［朱瑞庭，2016（a）］。

一 政策沟通的理论基础

在全球化时代，能够通过发挥自身比较优势、参与全球分工的发展中国家不少，但是真正能够深度参与全球价值链的发展中国家较少，中国就是其中最好的例子。要做到这一点，不仅取决于发展中国家自身，也取决于发展中国家所处的区域发展。在这里，"好邻居"和"坏邻居"的作用截然不同。其中，强劲的国内供应链是发展中国家融入全球价值链的一个重要基础，对此，中国的发展规划、市场导向、产业政策等改革都可以为其他发展中国家所借鉴。对外投资是中国参与开放型世界经济的重要方式，有利于实现中国与世界其他国家的合作共赢、共同发展。中国企业通过对外投资进一步实现发展目标，带动产能、装备、技术、品牌和标准"走出去"，在投资合作中提升自身技术水平和管理能力，拓展市场网络。对于东道国来说，中国企业投资带来了资本、技术、就业岗位和税收，加快了工业化和城镇化进程，促进经济发展和民生改善。中国对外投资在帮助东道国扩大资源、设备、技术、消费品等出口规模的同时，还帮助东道国投资者建立了与中国市场的联系，使当地企业进入中国市场更为便利。通过共建境外产业集聚区，可以推动建

第八章　中国零售业"走出去"对接"一带一路"的对外政策建议

立当地产业体系,帮助东道国企业融入全球价值链。

一国的贸易伙伴是哪些国家,这些贸易伙伴融入区域价值链和全球价值链的程度如何,该国距离经济活动中心(包括消费市场)有多远,以及一国企业的组成情况很重要。长期以来,全球价值链都是由大型跨国公司参与和主导的,中小企业几乎无法或者很难进入。随着国际分工的不断深化,中小企业开始逐渐作为国际分工的一个有机组成部分嵌入整个全球生产网络。对于中国和"一带一路"沿线发展中国家广大中小企业来说,最有效的方式就是加强国际合作。围绕"一带一路"国际产能合作,通过协同创新,争取实现关键技术突破,掌握具有国际竞争力的核心技术,形成一批核心自主知识产权,从而嵌入全球价值链并占据竞争优势(SAP,2017)。有证据表明,企业规模越小,其直接参与贸易的可能性就越小,这是因为其贸易障碍较大,如融资概率低、经济规模小、服从监管的固定成本高等。研究表明,贸易成本以及贸易双方的相对经济规模,是决定双边贸易模式的主要因素。更重要的是,从贸易与发展的角度看,贸易成本不仅影响国内企业在国际市场上的竞争力,同时还影响促进企业参与和沿全球价值链升级的政策。虽然贸易成本过去几十年来不断下降,但它的作用随着供应链分节化而不断变化,在竞争日益加剧、人人相互合作又彼此竞争的"小世界"中变得更加重要。

20 世纪 80 年代中期以来,由于交通运输成本的下降、关税和其他海关贸易壁垒的逐步降低和减少,以及信息和通信技术互联性的提高,交易成本不断降低,造成全球贸易迅速扩张。这一趋势在 2008 年全球金融危机以后被限制,特别是贸易摩擦成为一个外生的成本因素,降低贸易成本和促进贸易便利化成为全球贸易中被重点关注的目标。有测算表明,贸易摩擦使价值链中的单个生产阶段的成本上升了 18%。其中,多数额外费用是由贸易成本以及物流设施和贸易便利化条件匮乏而产生的,而其中许多条件取决于国内的政策。贸易成本不仅降低了国内公司参与全球价值链的积极性,而且影响所有贸易伙伴,造成系统性损失。

贸易和投资便利化的投入可以获得很高的社会回报。Yu等（2016）讨论了三种政策情境下，中间产品贸易自由化对全球经济的影响。第一种政策情景是中国单方面取消从加拿大进口中间产品的关税，结果表明单方面贸易自由化的政策情景会促进中国经济增长及中国与其他国家的贸易联系紧密。第二种政策情景涉及中国和"一带一路"沿线区域中的亚洲及非洲国家之间的区域贸易协定，即将中间产品的关税降至零，但是对区域贸易协定外的国家保持关税。在这样的政策情景下，中国和"一带一路"沿线国家对进口中间产品的双边关税进行减免，这会促进相关国家经济增长。如果完全免去中间产品的关税，中国和"一带一路"沿线国家的实际GDP相对于基准情景就会分别增加0.43%和0.42%，中国的进出口额将分别增长2.8%和3.2%，"一带一路"沿线国家的贸易额将增长1.5%。第三种政策情景是二十国集团成员对来自所有国家的进口中间产品取消关税，贸易自由化有助于二十国集团成员利用比较优势，促进经济升级，第三产业增加值占GDP的比重在美国、欧盟以及其他发达二十国集团成员中将大幅增加，二十国集团的许多发展中国家的第二产业增速也会快很多，以中国为例，第二产业将增加670亿美元，在GDP中的占比将提高0.35个百分点。

在"一带一路"线性价值链中，中国更有机会接触到原本由发达国家主导的全球价值链中的高端环节，这有助于打破中国长期处于被低端"锁定"的局面。"一带一路"沿线国家的产业关联度较大，且各行业间的互补性要大于竞争性，双方在各个领域都能实现较好的战略对接和产业耦合，因此"一带一路"实现了区域性分工地位的攀升。中国在"一带一路"合作平台中扮演引领者的角色，中国的产业和贸易结构大多优于"一带一路"沿线国家，且制造业拥有绝对的技术储备支撑，可以通过产业转移、技术输出帮助"一带一路"沿线国家实现自身价值链升级，推动其区域性分工地位跃升（王恕立、吴楚豪，2018）。

近年来，亚洲经济一体化快速推进。不包括亚洲其他经济体间的一体化协定，仅2017年，中国就新签署了4个自由贸易协定，启动了4

第八章 中国零售业"走出去"对接"一带一路"的对外政策建议

个可行性研究，至此中国已经签署了16个自由贸易协定，涉及24个国家和地区。目前，中国商务部已基本完成跨境服务负面清单制定工作，将逐步推进以负面清单为基础的自由贸易协定服务贸易和投资谈判，亚洲经济一体化会以更大的幅度向前迈进。这些协定不仅密切了亚洲域内经济体间的联系，还不断把亚洲域外的经济体拉进亚洲经济一体化进程中。从亚洲的实践来看，全球化并没有逆转，而是以区域经济一体化的形式加速推进（《博鳌亚洲论坛亚洲经济一体化进程2018年度报告》，2018）。

回到零售业国际化和"一带一路"之间的关系上来，从零售业国际化的发展历程来看，一个国家的零售业国际化首先是从这个国家零售市场的对外开放开始的，在这个过程中，外国零售商的进入会对一国零售市场的水平以及垂直竞争产生直接影响，其结果是除了本国消费者的需求得到更好的满足、消费者福利水平得到明显提升外，很重要的是，本国的零售企业通过学习国外零售商的做法，在竞争中培育自己的零售专业技能，从而获取自身的竞争优势。如果我们把这一过程上升到国家层面，那么开放零售市场对本国经济增长的促进作用同样是显而易见的（在本章的第三节将继续讨论）。总之，"一带一路"倡议横跨地域广阔，涉及国家众多，积极开展与沿线国家在投资便利化方面的合作是保障"一带一路"成功实施的必要条件和重要内容。在这一进程中，通过推进中国零售业进入"一带一路"，构建"一带一路"零售贸易网络，将极大地促进沿线国家的互利合作和共同发展。

二 政策沟通的主要内容

在前文讨论"五通"对中国零售业进入"一带一路"的支撑作用的时候，我们已经提到，在"五通"中，政策沟通是重要的保障。事实上，它还是其他"四通"的前提。"一带一路"倡议的实践证明，在中国政府对多边和双边框架内的政策沟通不遗余力的推动下，"一带一路"的理念获得越来越多国际组织和国家的积极回应。在这一过程中，中国作为倡导国发挥了主导者、引领者的作用。政策沟通的目的在于，基于上述理论，来介绍"一带一路"的时代背景、理念和原则、主要内容等，以争取沿线国家和地区对于"一带一路"的理解、支持，达成共识，从而形成共商、共建、共享的合力。

从世界范围来看，2008年全球金融危机导致全球经济进行深度调整，世界经济增长需要新动力，发展需要更加普惠平衡，贫富差距鸿沟有待弥合。此外，热点地区持续动荡，恐怖主义不断蔓延。和平赤字、发展赤字、治理赤字成为摆在全人类面前的严峻挑战。"一带一路"倡议正是在这样的背景下提出的。"一带一路"秉持"共商、共建、共享"的原则，遵循"和平合作、开放包容、互学互鉴、互利共赢"的理念，致力于构建政治互信、经济融合、文化包容的"利益共同体、命运共同体、责任共同体"，在"六廊六路多国多港"的合作框架下，以"五通"为合作重点。中国从自身发展的实践和经验出发，结合世界面临的各种挑战，得出"发展是解决一切问题的总钥匙"的结论。从这个意义上说，"一带一路"本质上是一个以沿线国家投资和贸易为主的经济合作计划。面对全球日益增多的挑战，加强合作才是根本出路。"一带一路"倡议以其平等、包容的外在特征和契合实际的内在特点，体现了包括中国在内的沿线国家的共同利益，是面向未来的国际合作新共识，展现了中国与世界联通、各国携手打造人类命运共同体的美好愿景。中国为此勾勒了从理念到蓝图的促进全球和平合作和共同发展的方案。自倡议提出以来，中国政府从达成合作共识、构建顶层框架、共建经济走廊入手，全方位推进方案落实，取得了丰硕成果。"一带一路"项目涉及从经济到人文的广泛领域，在促进基础设施互联互通、提升经贸合作水平、加强产能与投资合作、拓展金融合作空间、加强生态环保合作、有序推进海上合作、深化人文社会及其他领域交流合作等方面有重要收获。

习近平主席既是倡议的创立者，也是倡议的推动者。习主席出访足迹遍及全球各地，在国内会晤外国元首、政府首脑数百人次，从周边到

第八章 中国零售业"走出去"对接"一带一路"的对外政策建议

大国、从发展中国家到多边国际舞台，亲力亲为，推动共建"一带一路"倡议与沿线国家的发展战略对接，寻求合作的最大公约数。从高层到民间，从双边到多边，"一带一路"倡议得到了相关国家和国际组织的积极回应，中国的"朋友圈"越来越大。中国提出和勾画了建设人类命运共同体的命题和未来规划，提出人类命运共同体是平等的共同体、和平的共同体、繁荣的共同体、文明的共同体、绿色的共同体。正是基于这样的背景，"一带一路"倡议彰显了中国方案的号召力、执行力、影响力和主导力，体现了中国智慧的魅力。中国政府多次指出，"一带一路"倡议源自中国，属于世界，是中国提出的，但不是封闭的，而是开放包容的，不是中国一家的独奏曲，而是世界大合唱，不是要替代现有地区合作机制和倡议，另起炉灶，推倒重来，而是要在已有基础上，推动沿线国家实现发展战略相互对接、优势互补。中国一贯主张大小国家一律平等，但也认同，大国拥有更多资源和更大能力，理所应当承担更多责任，做出更大贡献。中国欢迎世界各国搭乘中国发展的便车，追求包容性增长。当前，中国已经成为世界经济增长的主要引擎，平均三成的世界经济增长来自中国经济的拉动，中国贡献超过排第二位美国的贡献的一倍。"一带一路"成为推动国际社会实现联合国2030年可持续发展目标的重要合作倡议。未来十年，"一带一路"将新增2.5万亿美元的贸易量，这给经济全球化打了一剂强心针。特别是在当前世界经济持续低迷、贸易保护主义盛行、逆全球化思潮抬头的情况下，"一带一路"不仅表明中国有信心，也有能力通过自身发展的溢出效应支持沿线国家推进工业化、现代化，从而保持和推动自由贸易和经济全球化。此外，"共商、共建、共享"的原则体现了中国作为全球第二大经济体维护开放型世界经济体系的发展理念，彰显了中国作为最大的发展中国家完善全球治理体系的责任担当。中国向世界提供了物质性、制度性和精神性公共产品，为全球贡献了全球治理的中国智慧和方案，"一带一路"倡议已成为迄今为止最受欢迎的国际公共产品之一，也是目前前景最好的国际合作平台。

中国政府在对外政策沟通中，不但要介绍"一带一路"倡议的时代背景、传播"一带一路"倡议和中国政府的行动，还要利用中国改革开放40年的亲身经历讲好中国故事。今天，中国已经成为世界上国内生产总值第二、进出口贸易总量第一的经济和贸易大国，这是中国坚定不移推进改革、扩大开放取得的成就，中国在改革开放中积累的知识、经验对于很多发展中国家和新兴经济体来说具有借鉴意义，中国市场规模和消费潜力巨大，中国拥有其他发展中国家所需要的资金和技术。所有这些都为推进与沿线国家的互利合作奠定了坚实的基础。中国的发展是中国不断融入全球价值链、发挥自身比较优势的结果。在这方面，中国可以以自身为案例为沿线国家提供经验。尤其是对于沿线广大发展的中国家来说，中国嵌入全球价值链、参与国际分工合作的做法具有很大的参考价值和借鉴意义。"一带一路"背景下的基础设施联通和国际产能合作，可以增加发达国家的出口量，为其结构性改革创造空间，对广大沿线发展中国家来说，其公共产品的属性和民生发展的导向，有利于发展中国家发挥自身优势，参与国际分工和全球价值链，实现"全球化的本土化"（秦亚青、魏玲，2018）。总之，为了确保"一带一路"对于中国产业升级以及价值链地位攀升的推动作用，需要对"一带一路"沿线区域内合理的贸易政策和产业政策加以保障。为此，应该积极推进中国主导的自由贸易区网络建设，加强协调，健全"一带一路"合作机制，消除贸易壁垒，实现"一带一路"区域内的贸易自由化、便利化（王恕立、吴楚豪，2018）。

三 多边框架下的"一带一路"

中国政府在《愿景与行动》中明确指出，要积极利用现有双多边合作机制，推动"一带一路"建设，促进区域合作蓬勃发展。在多边框架下，《愿景与行动》进一步指出，要发挥上海合作组织等现有多边合作机制的作用，让更多国家和地区参与"一带一路"建设。在推进"一带一路"的建设中，中国政府和全世界范围内的多边机构围绕"一

第八章　中国零售业"走出去"对接"一带一路"的对外政策建议

带一路"进行了全方位的沟通、对话和协调，取得了重要进展。下面对中国和若干重要多边机构围绕"一带一路"的合作进展介绍如下。

1. 联合国与"一带一路"

联合国是第二次世界大战后成立的由主权国家组成的国际组织，致力于促进各国在国际法、国际安全、经济发展、社会进步、人权及实现世界和平方面的合作。"一带一路"倡议自提出以来，就赢得了联合国的积极响应和鼎力支持。在"一带一路"的建设过程中，中国与联合国及其所属国际组织合作共建"一带一路"成为一大亮点。

2016年4月，中国与联合国亚洲及太平洋经济社会委员会（亚太经社会）签署意向书，双方将共同规划推进互联互通和"一带一路"的具体行动，推动沿线各国政策对接和务实合作。9月，中国与联合国开发计划署签署《关于共同推进丝绸之路经济带和21世纪海上丝绸之路建设的谅解备忘录》。这是中国政府与国际组织签署的第一份共建"一带一路"的谅解备忘录，是国际组织参与"一带一路"建设的一大创新。11月，联合国大会首次在决议中写入中国的"一带一路"倡议，决议得到193个会员国的一致赞同。2017年3月，联合国安理会一致通过关于阿富汗问题的第2344号决议，首次载入"构建人类命运共同体"理念，呼吁国际社会通过"一带一路"建设等加强区域经济合作，敦促各方为"一带一路"建设提供安全保障环境，加强发展政策战略对接，推进互联互通务实合作。

在2017年5月召开的首届"一带一路"国际合作高峰论坛上，一共有70多个国际组织的负责人和代表出席了高峰论坛，其中包括联合国秘书长古特雷斯等联合国及其他国际组织的代表。中国与联合国合作为"一带一路"建设提供了新思路和新路径。自2016年以来，"一带一路"的多边推进取得重大进展，联合国大会、联合国安理会等重要决议纳入"一带一路"建设内容，中国政府与联合国亚太经社会、联合国开发计划署、世界卫生组织等国际组织签署共建"一带一路"协议。中国与联合国及其国际组织合作共建"一带一路"，有利于"一带一路"的整体推进,也有利于争取国际社会的普遍支持。与联合国发展议程的目标和发展系统的工作对接,有助于把"一带一路"打造成国际发展合作、多边发展机制和全球发展治理的新模式。

在"一带一路"国际合作高峰论坛的 76 大项成果清单中,有关联合国和国际组织的有 19 项,其中大多数是联合国的附属机构和专门机构。在论坛召开前夕和期间,中国政府和有关部门与 18 个国际组织签署"一带一路"合作文件,进行战略对接和政策沟通;财政部与 6 家多边开发机构签署谅解备忘录,加强金融合作;中国政府向南南合作援助基金增资 10 亿美元,用于实现联合国《2030 年可持续发展议程》的目标;中国向有关国际组织提供 10 亿美元,共同推动落实一批惠及沿线国家的国际合作项目;中国政府与 14 个国际组织签署援助协议。在短短几天时间内,中国与联合国和其他国际组织签署多个合作协议,开创了中国与联合国和其他国际组织关系的新篇章。

"一带一路"已经成为中国与联合国合作的大平台。首先,中国与联合国通过"一带一路"进行发展目标、发展战略和发展议程的对接。2015 年,联合国发展峰会通过《2030 年可持续发展议程》,提出 17 个可持续发展目标和 169 个具体目标。这些目标对"一带一路"建设具有重要意义,而"一带一路"建设将为可持续发展议程的落实提供强大的推动力。其次,中国与联合国在"一带一路"的互联互通方面具有巨大的合作潜力和机会。中国与联合国和其他国际组织达成的 19 项成果清单涉及"五通"的每个方面,既有战略对接和政策沟通方面的宏观合作,也有设施、贸易、金融方面的务实项目合作,更有中国向国际组织提供直接援助的民生投入,而且合作领域还在不断拓展。最后,在推进"一带一路"建设的过程中,中国与联合国合作共同推动各方秉持共商、共建、共享原则,既有利于实现中国倡导的构建合作共赢的新型国际关系、打造人类命运共同体的目标,也有助于完善全球治理体系,提高和发挥联合国在国际秩序和全球治理中的核心地位和主导作用。

2. 欧盟与"一带一路"

"一带一路"倡议自提出以来便得到了欧洲各界的普遍关注和积极研究。"一带一路"是一个开放包容的倡议，其主要向西开放，作为"一带一路"西面最大的世界经济体，欧盟是"一带一路"建设的重要合作伙伴。事实上，早在2015年9月，中欧双方就"一带一路"倡议、国际产能合作与"欧洲投资计划"（也称"容克计划"）对接进行了深入交流，签署了建立中欧互联互通平台的谅解备忘录，欧盟对中国的"一带一路"倡议对接"欧洲投资计划"表示欢迎，愿意进一步深化与中国的经贸关系，在"欧洲投资计划"和"一带一路"倡议下不断加强中国与欧盟之间的互联互通。"欧洲投资计划"于2014年11月由欧盟委员会主席容克提出，欧盟和欧洲投资银行出资210亿欧元作为种子基金，计划在未来三年内以15倍的杠杆率撬动来自私营和公共领域的约3150亿欧元投资。该投资计划的投资重点包括基础设施、新兴战略性产业（新能源、信息技术、航空航天、高端装备制造业）等领域，旨在振兴欧盟境内投资、促进经济增长和增加就业。"一带一路"倡议同"欧洲投资计划"有相通、契合之处。"一带一路"倡议涵盖政策沟通、设施联通、贸易畅通、资金融通、民心相通，是全方位、立体化、网络状的大联通，涉及基础设施、制度规章、人员交流。"欧洲投资计划"旨在带动私人资本、资助投资项目、重振欧洲经济，涵盖科技创新、交通、基础设施、宽带网建设等项目和研发，是宽领域、立体化的。实现中欧倡议和计划对接，有利于中欧从更宽视野、更深层次、更广范畴推进务实合作，充分挖掘潜力，拓展发展空间，实现优势互补，加快亚欧大通道建设，实现亚欧大陆共同繁荣，促进世界经济增长与和平发展。几年来，对于中国的"一带一路"倡议，东欧各国在中国—中东欧"16+1"的框架下普遍持欢迎态度，相比而言，西欧国家则较为谨慎。梳理下来，欧盟对"一带一路"的疑虑主要包括"一带一路"项目的透明度、政府采购、环保等标准执行，中国与中东欧"16+1"、中国与希腊等合作对欧盟统一性的影响，"一带一路"金融支持的可持续性问题等。事实上,"欧洲投资计划"的重点是基础设施,这是目前欧洲经济发展的瓶颈之一,"一带一路"侧重在亚欧大陆的基础设施互联互通建设方面,"一带一路"与"欧洲投资计划"的对接可以共享基础设施投资方面的经验,增加亚欧大陆的基础设施、电力能源以及数字经济的建设投资,值得进一步加以实质性推动。此外,中国与中东欧国家在"一带一路"框架下的合作是中欧合作的重要内容,和"欧洲投资计划"不仅可以形成良好的互补关系,还能为推进欧洲一体化起到积极作用。中国和欧盟在"一带一路"框架下的合作已经产生了积极效应,中欧班列就是最典型的例子。

2019年3月23日,意大利与中国签署了《关于共同推进"一带一路"建设的谅解备忘录》,意大利成为西方七国集团中首个与中国签署该类合作协议的发达国家。以此为契机,中国将加强"一带一路"倡议同意大利"北方港口建设计划""投资意大利计划"的对接,推进各领域互利合作。2019年4月12日,在第八次中国—中东欧国家领导人会晤期间,希腊作为正式成员加入"16+1"合作,欧盟、奥地利、白俄罗斯、瑞士及欧洲复兴开发银行作为观察员与会。"16+1"合作就此被扩大为"17+1"合作,加入这一合作平台的17个欧洲国家中有12个是欧盟成员国,其余5个国家也想加入欧盟。"17+1"成为开放包容、互利共赢的重要跨区域合作平台,中国的国际影响力不断显现,促进了中国同中东欧国家双边关系以及中欧关系的发展。

3. 金砖国家与"一带一路"

中国和巴西、俄罗斯、印度以及南非5国的金砖合作机制致力于构建更紧密、更全面、更牢固的伙伴关系。总体来说,金砖国家对"一带一路"持欢迎态度。金砖合作机制和"一带一路"的大方向是一致的,两者可以互相补充。"一带一路"倡议与金砖合作机制有相似和相通之处,主要表现如下。第一,"一带一路"的发展理念、"五条道路"的愿景构想,同开放包容、合作共赢的金砖精神高度契合、一脉相承。只要认同丝路精神,中国都欢迎其参与共建"一带一路"。同样,"金砖+"

第八章 中国零售业"走出去"对接"一带一路"的对外政策建议

合作模式不再拘泥于金砖国家的传统架构，凸显了开放包容特点，为更多的新兴市场国家和发展中国家提供了共同发展的新平台。这些国家有望以适当方式加入金砖体系，从"金砖+"合作中受益。第二，两者的建设目标趋同。"一带一路"以政策沟通、设施联通、贸易畅通、资金融通、民心相通，即"五通"建设为主要目标，金砖合作则以贸易投资大市场、货币金融大流通、基础设施大联通、人文大交流，即"四大"为目标，两者内容相近。第三，两者的合作领域相同，都涉及经济、政治和文化三大领域。两者都以经济合作为首要任务，形成经济、政治、文化三轮驱动的格局。第四，两者的合作对象一致。"金砖+"所合作的对象基本都是来自"一带一路"沿线的新兴市场国家和发展中国家。第五，两者的合作机制相似。两者都是通过多层次合作机制，以高层推动、战略对接、双多边机制、民间交流等方式达成共识，深化合作。基于共同的发展理念、建设目标、合作领域、合作对象及合作机制，"金砖+"模式应当与"一带一路"倡议协同发展、相互补充、有效衔接，共同建设开放型世界经济，推动全球治理体系变革。"金砖+"与"一带一路"将成为经济全球化进程中主要由新兴市场国家和发展中国家组成的相互依存、协同驱动的两驾马车。"金砖+"不仅可看作金砖国家扩容、金砖力量会聚，还可以是金砖+人文交流，金砖+经济走廊、金砖+"一带一路"等以金砖合作机制为基础，在合作内容、合作方式、合作机制等方面的创新。金砖+"一带一路"的创新合作模式，将有利于金砖国家和"一带一路"沿线国家整合利用各自的资源优势和项目需求，有效开展战略对接和务实合作，释放创新机制活力，提高平台合作质量，分享政策红利，形成协同效应。金砖+"一带一路"合作模式符合经济全球化背景下各国加强合作、实现共赢的诉求，使相关国家之间从点线面的合作升级为全方位、多层次的合作。

4. 上海合作组织与"一带一路"

上海合作组织是中国、哈萨克斯坦、吉尔吉斯斯坦、俄罗斯、塔吉克斯坦、乌兹别克斯坦于2001年6月15日在上海宣布成立的永久性政府间国际组织。上合组织是"一带一路"倡议的首倡地，也是"一带一路"建设的重要合作平台。上合组织与"一带一路"在主要原则、核心精神、重点区域、终极目标、合作内容、建设路径等多方面具有天然一致性，二者相辅相成，有巨大合作潜力。"一带一路"传承自古丝绸之路，其所推动的互联互通和贸易畅通可以推进上合组织深化合作，助力新型国际关系建立，实现构建人类命运共同体的目标。自2015年起，上合组织历届峰会发布的元首宣言和总理会议公报均明确提出支持"一带一路"。上合组织在2014年签署了《上海合作组织成员国政府间国际道路运输便利化协定》，为"一带一路"的区域互联互通打下了坚实的基础。如果说上合组织是中国应对冷战后欧亚地区安全形势严峻、地缘结构碎片化的第一次区域合作新尝试，那么"一带一路"便是中国在全球经济低迷、逆全球化思潮高涨和地区合作乏力之际的又一地区治理创举。

2017年6月，印度、巴基斯坦被接纳为正式成员，成为上合组织扩容后的首批正式成员国。上合组织扩容为对接"一带一路"带来生机。印度是重要的新兴经济体之一，又是金砖国家成员。巴基斯坦则是"一带一路"倡议的积极支持者和重要参与国。如今，中巴经济走廊已经成为"一带一路"框架内的旗舰项目。印巴的进入改变了"中俄+中亚"的传统架构，把上合组织经济合作的空间从中亚扩展到南亚，上合组织经济合作的短板有望转变。特别是，上合组织与"一带一路"互为机遇，相互促进。依托丝路基金和亚投行，上合组织的一些大型多边经济合作项目，有望在不久的将来落地开花。上合组织与"一带一路"在很多方面存在交集和一致性，其中中国都是首倡国家，上合组织成员国均来自古代丝绸之路沿线，上合组织和"一带一路"都是中国积极参与地区乃至国际治理的重要安排；上合组织的协商一致原则，与"一带一路"所秉持的共商、共建、共享原则一致；上合组织坚持的"互信、互利、平等、协商、尊重多样文明、谋求共同发展"，与"一带一路"所秉持的"和平合作、开放包容、互学互鉴、互利共赢"一

第八章 中国零售业"走出去"对接"一带一路"的对外政策建议

致;上合组织与"一带一路"建设的重点区域存在一致性,中亚与南亚既是上合组织的核心地域,也是"一带一路"走出中国国门之后的第一站与重点地域,"一带一路"的六大经济走廊全部途经上合组织成员国、观察员国和对话伙伴国。"一带一路"五条重点线路也均穿越上合组织所在区域;上合组织的目标是在成员国之间建成安全共同体、利益共同体和命运共同体,"一带一路"则是在沿线国家建设责任共同体、利益共同体和命运共同体。而两者的最终目标都指向建设人类命运共同体,两者建设的终极目标存在一致性;上合组织旨在推动各成员国加强全面合作,而"一带一路"正在建设以政策沟通、设施联通、贸易畅通、资金融通、民心相通为合作重点的互联互通,实现各国共同繁荣,两者的合作内容存在一致性。

上合组织作为全球最大的区域性合作组织,资源禀赋得天独厚,成员国间经济互补性强,区位优势显著。各成员国的 GDP 占全球的 1/5,国土面积占全球的 1/4 以上,贸易额占全球的 1/3,人口接近全球的一半。在上合组织各成员国之间开展"一带一路"的经贸合作将有助于发挥各国的优势。在新的时代背景下,上合组织要加强和"一带一路"的对接合作,广泛深入参与全球治理,进一步增强国际影响力,使之成为保障地区和平稳定发展的中流砥柱。有关国家要以安全合作保证政治互信和地区稳定,推动区域经贸合作顺利开展;以经贸合作实现区域繁荣发展,进一步增强保障区域安全稳定的力量;同时要以人文合作促进民心相通,使民心相近成为上合组织和"一带一路"对接合作的社会根基。

5. 东盟与"一带一路"

"一带一路"中的"21世纪海上丝绸之路"是 2013 年中国国家主席习近平在印尼国会发表的重要演讲中提出来的。东盟国家处于"一带一路"的陆海交汇地带,是中国推进"一带一路"建设的优先方向和重要伙伴。这为中国—东盟关系的未来发展打下了坚实的基础,勾画出更美好的蓝图。对"一带一路"倡议,东盟国家积极支持。通过积极参与合作，中国可以帮助东盟国家加强基础设施建设，提高效能，东盟的发展会更快。双方的相互支持会为本地区带来更为广阔的发展前景。2015 年底，东盟宣布建成经济共同体，标志着一个人口超过 6 亿人、经济总量超过 2.5 万亿美元的经济体和大市场已经形成。中国与东盟之间的经济联系空前紧密，2016 年双方贸易额达 4522 亿美元，双向累计投资额为 1779 亿美元。同时，东盟与南亚、中亚、欧洲多国经贸关系不断发展，这些条件都决定了东盟在"一带一路"建设中的重要地位。2016 年，双方同意共同推进《东盟互联互通总体规划》与"一带一路"倡议进行对接。根据《2025 年东盟经济共同体蓝图》的规划，构建区域内商品、服务、投资、资本和技术劳动力自由流动的单一市场是东盟经济共同体建设的主要任务。在此过程中，东盟将进一步加强金融一体化、积极参与全球价值链和区域价值链，实现产业集聚效应，推动绿色发展和驱动性、包容性增长，这些重要领域与"一带一路"倡议的主要内容高度契合，可以相互对接，相互促进。《东盟互联互通总体规划》提出了东盟公路网、泛亚铁路、内陆河道运输网、航海和航空运输网络等基础设施建设项目，为地区互联互通描绘了一张蓝图。中国与东盟在这些领域加强合作，也将有效实现东亚与"一带一路"沿线其他国家的互联互通。此外，东盟与中国都继续支持多边和自由贸易体系，东盟与中国将坚定不移地共同推进互联互通建设，不断实现东盟提出的互联互通总体规划与中国提出的"一带一路"倡议相对接。中国—东盟自贸区于 2010 年全面建成，是我国对外商谈的首个也是最大的自贸区，自成立以来取得了丰硕成果。2016 年 7 月 1 日升级议定书正式生效后，双方经贸合作加速驶入快车道。目前，中国是东盟的第一大贸易伙伴，东盟是中国的第三大贸易伙伴。自贸协定的实施，为中国—东盟战略伙伴关系的巩固和发展奠定了重要基础。

四 双边框架下的"一带一路"

为了顺利推进"一带一路"建设，除了开展多边框架下的沟通、

第八章 中国零售业"走出去"对接"一带一路"的对外政策建议

对话和协调外,更主要的是双边框架下的政策沟通、对话和协调,因为建设的主体是沿线国家,沿线国家只有共商和共建,才能共享。为此,《愿景与行动》指出,要加强双边合作,开展多层次、多渠道沟通磋商,推动双边关系全面发展。自倡议提出以来,中国和沿线国家,尤其沿线重要国家的双边沟通、对话和交流,无论是广度还是深度,都是前所未有的。

"一带一路"中"一带"主要涉及中国与俄罗斯以及中亚国家的合作。2017年5月8日,中国与俄罗斯在莫斯科发表了《中华人民共和国与俄罗斯联邦关于丝绸之路经济带建设和欧亚经济联盟建设对接合作的联合声明》,表示双方将共同协商,努力将丝绸之路经济带建设和欧亚经济联盟建设相对接,确保地区经济持续稳定增长,加强区域经济一体化建设,维护地区和平与发展。2014年9月11日,中国国家主席习近平在出席中国、俄罗斯、蒙古三国元首会晤时提出,将"丝绸之路经济带"同俄罗斯"跨欧亚大铁路"、蒙古"草原之路"进行对接,打造中蒙俄经济走廊。哈萨克斯坦的"光明之路"战略也与"一带一路"对接合作,中哈跨境经济合作区提升了经贸合作的便利性。中哈加强包括能源在内的项目的合作。早在2011年,中白两国就签署了《中华人民共和国政府和白俄罗斯共和国政府关于中白工业园的协定》,正式将中白工业园项目纳入两国政府间合作项目,中白工业园成为重要的境外经贸合作区。乌兹别克斯坦通过《乌兹别克斯坦共和国2017-2021年五个主要发展方向行动战略》与"一带一路"对接合作。2016年6月22日,中乌还发布了《中华人民共和国和乌兹别克斯坦共和国共同声明》,进一步提升中乌关系水平、深化各领域互利合作。塔吉克斯坦则通过《塔吉克斯坦至2030年国家发展战略》与"一带一路"对接合作。2019年6月15日,中塔双方签订《中华人民共和国和塔吉克斯坦共和国关于进一步深化全面战略伙伴关系的联合声明》,进一步深化两国的全面战略伙伴关系,推进广泛合作。吉尔吉斯斯坦通过2012年12月初的《吉尔吉斯斯坦2013-2017年稳定发展战略》及"中亚区域经济合作计划"下的基础设施建设与"一带一路"对接合作。

巴基斯坦是"一带一路"西向发展的重要节点国家，中巴经济走廊是"一带一路"六大经济走廊之一。

中巴经济走廊打造包括以经济走廊为中心，以交通基础设施、瓜达尔港、产业、能源在内的1+4的合作格局。中巴经济走廊建设涵盖瓜达尔港、卡洛特水电站等400多亿美元的项目。根据2017年公布的《中巴经济走廊长期规划》，2020年前中巴经济走廊将初步成形，基本打破限制巴基斯坦经济社会发展的瓶颈，并带动沿线国家经济发展。

从"一带一路"中"一路"，即"21世纪海上丝绸之路"来看，最重要的合作区域首推东南亚国家。早在2013年5月，中国政府就正式提出推进孟中印缅经济走廊建设，这得到印度、孟加拉国、缅甸三国的积极响应。在东南亚，新加坡、印尼、马来西亚是东盟重要成员国，也是"21世纪海上丝绸之路"沿线的重要国家。随着"一带一路"建设的稳步推进以及中国—东盟经贸合作的不断深入，新加坡和印尼将迎来更多的发展机遇。新加坡在"一带一路"建设中的区位优势和平台作用得天独厚，新加坡是中国的第二大外资来源地，中国是新加坡的最大贸易伙伴，2016年双边贸易额达704亿美元。经过多年的合作，中新双方在重大项目、金融服务、交通物流、信息通信等方面积累了广泛的合作经验。双方在人才培养、技术和经验交流等方面大有可为，可以为"一带一路"建设提供更大助力。2018年11月12日，中国和新加坡签署了《自由贸易协定升级议定书》，对原中新自由贸易协定的原产地规则、海关程序与贸易便利化、贸易救济、服务贸易、投资、经济合作6个领域进行升级，还新增电子商务、竞争政策和环境3个领域。双方在自由贸易协定中首次纳入"一带一路"合作，强调"一带一路"倡议对于深化双方全方位合作、实现共同发展目标、建立和强化互联互通以及促进地区和平发展的重要意义。在海关程序与原产地规则领域，双方将呈现更高水平的贸易便利化，降低企业的贸易成本，双方还简化了部分化工产品的特定原产地规则标准。在服务贸易领域，双方升级了

第八章 中国零售业"走出去"对接"一带一路"的对外政策建议

包括速递、环境、空运、法律、建筑、海运等原有自贸协定服务贸易承诺,相互提升了服务贸易自由化水平。投资领域,双方同意给予对方投资者高水平的投资保护,相互给予准入后阶段国民待遇和最惠国待遇,将其纳入全面的投资者与东道国间争端解决机制。双方签署了《中华人民共和国政府和新加坡共和国政府关于就业准证申请透明度和便利化的谅解备忘录》。双方还在电子商务、竞争政策和环境等领域达成广泛共识。中国和印尼均是重要新兴经济体和发展中大国,经贸互补性很强,合作潜力巨大,基础设施建设是双方合作亮点。印尼政府正着力推进"海上高速公路"战略,规划建设 2000 公里高速路、10 个新机场、10 个新海港、10 个工业园区,实现国内海陆空互联互通,推动能源、通信、电力等基础设施建设,在这些领域,印尼企业可与中国合作伙伴找到更多商业机会。印尼是东南亚人口第一大国,年轻人口多,印尼已成为互联网产业和旅游业的新兴市场。中国互联网企业已开始投资印尼和其他东盟国家,在电子商务、互联网金融等多个领域与当地企业开展合作。马来西亚是古代海上丝绸之路上的重要国家,也是最早响应"一带一路"倡议的国家,更是共建"一带一路"早期收获最丰硕的国家之一。"一带一路"帮助马来西亚开辟新市场、扩大本地产品和服务销路、吸引外资,以及改善物流服务、提高融资效率、创造就业机会及促进文化交流,总体上有助于集成经济资源、协同经济政策,从而促进共同发展。"一带一路"将在中国—东盟自由贸易区的基础上,进一步促进区域内融合和联通。马来西亚多个制造行业,包括电子电器、化工、钢铁、医疗设备、汽车等,与中国企业合作的潜力巨大;服务业方面,双方在物流、旅游、医疗等领域合作前景广阔。在共建"一带一路"框架下,近年来中国对马来西亚投资持续升温。据中国商务部统计,2015 年全年中国对马来西亚非金融类直接投资达 4.08 亿美元,同比增加 237%。2016 年,中国更是取代美国和日本,成为马来西亚第二大外资来源国。马来西亚已日益成为中国企业"走出去"的东南亚首选地。截至 2017 年 6 月,马来西亚与中国在多个领域签署的合作项目总金额已经超过 1700 亿林吉特，这些项目包括马中关丹产业园、阿里巴巴集团合作投资的数字自由贸易区等。其中，以中马钦州产业园和马中关丹产业园为代表的"两国双园"国际合作模式，开启了"21世纪海上丝绸之路"产业合作的崭新范式，也成为中国推进"一带一路"倡议的先行探索和生动实践。

总之，要根据不同国别的特点开展有针对性的政策沟通和商贸对话。根据与中国双向投资依存度的不同，大致可以将"一带一路"沿线国家和地区分为紧密型国家、稳定型国家、波动型国家三类。投资依存度紧密型国家主要集中在东南亚和西亚地区，大多数国家与中国政治经济关系密切，经济增长潜力大，资源互补性强，投资前景广阔。为此，要加强与紧密型国家的对话机制，不断提升双方政治互信度，积极发挥亚投行政策性金融机构的作用，加快基础设施建设。投资依存度稳定型国家和地区分布较广，南亚、西亚和中亚国家相对较多。对这一类国家，应该不断深化投资领域合作，加大投资企业金融支持力度，创造良好的营商环境。投资依存度波动型国家主要分布在南亚、西亚和中东欧地区。对波动型国家，必须加强交流互动，及时提供国内外投资环境和政策信息，构建投资风险防范机制（陈砺、黄晓玲，2017）。

需要指出的是，由于"一带一路"沿线国家政治、经济体制各不相同，社会、法律、文化、宗教、语言差异显著，政治、安全风险十分明显，因此，在政策沟通中，必须处理好顶层设计和务实落实的关系。具体而言，既要发挥政策沟通的引领作用，也要避免政府主导事无巨细、无所不包，尤其要避免基础设施项目的规划和建设沦为政治性项目的窘境，从观念、机制和实践三个方面做好政治风险、财政风险和道德风险的规避［朱瑞庭，2017（a）］。从"一带一路"建设的推进过程来看，原来主要集中在高层互动的政策沟通依然强劲，但是多层次、多领域、全方位、网络化的沟通平台和联动机制正在形成之中。2017年5月在北京举行的首届"一带一路"国际合作高峰论坛全面回顾了"一带一路"的建设进展，总结了早期收获成果，进一步确认和响应了沿线

第八章　中国零售业"走出去"对接"一带一路"的对外政策建议

各国加强互利合作的迫切愿望；此外，峰会分别围绕政策沟通、设施联通、贸易畅通、资金融通、民心相通召开了5场高级别平行会议。根据规划，高峰论坛将每两年举行一次。显然，高峰论坛在最高层面为"一带一路"建设的推进注入新的更为强大的动力。从长远的角度来看，政府主导应该逐步向市场主导转变，无论是基础设施建设，还是我国产业的国际转移，都必须着力培育自下而上的机制，以市场机制为资源配置的主要手段，只有这样才能把互利合作持续推向新的高度。从基础设施项目的资金融通来看，除了亚投行、丝路基金等已有资金池机制外，还需要吸引更多的商业资本来改善沿线国家的商业环境，推动贸易投资自由化和便利化，最终促进整个区域的共同发展和繁荣。在"一带一路"的顶层设计过程中，应精心策划，将放松"一带一路"沿线国家的市场准入限制、完善"一带一路"沿线国家的基础设施条件列为重要的实施内容，由此最大限度地推动零售企业"走出去"并与"一带一路"对接和联动，逐步缓解并消除零售业"走出去"的外部障碍。

第二节　战略对接

在"一带一路"沿线国家中，"五通"整体水平参差不齐，发展并不均衡。在整体上与我国的互联互通存在两极分化的同时，发展比较均衡的国家有俄罗斯、马来西亚、印度尼西亚、哈萨克斯坦等，其余国家的互联互通都存在明显的短板和"偏科"现象（北京大学"一带一路"五通指数研究课题组，2016）。目前，在推进"一带一路"设施联通方面还面临不少的困难和挑战，包括存在巨大的资金缺口，企业等市场化主体的投资严重不足；部分沿线国家营商环境难以适应加强设施联通建设的需要，致使投资者面临较大风险；设施联通合作机制建设滞后，各方规划对接、统筹协调和要素资源整合能力有限（国务院发展研究中心"一带一路"课题组，2017）。面对上述困难和挑战，亟须加强与创新"一带一路""五通"建设的合作机制。为了推动沿线各国互联互通的均衡发展，最好的切入点就是通过政策沟通，实施战略对接。

自"一带一路"倡议提出至2019年4月，已经有126个国家和29个国际组织签署了174份共建"一带一路"合作文件。通过政策沟通，中国已经或者正在与俄罗斯、韩国、柬埔寨、印度尼西亚、老挝、文莱、越南、孟加拉国、巴基斯坦、阿富汗、哈萨克斯坦、白俄罗斯、捷克、匈牙利、澳大利亚、土耳其、埃及，以及西欧等国家和地区各自的发展战略进行对接。在国内，纵横联动、有机协调的"一带一路"建设机制正在形成。下一步，中国应该抓住机遇，在不断将"一带一路"倡议与有关国家战略对接的同时，深化与有关国家合作的深度和广度。就对接战略的具体内容来说，尤其要争取把商业服务业市场开放一并纳入投资贸易合作当中，从而为后续的商贸对话创造条件。

显然，与双边及多边框架下的政策沟通一样，战略对接也包括两个层次，即"双边对接"和"多边对接"。"双边对接"是中国与"一带一路"相关国家的双边层次的对接，"多边对接"即多边政策协调与区域及国际合作。在很多情况下，往往是先有双边协议，然后将双边协议推向多边合作，形成多边合作的新路径。

2017年5月14日至15日，中国在北京主办首届"一带一路"国际合作高峰论坛。这是各方共商、共建"一带一路"，共享互利合作成果的国际盛会，也是加强国际合作，对接"一带一路"倡议与相关国家发展战略的重要合作平台。高峰论坛召开期间及前夕，各国政府、地方、企业等达成一系列合作共识、重要举措及务实成果，中方对其中具有代表性的一些成果进行了梳理和汇总，形成高峰论坛成果清单。其中，有关推进战略对接、密切政策沟通的成果既有双边的，也有多边的，主要包括：中国政府与有关国家政府签署政府间"一带一路"合作谅解备忘录，涉及蒙古、巴基斯坦、尼泊尔、克罗地亚、黑山、波黑、阿尔巴尼亚、东帝汶、新加坡、缅甸、马来西亚；中国政府与有关

第八章 中国零售业"走出去"对接"一带一路"的对外政策建议

国际组织签署"一带一路"合作文件,涉及联合国开发计划署、联合国工业发展组织、联合国人类住区规划署、联合国儿童基金会、联合国人口基金、联合国贸易和发展会议、世界卫生组织、世界知识产权组织、国际刑警组织;中国政府与匈牙利政府签署关于共同编制中匈合作规划纲要的谅解备忘录,与老挝、柬埔寨政府签署共建"一带一路"政府间双边合作规划;中国政府部门与有关国际组织签署"一带一路"合作文件,涉及联合国欧洲经济委员会、世界经济论坛、国际道路运输联盟、国际贸易中心、国际电信联盟、国际民航组织、联合国文明联盟、国际发展法律组织、世界气象组织、国际海事组织。中国国家发展和改革委员会与希腊经济发展部签署《中希重点领域2017—2019年合作计划》;中国国家发展和改革委员会与捷克工业和贸易部签署关于共同协调推进"一带一路"倡议框架下合作规划及项目实施的谅解备忘录;中国财政部与相关国家财政部共同核准《"一带一路"融资指导原则》等。

根据媒体的公开报道,我们整理了中国和有关国家和地区在"一带一路"框架下的对接情况(如表8-1所示)。

表8-1 有关国家和地区与"一带一路"的对接一览

国家和地区	对接战略
俄罗斯	欧亚经济联盟
蒙古	草原之路
印度尼西亚	全球海洋支点
哈萨克斯坦	光明之路
马来西亚	五年发展计划
巴基斯坦	中巴经济走廊
韩国	欧亚倡议
欧盟	欧洲投资计划
印度	季风计划
乌兹别克斯坦	生产本地化纲要
土库曼斯坦	复兴古丝绸之路战略

续表

国家和地区	对接战略
吉尔吉斯斯坦	2018—2040年国家发展战略
塔吉克斯坦	2030年前国家发展战略
中东欧	16+1合作
匈牙利	向东开放
文莱	2035年愿景
澳大利亚	北部大开发倡议
英国	英格兰北部振兴计划
土耳其	"中间走廊"计划
埃及	苏伊士运河走廊经济带
越南	"两廊一圈"战略
希腊	国家发展战略
塞尔维亚	国家发展战略
克罗地亚	三海倡议
柬埔寨	四角战略、2015—2025工业发展计划
孟加拉国	孟中印缅经济走廊
菲律宾	"大建特建"计划
斐济	国家发展战略
马耳他	国家发展战略
沙特阿拉伯	2030愿景
意大利	北方港口建设计划

第三节 商贸对话

一 商贸对话的理论基础

就内容来看，从理念到蓝图，从愿景到行动，从方案到实践，从官方到民间，政策沟通、战略对接、商贸对话是分层递进、渐次深化的，其中，商贸对话是"大写意"转为"工笔画"的关键环节，起到了承上启下、前接后续的作用。商贸对话的目的在于破除东道国市场障碍，

第八章 中国零售业"走出去"对接"一带一路"的对外政策建议

直接推动中国零售业进入"一带一路"市场。和政策沟通一样，为了确保商贸对话的针对性和有效性，需要厘清商贸对话的理论基础。其中，尤其要以零售业国际化对东道国经济的影响、东道国贸易制度质量对其参与全球价值链的影响为依据开展商贸对话。

零售业国际化对于一个国家宏观经济的影响，取决于这个国家的发展状况及自身参与国际化浪潮的程度。可以说，跨国零售商被视为这一变化过程中的催化剂。这一点在欧盟的统一市场倡议以及东扩所引起的欧洲一体化中就表现得十分明显，换言之，欧洲跨国零售商在东欧国家的跨国经营直接导致东欧国家融入欧盟的经济体系和区域价值链。这一过程的发生机理在于，生产地点的搬迁和整合，经销环节的减少，通过技术和空间取代传统零售行业工作人员，以及最终大零售商企业与跨国制造商进行跨经济水平的合作。

除了上述零售业国际化对一个国家经济的间接影响之外，当然也有直接后果，其中尤为重要的是：调整相关国家市场的贸易结构，从而建立一个有效的、节约交易成本的分销系统；通过零售业的国际化，市场权力向着有利于贸易企业的方向转移，从而使生产部门提高效率；通过零售专业技能的快速跨境转移，各国的分销成本降低，效率提高。这种影响作用在相邻国家靠边境地区的涉外业务中表现得更为明显。从整个宏观经济的角度来看，伴随着零售业国际化所产生的后果，对一个国家来说有着积极的意义。当然，在这一过程中也会出现一些现象，比如由于缺乏竞争力而被市场淘汰的当地供货商、因效率提高而导致工作岗位减少、部分商店关闭等。与零售业国际化对一个国家的积极影响相比，这些消极方面不应该被放大（Lingenfelder，1996）。

由于零售业参与全球价值链在母国和东道国有不同的表现形式，东道国贸易制度的质量不仅直接影响东道国本身参与全球价值链的深度和广度，也直接影响零售企业在东道国的经营管理。一个国家或地方的制度，尤其是和投资及贸易有关的制度会影响其对全球价值链的参与度，这是一个非常直观的结论。国家制度的质量是一个直接因素，它对贸易往来中像服务业这样需要高密集度合约的行业的影响,要比低密集度合约的行业大得多。除此以外,相邻国家和地区的制度的影响也可能会超出本国制度的影响,当一个生产过程的某些部分可以外包给附近地区时,落后的邻国(地区)会导致较弱的价值链连接。从这样的结论出发,如果发展中国家需要改善其制度,那么最基本的政策建议是:提供公平的权利保护,确保合约的可执行性,提高透明度,采取反腐措施,提高海关行政效率并鼓励金融机构深化改革。重点应该是降低交易成本,使一个国家的企业更容易融入全球价值链。对于大多数发展中国家来说,全面改善制度质量是一个很大的挑战,并且需要时间。因此,一些可以帮助提高对全球价值链的参与度的捷径值得发展中国家考虑。在这里,深度的贸易协定能提高对全球价值链的参与度。这是因为这些协定是针对一些具体的制度瓶颈的,如改善海关行政管理、重视财产权保护和司法追索权。假如一个区域的国家都参与到深度协定中来,则深度协定将是改善邻国制度最有力的工具。世界银行关于贸易协定内容的新数据表明,优惠贸易协定正在深化,原因在于,优惠贸易协定与全球价值链整合是相关的,因为跨境生产活动的顺利进行需要边境政策的规制,特别是,深度贸易协定能够促进全球价值链整合,缺乏深度贸易协定可能对全球价值链不利。在这里,优惠贸易协定的内容也很重要,"世贸组织外"条款是南北全球价值链整合的关键推动力,而"世贸组织加"条款则对南南全球价值链整合至关重要。

二 商贸对话的主要内容

上述研究结论表明,零售业国际化无论对母国,还是对东道国来说,都会带来深远的影响。这些影响主要源自零售业跨国经营的全球采购、零售战略网络和战略同盟、本土化经营等所带来的对东道国市场,特别是东道国零售市场的水平以及垂直竞争结构的作用。发挥零售业跨国经营对东道国零售业以及东道国经济增长的积极效应,需要母国,更需要东道国有关制度的配套建设,甚至包括"好邻居"的积极配合。

第八章 中国零售业"走出去"对接"一带一路"的对外政策建议

所有这些都成为我国与"一带一路"沿线国家和地区开展双边和多边商贸对话的理论基础。

在"一带一路"的顶层设计过程中,应精心策划,将完善"一带一路"沿线国家的基础设施条件、放松沿线国家的市场准入限制列为重要的战略实施内容。为了更好地发挥"一带一路"的效应,进一步加深中国和沿线国家经济的融合,尤其要在我国主导的包括"一带一路"在内的区域层次的投资保护协定、自由贸易区及其升级版,以及境外经贸合作区的谈判中,积极通过政府间商贸流通对话,特别是围绕营商环境、零售市场开放、市场竞争、分销配送、当地采购、门店选址、税收优惠等方面,为我国企业争取有利条件,为我国包括跨境电子商务在内的零售业进入沿线国家消除政策规制、经营范围限制等外部障碍,最大限度地推动零售企业"走出去"并与"一带一路"对接和联动。

在商贸对话中,中国应该鼓励"一带一路"沿线国家加强制度建设,消除贸易障碍,降低贸易成本,这也是推动其融入全球价值链的重要途径。这一建议的背景在于,相比于"一带一路"沿线的大部分国家来说,中国在制度建设和行政管理方面都走在前面。然而,研究表明,国家层面的制度质量与参与复杂全球价值链呈正相关关系,在这里,国家层面的制度质量指标包括法治、政府效率、政治稳定、监管质量和有无暴力恐怖主义。在中美贸易摩擦背景下,中国和欧盟应该坚持多边主义和自由贸易,加快推进投资协定谈判和扩大市场,致力于在世界贸易组织的框架内,改革全球经济体系。双方应该致力于扩大双向开放,改善市场准入和投资环境,推进中国"一带一路"倡议同欧盟发展规划对接,尽快完成中欧地理标志协定谈判。此外,中国可以加快与其他国家的自由贸易协定谈判,推动区域全面经济伙伴关系协定(RCEP)谈判取得"实质性进展"。由于RCEP涉及中国、日本、韩国、澳大利亚、新西兰、印度以及东盟10国,中国应该通过RCEP谈判寻求扩大贸易基础,通过贸易多样化减少对美国的依赖。

随着世界多边与双边贸易体制的不断完善,国家间关税和非关税壁垒普遍减少，贸易便利化成为继贸易自由化后促进世界贸易发展的一条主要路径，将"一带一路"沿线国家的贸易便利化水平均提升一个档次，可进一步释放 30.67% 的贸易潜力。亚欧各地区只有北欧的平均贸易便利化水平达到了比较便利的级别，西欧和中欧为一般便利，东亚、西亚、东南亚、南欧、东欧、南亚和中亚的贸易便利化水平均处于贸易不便利的状态。"一带一路"作为一种全新的区域合作机制，应更多地促进沿线国家提高贸易便利化水平，如从国际标准的采用和实施、咨询机构的建立、贸易便利化委员会的建立、贸易规章手续的在线查询以及风险管理体系五个方面（Duval，2006）逐步提升沿线国家的贸易便利化水平。此外，区域经济一体化组织对区域内贸易有显著的促进作用，"一带一路"的建设应充分发挥区域经济组织的作用。欧盟和东盟分别可以使成员国之间的贸易流量增加 0.19% 和 2.00%，"一带一路"区域内的其他经济组织也对区域内贸易有积极影响。"一带一路"倡议并不构建一个涵盖所有国家的自由贸易区或者排他性的国际组织，而是建立一个双边机制的协调机制，合作机制的多元化将是"一带一路"的重要特征。"一带一路"的实现应建立完善的双边联合工作机制，加强组织间合作，协调推动合作项目实施，建立以多元化合作机制为特征、以打造命运共同体为目标的新型区域合作机制（孔庆峰、董虹蔚，2015）。

第九章
中国零售业"走出去"对接"一带一路"的对内政策建议

实现中国零售业"走出去"和"一带一路"的联动发展,除了在对外方向上以政策沟通为引领,开展商贸对话之外,还要在对内方向上,深入研究中国零售业"走出去"对接"一带一路"的支持、促进和保障体系。借鉴发达国家制度设计和政策实施的经验,结合我国的具体情况,除了要从零售企业的微观层面来讨论其"走出去"对接"一带一路"的资源、技术、能力支撑之外,还需要把中国零售业"走出去"放在更大、更宽范围来审视,研究我国国民经济及其管理的宏观层面、零售业作为产业的中观层面,以构建服务于零售业"走出去"对接"一带一路"的支持、促进和保障体系[朱瑞庭、尹卫华,2014(a)]。有关保障体系的具体内容,主要是从实证研究的结论中得到的。其中,宏观层面的制度保障涉及中国零售业"走出去"对接"一带一路"的全国性支持政策,包括法律法规、制度和政策体系,统筹协调体制机制以及服务平台体系等。中观层面的市场保障涉及中国零售业"走出去"对接"一带一路"的产业发展支持政策,包括国内价值链与"一带一路"价值链联动、关联产业集群式"走出去"、"一带一路"市场布局和开发、网上丝绸之路建设等。微观层面的能力保障涉及支持中国零售业"走出去"对接"一带一路"的企业发展支持政策,主要包括企业战略对接国家倡议的意愿、企业国际竞争优势培育、跨国经营策略（业态选择、投资方式、本土化经营）等，这是有关中国零售企业内部的条件保障。需要指出的是，这一支撑体系的内容涉及面极其广泛，除了理论论证上的繁复和困难之外，政策和实践操作层面的讨论同样不容忽视。中国零售业"走出去"对接"一带一路"的支撑体系见图9-1。

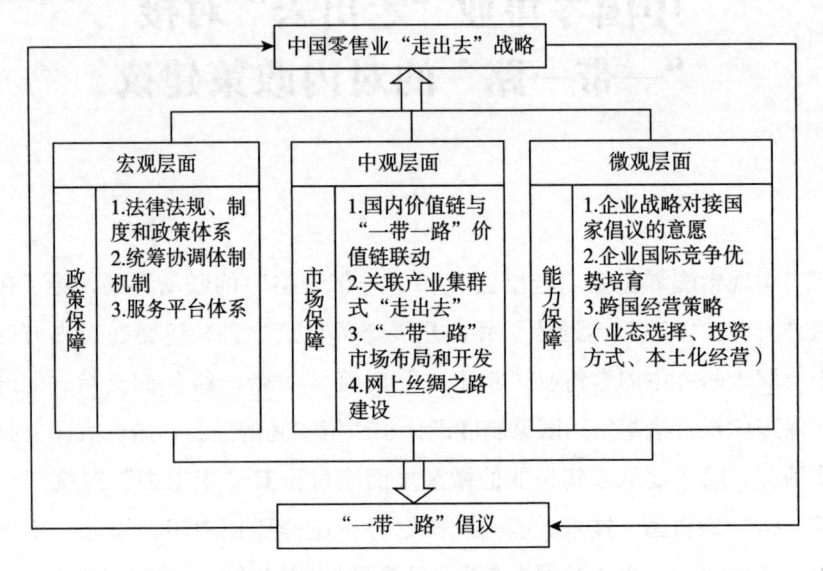

图9-1 中国零售业"走出去"对接"一带一路"的支撑体系

基于上述研究结论，并充分考虑宏观区域一体化战略与微观企业国际化战略之间的对接联动机制，下面分别从宏观、中观、微观三个层面对构建中国零售业"走出去"对接"一带一路"的支撑体系提出对策建议。

第一节 宏观层面

进入21世纪以来，全球价值链革命改变了全球经济格局，国家间的贸易统计、投资和生产模式，深刻影响中国等发展中国家的经济全球

第九章　中国零售业"走出去"对接"一带一路"的对内政策建议

化战略。为此，必须把中国零售业"走出去"放在全球价值链中，推进更高水平的对外开放，构建开放型经济新体制，对接"一带一路"。

前面的研究表明，推动中国零售业"走出去"，对于改变我国在国际分工的被动局面、提升我国在全球价值链的地位，从而建立与我国经济及贸易大国地位相称的国际贸易新格局具有特殊的战略意义。当前，中国零售业正处于从"引进来"到"走出去"的新阶段转变的关键时期，中国零售企业应该积极对接国家倡议。在"一带一路"的背景下，中国零售业必须精心谋划，探索建立零售企业国际化战略与"一带一路"倡议之间的对接、联动机制，一方面充分利用"一带一路"带来的机遇，加快零售业"走出去"的步伐；另一方面通过零售业"走出去"，来拓宽贸易领域，优化贸易结构，促进贸易平衡，从而充实和丰富"一带一路"的建设内涵。为此，应加强在宏观层面的顶层设计和整体规划［朱瑞庭，2015，2017（a）］。

1. 把中国零售业"走出去"纳入"一带一路"倡议

中国零售业"走出去"有利于提升我国企业吸纳和整合全球资源的能力，推进我国贸易强国建设，为此，要在零售业作为我国基础产业、先导产业和战略产业的基础上，进一步增强中国零售企业"走出去"的紧迫感、危机感和使命感，把推动中国零售业"走出去"上升为国家战略［宋则，2012；朱瑞庭，2016（b）］。同时，在"一带一路"的"五通"建设中，明确包括电子商务等新业态在内的零售业"走出去"是贸易畅通的重要组成部分，将零售企业"走出去"纳入"一带一路"框架内。这将有利于在"一带一路"背景下，推动我国零售终端主导的完整产业链的国际转移，形成我国制造业和零售业全球整体布局与区域相对集中相结合、与国内外市场联动的国际化网络，实现我国制造业和零售业在全球范围的良性互动和融合发展。

2. 要完善中国零售业"走出去"对接"一带一路"的统筹协调体制机制

（1）为加快实施"走出去"战略、培育本土跨国公司，要在现有

"一带一路"组织机构的框架下,提升部际联席会议的层级,建立专题协调机制,设立包括零售业在内的服务业"走出去"专门小组,统筹协调服务业的对外投资。

(2) 构建多层次对外投资促进体系。经过多年发展,中国已初步建立了覆盖全国范围的多层次对外投资促进体系。主要包括：一是政府间建立的双边或多边产能与投资合作机制;二是中国国际贸易促进会、中国海外产业发展协会等全国性综合性的对外投资促进机构;三是从省级到基层的相关地方对外投资促进机构;四是各行业协会成立的国际产能合作企业联盟。各层次互为补充,共同服务中国企业对外投资。

(3) 依托促进"走出去"的部际综合协调机构,负责部门之间进行政策协调、资源统筹,进行中央及地方政府之间的政策和资源统筹协调等;研究中国企业及跨境电子商务发展中跨部门的重大问题,加强针对具体问题的跨部门协商,协调各项政策出台,监督各项工作实施,统筹推动中国企业"走出去"和跨境电子商务健康发展。

3. 加强服务平台体系建设

服务平台体系涉及海外投资宏观指导、环境分析、项目评估、法律、会计、信息、金融、管理、环境技术、风险防范应对、海外维权等。要加强境外投资合作信息平台建设,定期发布对外投资领域的年度报告,机制化地举办各类对外投资和国际产能合作论坛和展会,帮助"走出去"企业搭建合作平台,积极促成其与各国企业进行合作。

4. 加快制定和完善对外投资法律法规

从目前的情况来看,我国对外投资法律法规建设方面存在的最大缺失是,还没有一部纲领性、权威性的法律。法律法规的不健全已经难以适应当前对外投资发展的要求,日益成为我国对外直接投资健康有序发展的一大制约因素。为此,国家需要早日出台"中国对外投资法"等相关法律,明确相关投资主体的法律地位,为我国企业在境外投资创造有利的法律环境和综合保障条件。

5. 做好更高层次的深化改革、扩大开放的制度建设

众所周知,发展包括商业服务在内的服务业有助于推动一个国家向

第九章 中国零售业"走出去"对接"一带一路"的对内政策建议

技术更加密集、价值链更高端的方向发展。经过40年的改革开放，服务业在中国经济中的比重有了很大的提高，服务贸易的出口在中国的出口占比也有了显著提升。按照古典贸易理论，中国有着丰富的可用于商业服务的基本生产要素，比如强大的信息技术基础设施、大量受过教育的劳动力。但是，和美国等发达国家相比，我国的服务业发展依然处于比较低的层次和水平。在这里，在制度层面制定有助于在服务领域建立比较优势，从而提高和深化其全球价值链的参与度的政策，可能要比促进某一服务行业的具体措施更加重要。换言之，要获得服务行业的比较优势，并且深度参与全球价值链，制度具有根本性的作用。在具体的措施上，中国应进一步降低进出口关税，推动贸易投资便利化和自由化，鼓励更多地区以更高水平参与全球价值链生产体系（邵朝对、苏丹妮，2017）。

在前面讨论商贸对话的时候已经提到，中国应该鼓励"一带一路"沿线国家加强制度建设，消除贸易障碍，降低贸易成本，这是推动自身融入全球价值链的重要途径。在这些方面，中国也还有很长的路要走。世界银行公布的2017年《全球营商环境报告》表明，中国在近200个经济体中，营商环境排在第78位（World Bank，2017），这还是只把上海、北京两个城市纳入考察范围，并且上海占据更大比重的情况下的中国排名。最近，中国在这方面已经有了显著的改善。在单边主义、保护主义日益浓厚的全球氛围下，中国发布的一系列改革开放举措吸引了全世界的关注。博鳌亚洲论坛2018年年会开幕式上，中国政府就大幅度放宽市场准入、创造更有吸引力的投资环境、加强知识产权保护、主动扩大进口四大方面做出重大政策宣示。此外，中国政府正在不断完善法治化、国际化、便利化的营商环境，全面实行准入前国民待遇加负面清单管理制度，有序扩大制造业和服务业的对外开放。2018年6月，中国发布了备受关注的2018年版负面清单，大幅放宽市场准入，这是中国在扩大开放方面的最新举措。2018年版负面清单显示出中国全方位推进开放的姿态。新的负面清单由63条减至48条，共在22个领域推出开放措施，其中 2021 年取消金融领域所有外资股比限制尤其受到关注，此外，清单还基本上完全放开了制造业的投资限制。

第二节　中观层面

根据对中国零售业在国际和国内两个市场联动发展的讨论，一切在国内市场有助于促进和支持中国零售业竞争力提高的措施都将推动中国零售业"走出去"。基于这样的分析，在中观层面，即在产业层面来讨论完善中国零售业"走出去"对接"一带一路"的支持体系仍然是必要的。这个层面要提供的是支持中国零售业"走出去"对接"一带一路"的市场保障，其与宏观层面的法律法规、制度政策保障共同构成支撑体系的外部保障。

1. 推动国内价值链和"一带一路"价值链的联动发展

强大的国内供应链是在全球价值链中获得可持续的长期成功的先决条件。在统筹国内区域经济发展时，要着眼于培育地区，尤其是相对落后和封闭地区对全球价值链空间溢出的吸收能力，通过与全球价值链直接参与地区的沟通交流和相应的"对口帮扶"，最大限度利用全球价值链的开放红利。在全方位对外开放的过程中，要积极打破区际市场壁垒，消除区域间要素流动的体制机制障碍，培育和壮大国内价值链，通过国内价值链的"体内循环"搭建全球价值链知识溢出的有效通道，构筑全球价值链和国内价值链共同演进、"内外兼修"、良性对接的全新对外开放格局（邵朝对、苏丹妮，2017）。要全面深入研究分析国内"一带一路"沿线城市的情况，发掘比较优势，精准定位，推动与"一带一路"相关的产业结构转型升级；要加大对发展国际贸易支点城市建设的政策支持力度，以发展国际贸易支点城市为核心，完善产业配套，促进包括生产性服务业和物流业在内的现代服务业的发展（中国人民大学重阳金融研究院，2015）。尤其要加强大型商贸流通企业的建设，加

第九章 中国零售业"走出去"对接"一带一路"的对内政策建议

快培育核心竞争力,推进国内价值链中零售业关联产业的联动发展。

2. 进行零售行业发展指导

在零售业行业发展方向的确定过程中,应以"一带一路"为导向,面向"一带一路"沿线国家的市场机遇和我国零售业国际化的现实能力,围绕"走出去"重点解决好两方面的问题,并以此为依据进行行业指导[朱瑞庭,2017(a)]。

(1)关于"走出去"去哪里,也就是海外目标市场的选择。"一带一路"沿线国家差异显著,零售市场环境各异,我国零售业沿"一带一路""走出去",必须在海外目标市场选择方面有所侧重。首先,应将东南亚国家作为我国零售企业"走出去"的首要目标市场;其次,应积极引导零售企业开拓中亚市场,逐步消除进入障碍,完善进入条件;最后,应注意规避进入蒙俄和欧洲市场的风险,并动态关注南亚和西亚市场的发展变化,将其定位为中远期拓展的目标市场。在海外开店条件尚不完全具备的情况下,中国零售企业可以通过与中国制造业对外投资合作的联动,协助制造业设立境外分销和服务网络、物流配送中心、海外仓等,建立本地化的供应链体系,在这一基础上,建立自身的海外采购中心、展示中心、集散中心、仓储中心、交易中心和服务中心,不断累积优势、夯实优势、利用优势,为进一步的"走出去"打下坚实基础(祝合良、石娜娜,2017)。

(2)关于"走出去"如何走,也就是跨国经营重点的选择。在宏观层面逐步消除沿线国家政府存在的市场准入和基础设施问题的同时,中观层面零售业应充分发挥中国零售价值链的整体优势,强调零售业关联产业联动发展和产业体系的集群式"走出去",以避免市场适应性差、国际竞争力弱的问题[朱瑞庭,2017(a)]。首先,零售业"走出去"不仅是零售店铺"走出去",还是产品加工体系、商品储运体系、零售服务体系的全价值链"走出去",应尽量减少单纯以"店铺"为内容的零售业国际化。其次,为推动零售体系全价值链"走出去",可考虑与"一带一路"沿线国家共建经济贸易合作区,这不仅有助于为中国零售业国际化经营奠定坚实的竞争基础，还有助于利用经济贸易合作区的集聚效应和外溢效应，提升东道国经济水平和人民福祉水平，减少和降低零售企业市场进入的阻力和难度。最后，对于暂时无法承载零售体系全价值链"走出去"的目标市场，为避免实体零售业的经营风险，可考虑优先发展跨境电商，以"网上丝绸之路"拓展"一带一路"零售市场。电子商务是我国具有全球竞争力的优势产业，作为新兴市场和发展中国家，沿线国家和地区是重要的潜在市场。为此，应该抓住机遇，大力推动面向"一带一路"沿线国家的跨境电子商务发展。"网上丝绸之路"的建设要贯彻"软硬结合、内外并举、纵横协调、政企合作"的方针，通过与目标国共建跨境电商交易平台、拓展海外物流仓储、优化跨境支付渠道、完善电子商务服务体系等方式，让"网上丝绸之路"成为先试先行的零售渠道和"一带一路"建设的先导力量［朱瑞庭，2017（a）］。

第三节 微观层面

从我国零售业"走出去"的现状、特点、存在的问题和难点分析中可以发现，我国零售业在海外市场竞争力不强是一个不争的事实。为此，中国零售企业在与"一带一路"的对接中，必须对"一带一路"环境进行全面的分析，特别是在目标市场（区域、国别）、业态、进入方式、扩张模式等方面提出清晰的战略、策略选择，在此基础上系统构建中国零售业"走出去"对接"一带一路"的支持体系。这个层面要提供的是支持中国零售业"走出去"对接"一带一路"的能力和条件保障，这是支撑体系的内部保障，其主要内容除了包括更新经营观念，创新驱动发展，增加研发投入，发展国际化经营专门人才，以及进行专业化、特色化、品牌化发展之外［朱瑞庭，2015，2017（a）］，还包括以下几点。

第九章　中国零售业"走出去"对接"一带一路"的对内政策建议

1. 重视在我国零售业"走出去"过程中企业战略对接国家倡议意愿的中介作用。如果说政府是对外战略中政策沟通、战略对接和商贸对话的主导者、推动者,那么在对内战略的设计中,除了宏观、中观层面的制度及市场保障外,最重要的就是,企业要发挥好"一带一路"建设的市场主体作用(尹卫华、朱瑞庭,2018)。尽管在推进和实施"一带一路"建设的开始阶段,以互联互通的基础设施建设为主的项目占据多数,但是为了实现"五通"的联动、协调发展,必须大力推动关联产业的集群式"走出去",尤其是要高度重视"贸易畅通"下中国流通业的"走出去"。为此,需要通过一定的手段引导和推动中国零售企业强化国际化经营观念,抓住时机,充分利用好"一带一路"带来的机遇,争取得到早期收获,并在此基础上形成两者之间的良性互动和循环促进。

2. 培育国际竞争优势,提升核心竞争力。事实上,作为零售业国际化的主体,企业自身的国际竞争力始终是国际化经营取得成功的根本保证。也正是在这一点上,中国的零售企业和西方的大型跨国零售商相比还存在较大的差距。换言之,中国零售业国际化的宏观、中观以及微观层面的环境因素都与西方国家零售业的国际化具有不同的时空背景。到目前为止,我国零售业的国际化经营尚处于起步阶段,还未形成规模。除了跨境电子商务之外,海外经营的区位相对集中,难以广域辐射;在海外市场准入严格、设施基础薄弱的制约下,经营业态单调、目标顾客趋同所导致的结果是企业市场适应力差,缺乏经营优势。为此,在我国零售企业跨国经营的实践过程中,应总结先行企业的经验和教训,围绕提高国际竞争力的目标,积极培育零售专业技能,推动企业科学决策,稳健运营,降低经营风险,提升经营效益。

3. 加强跨国经营管理。我国零售企业"走出去"在确定目标市场的前提下,应在如下三个方面强化跨国经营的策略性安排[朱瑞庭,2017(a)]。一是业态选择方面,应根据自身在品牌、供应链、服务等方面的竞争能力,科学定位跨国经营的业态。二是投资方式选择方面,应根据相关决策，结合中外零售价值链体系之间的协同关系，探讨投资新建和并购两种方式的适用性。三是本土化经营方面，应打破固有的以海外华人为中心的目标顾客定位，从商品定位、经营方式、人员结构、文化理念等方面全面增强本土化经营能力，逐步建立被目标市场消费主体广泛接受的中国零售品牌。

第十章
网上丝绸之路建设

　　至此，我们的讨论已经基本完成原定的研究任务，在上、中、下三篇里，我们分别讨论了中国零售业"走出去"对接"一带一路"的必要性和可行性，实现两者对接的途径、模式、战略、策略以及保障等，在这一基础上从对外和对内两个方向上提出了政策建议。在绪论部分我们曾设定，研究的主体部分主要是针对中国实体零售业进入"一带一路"展开的。同时，我们也在前面的研究中多次提及，随着全球范围内在线零售的快速发展，我国跨境 B2C 出口电商在"一带一路"背景下迎来良好的发展机遇，成为"一带一路"的重要内容和建设亮点。为此，我们把跨境 B2C 出口电商置于"一带一路"的背景下，来专门讨论中国跨境 B2C 服务"一带一路"沿线国家和地区消费者的"网上丝绸之路"建设问题。

　　在开展跨境 B2C 出口电商的企业主体中，不仅有大型在线零售企业，还有大量的中小企业将业务拓展到国外。对中小企业来说，由于对目标市场的控制能力、企业自身实力等因素的制约，其基本上都要通过跨境第三方交易平台实现海外销售。目前跨境第三方交易平台发展迅速，各有特点，且成本不同，在这样的背景下，中小企业会面临第三方交易平台的选择问题。为此，本章的讨论重点为跨境 B2C 第三方交易平台的评价问题，目的是为我国更广大的中小企业的网络平台选择提供决策依据。

第一节 我国跨境 B2C 出口电商概况

与传统国际贸易对比，跨境电子商务呈现传统国际贸易所不具备的新特征，主要体现在跨境电子商务的多边化、直接化、小批量、高频度、数字化等方面。跨境 B2C 出口电商的主要优点是：成本低、速度快、易上手。跨境 B2C 出口电商直面最终消费者，大大降低了企业走出国门的成本。只要海外采购商在平台上下订单，强大的物流体系就可以使货品在 1~2 周内到达买家手中。此外，只要选择一个好的跨境电商平台，企业就可以直接将产品发布到平台，和买家进行交易。为了更好地讨论跨境 B2C 出口电商企业选择第三方平台的影响因素，我们首先介绍"一带一路"电子商务的发展概况以及存在的主要问题。

一 全球跨境 B2C 电子商务发展概况

根据中国国际电子商务中心研究院首次对外发布的《2017 年世界电子商务报告》，2017 年，全球网民人数已经达到 41.57 亿人，亚洲网民人数占全球网民人数的比重高达 48.7%。其中中国是全球最大的互联网用户市场，网民规模达 7.72 亿人；印度网民达 4.62 亿人，是全球互联网第二大市场。发达国家和地区的互联网覆盖率较高，但网民增速相对偏低。2017 年，全球网络零售交易额达到 2.304 万亿美元，占全球零售总额的比重由 2016 年的 8.6% 上升至 10.2%。网络购物在全球发展不平衡，在网购人数比例上国家间差距较为明显。丹麦、德国和英国 80% 的人口有网购经历，大多数发达国家超过一半的人口在网上购买商品和服务，而许多发展中国家和欠发达地区网购消费者仅占人口的很小一部分，如津巴布韦只有 1%。

再以金砖国家为例。随着互联网快速发展、智能手机的应用和普及,金砖国家的电子商务快速成长。2016年,金砖国家网民数合计超过14.6亿人,占全球网民数的42.7%;网络零售交易额为8761亿美元,占全球网络零售总额的47%;跨境网络零售交易额达到920亿美元,占全球跨境网络零售总额的23%。预计到2022年,金砖国家的网络零售总额将达到3061亿美元,占比达到59%;跨境零售总额达到5536亿美元,占比达到41%。阿里巴巴的跨境电商链接ECI指数排名显示,中国与俄罗斯、印度、巴西、南非通过跨境电商进行的贸易往来密切,在G20成员中,链接强度处于中等水平。中国是全球最大网络零售市场;俄罗斯跨境电商发展突飞猛进;印度拥有类似于中国的人口红利,潜力巨大;巴西是拉丁美洲最大的电商市场;南非电子商务虽然还在起步阶段,但在加速发展。

根据联合国贸易和发展会议(UNCTAD)发布的资料,2015年全球跨境B2C电子商务总额为1890亿美元,3.8亿名消费者在海外网站购物。2015年跨境电商B2C贸易额排名前10的国家见表10-1。预计2020年,全球跨境B2C电子商务总额突破1万亿美元。跨境电商成为外贸发展的重要驱动力。

表10-1　2015年TOP10国家跨境B2C情况

	总交易额（亿美元）	跨境B2C占商品进口比例（%）	跨境B2C占总B2C电商比例（%）	总B2C交易规模（亿美元）	跨境网购消费者人数（万人）
美国	400	1.7	7	6120	3400
中国	390	2.3	6	6170	7000
德国	90	0.8	10	930	1200
日本	20	0.3	2	1140	900
英国	120	1.9	7	2000	1400
法国	40	0.7	6	730	1200
荷兰	4	0.1	2	190	400
韩国	30	0.6	5	480	1000
加拿大	70	1.7	16	480	1100

续表

	总交易额（亿美元）	跨境 B2C 占商品进口比例（%）	跨境 B2C 占总 B2C 电商比例（%）	总 B2C 交易规模（亿美元）	跨境网购消费者人数（万人）
意大利	30	0.8	19	170	600
TOP10 国家	1200	1.4	7	18390	18100
全球	1890	1.1	7	29040	38000

资料来源：根据联合国贸易和发展会议（UNCTAD）发布的资料整理得到。

根据中国国际电子商务中心转自全球知名创投研究机构 CBInsight 发布的数据，2015 年全球网络零售指数排名见表 10-2。全球在线市场较具吸引力的前 20 个国家/地区中，美国列第一位，中国内地和英国分列第二、三名，俄罗斯、墨西哥、智利也上榜。发达经济体市场仍占据主导地位。增长趋势排名前五的分别是中国内地（86.1）、墨西哥（58.6）、俄罗斯（51.8）、智利（49.3）、比利时（48.3）（中国国际电子商务中心，2018）。

表 10-2 2015 年全球网络零售指数排名

排名	国家/地区	在线市场规模（40%）	消费者行为（20%）	增长趋势（20%）	基础设施（20%）	在线市场吸引力得分
1	美国	100.0	83.2	22.0	91.5	79.3
2	中国内地	100.0	59.4	86.1	43.6	77.8
3	英国	87.9	98.6	11.3	86.4	74.4
4	日本	77.6	87.8	10.1	97.7	70.1
5	德国	63.9	92.6	29.5	83.1	66.6
6	法国	51.9	89.5	21.0	82.1	59.3
7	韩国	44.9	98.4	11.3	95.0	58.9
8	俄罗斯	29.6	66.4	51.8	66.2	48.7
9	比利时	8.3	82.0	48.3	81.1	45.6
10	澳大利亚	11.9	80.8	28.6	84.8	43.6
11	加拿大	10.6	81.4	23.6	88.9	43.1
12	中国香港	2.3	93.6	13.0	100.0	42.2

续表

排名	国家/地区	在线市场规模（40%）	消费者行为（20%）	增长趋势（20%）	基础设施（20%）	在线市场吸引力得分
13	荷兰	8.9	98.8	8.1	84.6	41.8
14	新加坡	1.3	89.4	15.7	100.0	41.5
15	丹麦	8.1	100.0	15.1	75.5	41.4
16	瑞典	8.8	97.2	11.8	77.7	40.9
17	墨西哥	10.0	53.3	58.6	68.0	40.0
18	西班牙	13.2	73.1	20.2	80.1	39.9
19	智利	2.7	71.8	49.3	73.2	39.9
20	挪威	8.2	99.4	5.6	76.3	39.5

资料来源：根据 CBInsight 发布的数据整理得到。

随着各国电子商务的快速发展，全球电子商务市场格局正在发生变化，发展中国家在全球电商市场中的地位愈加重要。从区域来看，2017年，亚太地区网络零售额占零售总额的 14.6%，西欧和北美分别占 9.3% 和 8.8%。

亚洲和太平洋地区拥有全球最大数量的网购用户，B2C 电子商务销售额占全球 B2C 电子商务销售额的 28%，小件小包邮寄占国际小件小包邮寄的 1/3，七成的亚太地区网民经常使用网络购物，领先于其他地区。拉丁美洲近 5 年来的线上销售额以年均两位数的速度增长，2017 年网络零售额达到 445.5 亿美元，网络消费者占到全球的 10%。电子商务市场主要由巴西主导，占拉美地区 B2C 的 38%，墨西哥和阿根廷分别占 19% 和 8%。新兴市场的兴起成为驱动全球电商不断发展的新动力，特别是亚洲电商市场成为当前角逐的焦点。

二 世界网络零售市场发展

根据《2017 年世界电子商务报告》，我们将全球主要市场网络零售发展的概况整理如下。

1. **欧洲市场**

英国：英国是电子商务起步较早的国家，电子商务基础设施比较完善，国际化程度高，信息化和电子商务发展速度较快，英国在全球电子商务排名中名列第三，是欧洲最大的电子商务市场。

法国：法国电子商务发展相对较晚，但电子商务市场持续保持较快增长。2016年，法国线上销售额达到720亿欧元，在全球范围内排名第五，在欧洲位列第二。

德国：作为欧洲四大经济体之一的德国，电子商务市场发展较早，较成熟。据欧盟电子商务报告，2016年德国电子商务零售额达到668.64亿欧元。未来4年，德国B2C电子商务行业将继续保持12%的增长速度。在德国45%的在线消费者拥有跨境网购经历，跨境电子商务消费者有3380万人，在欧洲国家位列第一。这些消费者购买的较多产品来自英国、美国和中国，跨境网购最多的商品是衣服鞋帽类，占到消费比例的25%。

比利时、荷兰：是欧洲开展跨境电商的重要渠道。荷兰和比利时的电子商务市场在欧洲排第四、第五位。2016年荷兰电子商务销售额达到201.6亿欧元，比利时网络零售市场规模达到96亿欧元。

爱尔兰：2016年线上零售额达50亿欧元，86%的互联网用户使用手机上网，38%的爱尔兰消费者用智能手机购物。爱尔兰本土电商平台发展落后。国际电商占到75%的份额，大部分零售商还停留在实体店模式。排名前20的购物网站均为国际电商平台。

土耳其：互联网渗透率为63%，网民人数在欧洲排名第五，电商用户约为1500万人，占总人口的19.7%。2016年电子商务市场交易规模达到73.9亿欧元。其中在线零售比例超过五成。年轻化人口、不断增长的消费阶层是土耳其未来电商发展的最大红利。土耳其是唯一横跨欧亚两大洲的国家，是亚、欧、非三大洲的重要交通和贸易枢纽，跨境电商是土耳其的贸易发展机遇。通过电子商务，其可以便捷、低成本地进入全球市场，拓展国际营销网络，为贸易创造新的增长点。

东欧：2016年，东欧电子商务市场总额超过500亿欧元，俄罗斯是最大的网络零售市场，在线B2C营业额达到199亿欧元，乌克兰在东欧排名第二。东欧网络消费者的平均支出为642欧元，远低于欧洲1544欧元的平均水平，但发展速度快，发展潜力巨大。东欧的移动电商快速发展，波兰、乌克兰等国表现明显，移动电商的增速高于电子商务增速。东欧是连接欧亚的重要通道，是中国"一带一路"倡议融入欧洲经济圈的重要承接地。中东欧17国越来越多的买家从境外网站购物。欧盟、俄罗斯、中国、美国均是中东欧主要贸易伙伴。在"一带一路"倡议推动下，中国在东欧进口市场的份额逐年上升。

2. 亚洲市场

日本：日本电子商务起步晚、速度快、市场成熟度高，是全球第三大电子商务市场。2017年，日本互联网用户规模达10389万人，手机用户渗透率达59.5%，82.8%的人有网购经历。2015年，日本B2C市场规模达到13.77万亿日元，网上零售交易额占社会消费品零售总额的4.37%。日本人均网购消费金额为1164美金，是中国人均网购消费金额的2倍，超过了美国人均网购消费金额的1156美元。预计到2019年，日本B2C市场对美国的跨境购入额为2019亿日元，对中国的跨境购入额为210亿日元。

韩国：2016年，韩国在线购物总人数为3000万人，在线零售市场规模达到427亿美元。韩国蜂窝网络、Wi-Fi速度稳居世界第一。严格的网络安全协议阻碍了跨境电子商务的发展。Gmarket等本土电商平台支持英语、中文和韩语多种语言，并开设海外官网。本土电商企业占主导地位，市场相对封闭。韩国智能手机普及率超过85%，仅次于阿联酋，世界排名第二。移动商务交易额占网上交易总额的一半以上。

印度：印度是全球IT及服务行业最发达的国家之一。2016年印度网民数量已经超过4亿人，成为仅次于中国的全球互联网第二大市场。2017年互联网渗透率仅为33%，处于较低水平。在过去几年，印度网络市场保持了大约25%的年复合增长率。千禧一代是互联网发展的中坚力量，Flipkart、Myntra和Paytm等公司通过运用机器学习算法和AJ技术为用户提供良好体验。印度的物流存在时效长、费用高、效率低等严重问题，亚马逊、Flipkart 等纷纷加快对印度仓储物流体系的布局。

东南亚：东南亚是全球 B2C 电商发展的第二快市场，未来几年，电子商务年复合增长率在 32% 左右。其中，印度尼西亚被认为是增长最快的国家。到 2025 年，东南亚电子商务市场规模将达到 880 亿美元，占社会零售总额的 6.4%。东南亚的智能手机渗透率为 50%，移动端流量访问占比超过 60%。从消费习惯到网络、物流、支付和基础设施，这些仍然是影响发展的重要阻碍。

3. 北美市场

美国：自 2013 年开始，美国电子商务增速呈现快速上升趋势。2016 年美国网络零售交易额达到 3897 亿美元，增长 14.9%。亚马逊通过收购或自建本土化网站的方式进入海外市场，到 2017 年底已建立 12 个海外网站。eBay 已经将业务遍布美洲、欧洲和亚洲等地。美国较大的 500 家电商市场份额占到 84%，eBay 和亚马逊合计占据美国电商市场的 30%，剩下的 70% 为传统电商巨头和中小电商。

加拿大：2017 年加拿大的互联网普及率为 91.41%，良好的网络环境、免费的 Wi-Fi 高覆盖率使 62% 的人通过网络购物。2016 年加拿大的电商零售额达到 183.4 亿美元，预计 2021 年达到 286.6 亿美元。

4. 拉丁美洲市场

拉丁美洲是最受欢迎的电子商务新兴市场。巴西是拉丁美洲最大的电商市场。2015 年，巴西海淘人数达到 1490 万人，占网购人数的 54%。2016 年，巴西、阿根廷、墨西哥的网络零售交易额分别为 163 亿美元、68 亿美元和 32 亿美元。到 2019 年，巴西的电子商务市场规模将达到 474 亿美元，占 42% 的市场份额。但由于巴西经济衰退，电商增速放缓，预计年复合增长率为 12.5%。到 2020 年，阿根廷的智能手机普及率将达到 72%，巴西的 4G 网络覆盖率将达到 90%。

5. 大洋洲市场

相比而言，澳大利亚电子商务发展相对缓慢，但近年来，澳大利亚电子商务持续保持两位数的增长态势，未来仍有很大的发展空间。2017年澳大利亚的网络零售额突破100亿美元，占销售总额的6.6%。澳大利亚的跨境购物率排名全球第一，跨境采购占线上销售的35%~40%，跨境网购消费力年均增速为20%。

6. 俄罗斯市场

俄罗斯：2016年网络零售交易额达到430亿美元，国内在线零售业务和跨境电子商务产值都得到了显著增长，但占整个零售市场的比重较小，到2018年，预计比重可以达到3%。因幅员辽阔，横跨欧亚大陆，气温和气候差异较大，俄罗斯境内物流配送难度较大，且时间较长。从区域分布来看，中心城区占据了大部分电子商务份额，莫斯科市场规模约为全国市场的21%，大城市网购普及率较高，而农村地区相对落后。在语言方面，超过80%的俄罗斯人只会俄语，国外电商平台需提供本地语言服务。俄罗斯轻工业落后，基本依赖进口，商品稀缺且价格相对较高。相比本土电商，网民更倾向于海淘，2016年，俄罗斯跨境电子商务交易额达到43亿美元。俄罗斯市场上的跨境电商平台以速卖通和京东为主，俄罗斯跨境海淘每人每月免税额达1000欧元，为跨境电商创造了良好的发展条件。

7. 中东市场

中东市场正在崛起，中东地区互联网接受度和手机普及率较高，人口富裕，年轻用户网络消费购买力强，极大地促进了当地电子商务的发展。阿联酋是中东地区最大的电子商务市场，是全世界人均商店比例最高的国家，电子商务成为阿联酋的商业趋势，互联网渗透率为92%，2016年的电子商务交易规模为100亿美元，年增长率为30%。沙特阿拉伯的网络消费者年轻化，且具有较强的消费力，手机渗透率为70.5%，"一带一路"建设带来了新的贸易机遇。伊朗互联网渗透率为55%，手机渗透率达126%。

8. 非洲市场

非洲及中东市场50%的进口产品来自跨境网购，是全球主要的网络进口市场。非洲国家 70% 的网民通过手机上网，移动电商正成为南非电子商务的重要新增长点。南非是非洲大陆第二大经济体，是非洲最大的 B2C 市场，目前处于经济高速发展时期，是新兴的电子商务市场。2018 年，南非网络消费支出预计可以达到 53 亿欧元。南非电商零售的两大平台是"bidorbuy"和"takealot"。

三 中国跨境 B2C 出口电商的发展

近几年来，我国跨境电子商务持续保持快速发展态势，跨境电子商务服务业逐步成熟，商品和服务品质进一步提升。从国内环境来看，政策以创造空间、鼓励发展为主，跨境电子商务综合试验区先行先试，总结形成可推广可复制的经验做法。从国际合作来看，我国积极拓展电子商务国际发展空间，推动建立多双边电子商务合作机制，"丝路电商"成为亮点。

（一）中国跨境 B2C 出口电商的政策环境

跨境电子商务作为外贸新业态，为中国制造"出海"提供了新途径。我国政府已将跨境电商纳入"一带一路"议题，把它作为"一带一路"重要落脚点，是打开"供给侧结构性改革"的新通道。跨境电子商务新供给创造新的外贸需求，对接"一带一路"，搭建"网上丝绸之路"成为新亮点。2017 年我国跨境电子商务出口呈现助推国产品牌"出海"的新特征。中国电子商务研究中心监测数据显示，2013～2017 年，包括海关总署在内，国家相关部门纷纷出台或参与出台相关跨境电商政策，涉及的国家相关部门包括国家发改委、财政部、工信部、农业部、商务部、国家税务总局、国家质检总局、食品药品监督管理总局、交通运输部、国家工商总局、国家邮政局、国家外汇管理局、中国人民银行、银监会、中央网信办、密码局等 17 个部门，出台的关于跨境电商以及与跨境电商有关的政策文件多达 39 份，表 10-3 列出了 2013～2017 年中国有关跨境电商的主要政策文件。

第十章 网上丝绸之路建设

表 10-3 2013~2017 年中国有关跨境电商的主要政策文件

发布时间	发文机构	政策名称
2013 年 8 月	国务院办公厅	《关于实施支持跨境电子商务零售出口有关政策的意见》
2013 年 10 月	商务部	《关于促进电子商务应用的实施意见》
2013 年 11 月	国家质检总局	《关于支持跨境电子商务零售出口的指导意见》
2013 年 12 月	财政部、国家税务总局	《关于跨境电子商务零售出口税收政策的通知》
2014 年 2 月	国家税务总局	《关于外贸综合服务企业出口货物退（免）税有关问题的公告》
2014 年 5 月	国务院办公厅	《关于支持外贸稳定增长的若干意见》
2015 年 1 月	国家外汇管理局	《国家外汇管理局关于开展支付机构跨境外汇支付业务试点的通知》
2015 年 2 月	国务院	《关于加快培育外贸竞争新优势的若干意见》
2015 年 5 月	国务院	《关于大力发展电子商务加快培育经济新动力的意见》
2015 年 5 月	国家质检总局	《国家质检总局关于进一步发挥检验检疫职能作用促进跨境电商发展的意见》
2015 年 7 月	国务院	《国务院关于积极推进"互联网+"行动的指导意见》
2017 年 8 月	海关总署	《中华人民共和国海关监管区管理暂行办法》

从政策的方向看，政策鼓励出口，规范进口。鼓励企业积极发展跨境电商，主要涉及跨境电商出口退税、清关检疫、跨境支付等，具备很强的实操性，对推动行业发展、健康发展起着重要作用。

在这样的政策背景下，除了传统电商行业（如京东等）向跨境电商延伸外，国内传统企业也纷纷布局跨境电商。2015 年，跨境通斥巨资收购环球易购、前海帕拓逊、广州百伦、通拓科技出口跨境电商公司股权；2016 年 3 月，卓尔集团宣布收购兰亭集势 30% 的股权。2015 年，中国出口跨境电商企业融资金额规模超过 10 亿元，跨境电商平台的竞争将从商品逐渐向供应链和整体服务转移，竞争方式将逐步升级。对于出口跨境电商而言，更多的商品品类、海外仓、良好的售后服务等都将是竞争要素。由于俄罗斯、巴西、以色列、阿根廷等新兴市场国家和地区的电子商务迅猛发展，带来了更大的用户规模和购买力，人们对电商观念改变以及当地商品供应不足等，给中国企业带来了机遇。欧美等发达国家用户消费升级，由低价向品质延伸。中国出口跨境电商从低价开始，也逐步通过品牌化打造输出更多有品牌附加值的高质量产品。根据阿里研究院、DT 财经发布的《网上丝绸之路大数据报告》，东欧、西亚、东盟国家与中国跨境电商联系最为紧密；俄罗斯、乌克兰、以色列、白俄罗斯、波兰的中国购买力居前五；摩尔多瓦成为中国跨境电商渗透率最高的国家，这预示着摩尔多瓦跨境电商零售可能成为与国内一般贸易同等重要的贸易方式。从出口指数看，俄罗斯消费者的中国购买力最强。从进口指数看，2016 年泰国乳胶枕和床垫在天猫国际大卖近 28 万件，是受中国消费者青睐的商品；泰国成了"一带一路"沿线成交额最高的国家（阿里研究院、DT 财经，2017）。

（二）中国跨境 B2C 出口电商的发展

1. 中国出口跨境电商产业链

根据《2015 - 2016 年中国出口跨境电子商务发展报告》（中国"互联网 + 产业"智库、中国电子商务研究中心，2016），我国出口跨境电商已形成较为完整的产业链（如图 10 - 1 所示）。

中国出口跨境电商产业链图谱显示，目前出口跨境电商平台主要由以下几类构成。

B2B 类：阿里巴巴国际站、中国化工网（英文版）、环球资源、中国制造网、MFG. com、聚贸、易唐网、大龙网、敦煌网等。

B2C 类：全球速卖通、eBay、亚马逊、Wish、兰亭集势、DX、米兰网、环球易购、百事泰、傲基国际、执御、小笨鸟等。

第三方服务平台：一达通、思亿欧、易单网、世贸通、PayPal、中国银行、中国平安、中国邮政、UPS、TNT、顺丰、DHL、FedEx、递四方、出口易、四海商舟、大麦电商、华农百灵等。

随着我国跨境电子商务市场的日趋成熟，我国跨境电商平台经过模式探索，已经逐渐培育出了自身的竞争优势。综合平台凭借强大的电商品牌优势，在较短的时间内占据了一定的市场份额。自营型平台则借助精细化的运营模式更好实现对商品质量的把控，同时具有较好的品类适应能力，能够更好地满足消费者需求。跨境电商在快速增长的同时，对平台、物流、支付、通关等环节也提出了新的需求，"便利、快速、联动"成为关注的重点。我国的跨境电商先行先试从上海、杭州、宁波、重庆、郑州、广州、深圳 7 个城市展开，后续延展到 15 个城市。随着试点城市的全面铺开，海关陆续开展跨境电商贸易统计，而相关的配套政策也将更精准地服务企业，为其发展创造更好的政策环境。在这样的背景下，提供通关、跨境支付和物流等一站式服务，提供一定的供应链金融服务，基于已有的平台数据提供延伸服务，如产品在不同国家的差异化营销、对消费者的精准画像及衍生出对平台服务的新需求（开拓新板块、新地域等），将成为未来跨境电子商务平台的发展特征和策略。

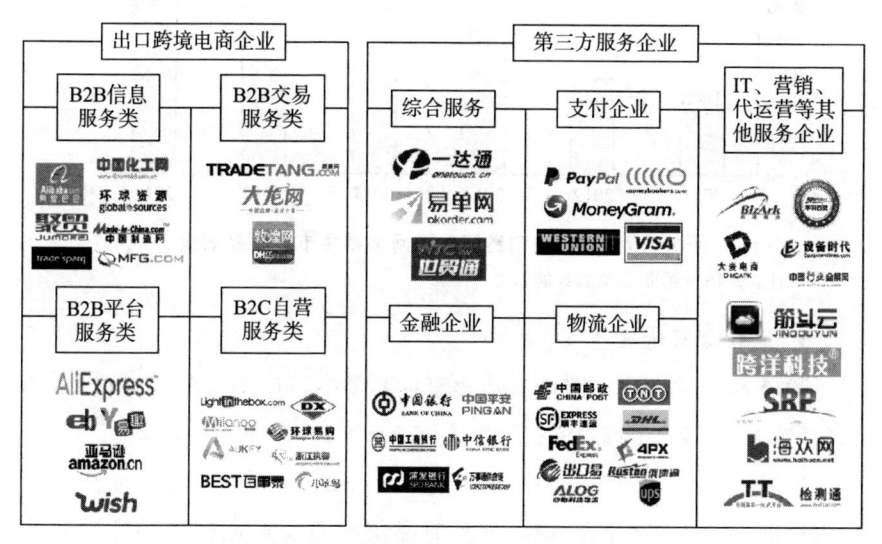

图 10－1　中国出口跨境电商产业链图谱

注：中国电子商务研究中心制图。

资料来源：www.100ec.cn。

2. 交易额

中国电子商务研究中心检测数据显示，2015 年，中国出口跨境电商交易规模达到 4.5 万亿元人民币，同比增长 26%。其中，B2B 市场交易规模为 3.78 万亿元人民币，同比增长 25%。出口 B2B 仍为主流模式，但以收取会员费及竞价排名费为主的信息服务型电商成长瓶颈已经凸显。同期，中国出口跨境电商网络零售市场交易规模为 0.77 万亿元人民币（见图 10-2）。出口 B2C 受客户群和体验的限制，占比较小，主要面向海外低端客户群，以 3C 电子产品、服装服饰为主，增速趋于平稳。行业面临竞争及成本瓶颈。出口 B2C 依托中国制造的成本优势向海外低端客户群体销售廉价商品，但商品同质化、低质倾销带来激烈的价格战和较高的营销成本。

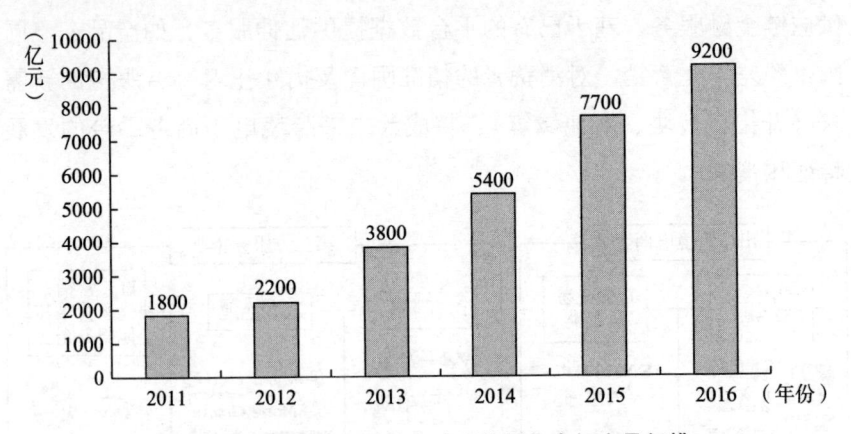

图 10-2 中国出口跨境电商网络零售市场交易规模

注：2016 年数据为预测数据。

3. 出口卖家情况

2015 年，中国出口跨境电商卖家主要集中在广东（24.7%）、浙江（16.5%）、江苏（12.4%）、福建（9.4%）、上海（7.1%）、北京（5.2%）、湖北（4.1%）、山东（3.3%）等地。虽然广东、浙江、江苏占据前三位，广东的跨境电商具有品类丰富、产业链完善等显著特征，但是长三角轻工业基础好，产业集群效应突出。应该看到的是，中西部地区正在快速发展，出口跨境电商向中西部转移是未来趋势。

4. 出口跨境电商卖家品类分布情况

2015 年，出口跨境电商卖家品类主要分布在：3C 电子产品（37.7%）、服装服饰（10.2%）、户外用品（7.5%）、健康与美容（7.4%）、珠宝首饰（6%）、家居园艺（4.7%）、鞋帽箱包（4.5%）、母婴玩具（3.6%）、汽车配件（3.1%）、灯光照明（2.8%）、安全监控（2.2%）、其他（10.3%）（如图10-3所示）。相对于传统的出口贸易，出口跨境电商产品品类更加丰富，出口地区更加分散。

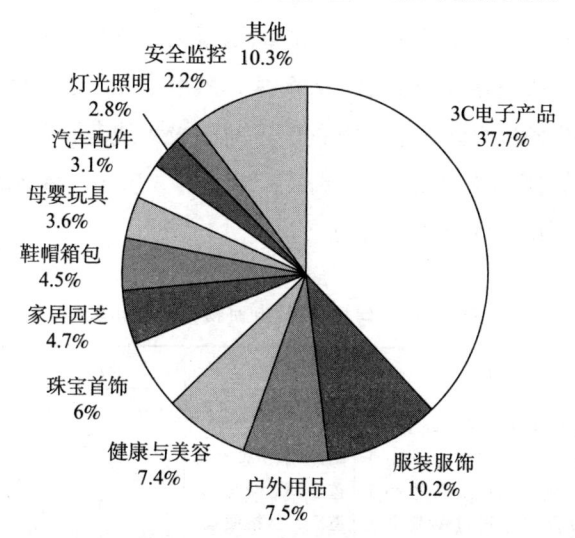

图 10-3 2015年中国出口跨境电商卖家品类分布

5. 出口电商目的地分布

2015年，中国出口跨境电商的主要目的地包括：美国（16.5%）、欧盟（15.8%）、东盟（11.4%）、日本（6.6%）、俄罗斯（4.2%）、韩国（3.5%）、巴西（2.2%）、印度（1.4%）、其他（38.4%）。

四 跨境物流和跨境支付

跨国 B2C 涉及环节非常多，不同国家的政策法律环境、商务环境、资本市场、社会和文化环境、语言环境、消费习惯、消费偏好、支付方式、物流模式、贸易壁垒、汇率制度、税收政策等都存在很大的差别，形成了复杂的跨国交易环境，使得经营成本构成复杂，经营风险加大（郭薇、朱瑞庭，2015）。跨境物流和跨境支付是比较突出的两个方面。

1. 跨境物流

目前，我国跨境 B2C 主要依赖邮政小包和国际快递，物流配送时间较长。例如，使用中邮小包或香港小包到俄罗斯和巴西等地，普遍的送达时间在 40~90 天，使用专线物流也需 16~35 天；还有一些跨境电商卖家不重视进口国监管制度，或目的国海关的贸易壁垒，导致海关扣货查验；再加上一些国家需要人力清关，效率很低。这些因素都导致了整个物流配送时间的延长。较长的配送时间极大地考验着海外消费者的耐心，也成为制约跨境 B2C 发展的重要因素。表 10-4 比较了不同跨境 B2C 电商物流方式的优劣势等。

表 10-4 跨境 B2C 电商物流方式比较

物流方式	特点	优势	劣势	运营商
邮政小包（中国）	指包裹重量在 2kg 以内，外包装长宽高之和小于 90 厘米，且最长边小于 60 厘米，通过邮政空邮服务寄往国外的小邮包	邮政网络基本覆盖全球，物流渠道广，价格便宜	一般以私人包裹方式出境，不便海关统计，无法享受正常的出口退税，速度较慢，丢包率高	中国邮政、香港邮政、新加坡邮政等
国际快递	国际快递企业的发展已十分规范，并进行多元化发展，对物流、信息流和资金流实现无缝衔接	速度快、服务好、丢包率低，发往欧美国家非常方便	价格昂贵，资费变化较大	UPS（美国）、FedEx（美国）、DHL（德国）、TNT（荷兰）
专线物流	一般通过航空包舱方式将货物运输到国外，再通过合作公司进行目的国国内派送	集中大批量货物发往目的地，物流成本低，价格比商业快递低，速度低于邮政小包，丢包率较低	运费比邮政小包高，国内揽收范围相对有限	美国专线、欧洲专线、澳大利亚专线、俄罗斯专线、中东专线、南美专线等
海外仓	由网络外贸交易平台、物流服务商独立或共同为卖家在销售目的地提供货品仓储、分拣、包装、派送的一站式控制与管理服务，或电商网站在海外独立建仓	用传统外贸方式走货到仓，物流成本低；本土销售、方便退换货、发货周期短、发货速度快，可帮助卖家拓展销售品类	适合库存周转快的热销商品，对卖家在供应链管理、库存管控、动销管理等方面的要求高；建设成本和运营成本很高	如 eBay 的美国仓、英国仓、德国仓等

续表

物流方式	特点	优势	劣势	运营商
国内快递的跨国业务	依托邮政渠道	速度快、费用低，EMS 在中国境内出关能力强	并非专注跨境业务，相对缺乏经验，海外市场覆盖有限	EMS、顺丰

另外，跨境物流的信息系统对接不畅。目前我国境内段的物流信息化程度很高，但境外段的信息系统与境内段的对接不畅，尤其是一些小语种国家和物流业不发达国家，这会导致包裹实时追踪难或无法追踪。同时，跨境 B2C 售后服务环节复杂，当发生消费争议时，由于语言障碍、法律差异、司法管辖以及跨境物流配送时间长、单件商品的反向物流成本高昂等问题，维权成本很高，跨境买家的退换货要求难以得到支持。再加上本身较长的物流配送时间，会在很大程度上影响海外购买者购物体验和购买信心。

2. 跨境支付

在跨境 B2C 中，境外的消费者可能来自全球多个国家，即使是对于全球范围内最流行的信用卡，也可能会面临消费者没有信用卡而无法付款，或出于安全的考虑不愿意使用信用卡支付的情况。此外，每个国家都有自己最流行的支付方式，如美国有 PayPal，中国有支付宝，新加坡有 eNETS，巴西有 Boleto，欧洲有 Sofortbanking，俄罗斯有 QiWi 和 WebMoney，荷兰有 iDeal，中东有 CashU 等。如果跨境 B2C 卖家要同时接入这么多的支付方式，就将直接导致运营成本增加。同时，跨境贸易中涉及的汇率问题长期以来也是各国货币结算中的棘手问题，汇率的频频波动吞噬了跨境电商企业的利润。

五 跨境 B2C 出口电商的渠道选择

和传统的实体零售相比，在线零售最大的区别在于其渠道选择的不同，这种差异在跨境 B2C 出口电商的渠道选择中更为复杂。以渠道建设主体为标志，跨境 B2C 出口电商的渠道可以分为独立网店和第三方电子商务交易平台两大类。

独立网店也可以称为 B2C 网络商店。B2C 独立网店是有自己的独立域名、店标、品牌，有自己独立网站设计外观和独立数据库的电子商务网站。相较于第三方交易平台，独立网店具有以下特点：独立网店拥有独立顶级域名和独立的空间，不依附或从属于任何平台，不存在对平台的依赖性和从属性，有利于自身品牌形象的建立和顾客忠诚度的稳定；独立网店拥有安全稳定的系统，便于后期维护；独立网店可以灵活自由地设置和增减网店里的信息，网店具有发布商品、在线下单、在线支付、设置礼品赠品等强大功能，网店可自行修改代码，有利于网店优化和推广；独立网店可以进行多方面、全渠道的网络市场拓展，扩大销售范围等。考虑到单个中小企业实力相对较弱，而自建交易平台的成本较高，使用效率更低，借助第三方交易平台来实现电子商务应该是更为有效的途径（孙婷，2011）。

第三方电子商务交易平台（以下简称第三方交易平台）是指，在电子商务活动中为交易双方或多方提供交易撮合及相关服务的信息网络系统总和。第三方独立于产品或服务的提供者和需求者，通过网络服务平台，按照特定的交易与服务规范，为买卖双方提供服务，服务内容可以包括但不限于"供求信息发布与搜索、交易的确立、支付、物流"。在第三方交易平台，买方主要关心成本节约和流程优化，而卖方看重拓展市场空间。第三方交易平台在电子商务服务业发展中具有举足轻重的作用，不仅沟通了买卖双方的网上交易渠道，大幅度降低了交易成本，也开辟了电子商务服务业的一个新的领域。

第三方交易平台具有以下特征。

（1）独立性：第三方交易平台既不是买家也不是卖家，而是作为交易的平台，像实体买卖中的交易市场。

（2）依托网络：第三方交易平台是随着电子商务的发展而出现的，和电子商务一样，它必须依托网络才能发挥作用。

（3）专业化：作为服务平台，第三方交易平台需要更加专业的技

第十章 网上丝绸之路建设

术，包括对订单管理、支付安全、物流管理等能够为买卖双方提供安全便捷的服务。

第三方交易平台具有浏览量有保障、电子商务交易体系完善、门槛低等优势，适合中小企业发展电子商务（周江，2010）。通过对第三方交易平台的利用，可以解决中小企业资金短缺的问题，可以拓宽其融资渠道，使中小企业突破时空限制，大大降低运营成本和减少运营时间，提高资金使用效率，延伸销售渠道等（金文超，2011）。

在我们的企业问卷调查中，在现阶段我国零售业国际化的过程中，相对于赴海外开设实体店，51.5%的被访者认为跨境 B2C（出口）（在线零售）更具优势和竞争力。在选择跨境 B2C（出口）的途径时，只有3%选择了独立网店，77.7%选择了国内外第三方交易平台，而16.5%选择了独立网店和国内外第三方交易平台并举的形式（如图 10-4 所示）。

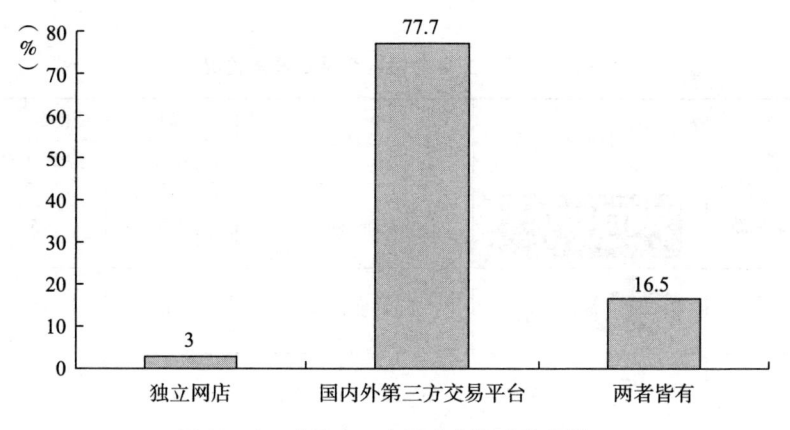

图 10-4 跨境出口电子商务渠道选择情况

而在关于第三方交易平台选择时，人们更青睐于国际上有影响力的第三方交易平台（如图 10-5 所示）。

可以看出，在"一带一路"背景下，大多数企业还是会选择通过第三方交易平台走出国门。原因在于，第三方交易平台为企业搭建了最有效率的一条路，有一套较为完整的跨境电商解决方案，能为企业解决全

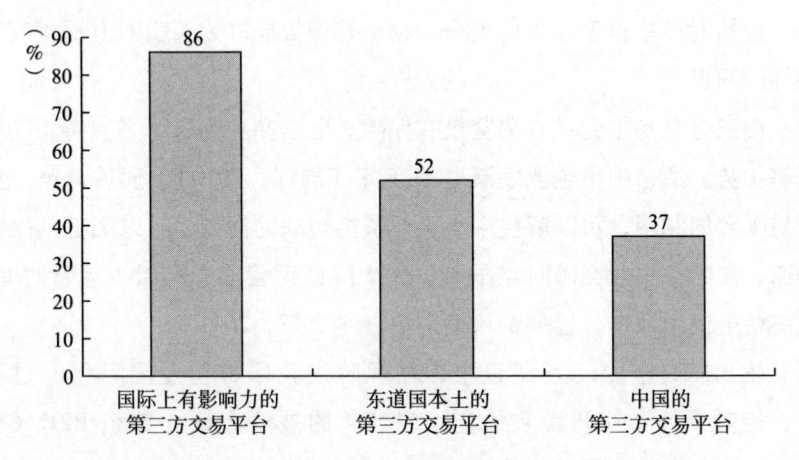

图 10-5 第三方交易平台选择情况分布（多选）

球的零售标准、关税、物流、支付、市场等问题，并为企业带来消费者流量。对于我国的电子商务企业来说，目前在线运营的主要跨境电商平台基本情况见表 10-5。对这些跨境电商平台的对比分析见表 10-6。

表 10-5 主要跨境电商平台基本情况

平台名称	LOGO	网址	2017 年 6 月排名 全球排名	访客排名
亚马逊	amazon	www.amazon.com	12	15
eBay	ebay	www.ebay.com	36	57
全球速卖通	AliExpress	www.aliexpress.com	45	65
Wish	wish	www.wish.com	717	898
敦煌网	DHgate.com	www.dhgate.com	1185	1572

资料来源：http://www.alexa.cn。

第十章 网上丝绸之路建设

表10-6 主要跨境B2C（出口）平台比较

	亚马逊	eBay	全球速卖通	Wish	敦煌网
注册主体	企业卖家和个人卖家	企业卖家和个人卖家	仅限企业卖家注册，无上传数量限制	企业卖家和个人卖家	无限制，可以个人卖家注册
国际站点	美国、加拿大、英国、德国、意大利、西班牙、日本、巴西、中国、印度、墨西哥、澳大利亚、荷兰	中国香港、美国、法国、德国、澳大利亚、阿根廷、爱尔兰、奥地利、巴西、比利时、波兰、菲律宾、韩国、荷兰、加拿大、土耳其、印度、墨西哥、瑞典、瑞士、中国台湾、西班牙、新加坡、意大利、马来西亚等	俄罗斯、巴西、以色列、西班牙、白俄罗斯、美国、加拿大、乌克兰、法国、捷克、英国	起源于美国，主要市场集中在北美国家	—
目标客户	北美、欧洲、日本	北美、欧洲、日本	以俄罗斯、巴西、印度、东欧等发展中国家为主	北美、欧洲、澳大利亚，18~30岁	欧美发达国家
选品类	全品类	电子产品、时尚类、家居园艺、汽配、收藏品	服装鞋包、母婴用品、家居、电子产品、户外用品、汽配，以零售为主	服装鞋包、饰品、母婴、户外、家居等。97%的订单来自移动端，产品大部分从中国发货	婚纱礼服、假发、时尚配件、电子产品等，以小额批发为主
特点	面向高收入、高学历高端人群，重产品、重品牌，使用FBA	面向发达国家中低收入人群，重店铺	面向发展中国家中低收入客户群体，价格低廉	面向中高收入人群，采集用户行为，精准推送产品	价格低廉，进入门槛最低，"成功付费"的运营模式

267

续表

	亚马逊	eBay	全球速卖通	Wish	敦煌网
平台费用	个人卖家：月租金为0。单件销售费用：0.99美元。销售佣金：8%~15%。交易手续费（媒体类商品）：1.2~11.5元。专业卖家：月租金为215~295美元。单件销售费用为0	以美国站为例：月租费：15.95~299.95美元。刊登费：0.1~2.0美元。成交费率：4%~14%	年费为3000~50000元，大多数商品类目年费为5000元，平台销售佣金：5%	免费注册，以收取成交额的佣金率为主（15%）	无年费，平台销售佣金：200美元以下为10%~14%，200美元以上为4.5%
平台规则	严格	较严格	禁卖规则较为严厉，买卖双方相对公平	一般严格	平台规则有利于买家，一旦拒付，会从PayPal账户中强行扣款
物流体系	小包类物流、国际快递类物流、专线类物流、海外仓物流（FBA，4PX，出口易等）	小包物流、专线物流等	大多数卖家选择专线邮政小包	邮政平邮和挂号可配送至全球69个国家和地区	国际e邮宝、DHLink仓库、专线快递
支付工具	信用卡（双币，Visa卡）	信用卡	企业支付宝账户、开通国际支付宝（Escrow）账户	Payoneer、PayPal、Bill、易联（PayEco）	由买方PayPal账户结算至敦煌网虚拟账户

总之，跨境电商作为外贸新业态，为"一带一路"沿线国家的经济发展提供了新的动力。随着"一带一路"沿线国家的跨境电商政策逐渐放开，经济增长带来的可支配收入逐步增加、移动互联网发展带来的互联网普及率提高以及支付、物流等配套服务设施进一步完善，跨境电子商务将得到快速发展。

第二节　跨境 B2C 第三方交易平台评价

根据前面的分析和讨论，对于大多数的中国中小电子商务企业来说，选择合适的第三方交易平台不失为既便捷又经济的渠道，可用于开拓"一带一路"沿线国家和地区的终端消费者。但是，对跨境 B2C（出口）第三方交易平台的评价是一个多维结构的复杂体系，如何选择合适的平台是摆在企业面前的一个问题（郭薇，2018）。为此，需要构建相关维度，并加以验证，来检验其平台选择的科学性和合理性。

一　第三方交易平台评价指标体系

为了对第三方交易平台进行全面的评估，我们首先按照全面性、科学性、层次性、可操作性等原则，遵循理论分析、指标初选、指标优化与完善、指标质量的评价等过程，从信度和效度两个方面对评价指标进行质量检验，筛选出第三方交易平台评价指标体系。在这里，我们根据文献研究，以目前使用较多、知名度较高的业已介绍的跨境电商 B2C（出口）交易平台为例，包括亚马逊、eBay、速卖通、Wish、敦煌网等，用观察法了解几个平台的功能、服务特点等，归纳得出相关指标（见表 10-7）。

表 10-7 初选指标

一级指标	二级指标	三级指标	指标解释
企业对平台满意度	平台特点（15项）	平台信用保证	以书面形式发布的有关信用保证的数量和质量为定性指标
		第三方信用认证	由第三方认证机构经过信誉评估之后授予的，并以一定标识展示在商家的网站上，以其数目衡量
		平台归属	平台站点在国内还是国外
		平台网络可见度	以被当地主要搜索引擎收录的网页数量衡量，可通过 Alexa 网站获取
		用户转化率	某一购物环节的用户数量占网站总访问用户数量的比重
		平台年促销活动数	平台一年内举办的大型促销活动数量
		平台流量	以网站月均流量和相应产品频道访问比例的乘积表示，可通过 Alexa 网站获取
		平台的注册用户数量	平台总注册用户数
		平台客户黏度	以产品频道人均页面浏览量衡量，可通过 Alexa 网站获取
		平台经营的产品品类数量	平台经营所涉及的产品大类
		订单转化率	成交用户实际成交的订单数量与用户在网站上下订单的数量之间的比值
		平台市场占有率	平台在销售目的地的市场占有率
		平台的销售增长率	销售增长率＝本年销售增长额÷上年销售总额
		平台的用户增长率	用户增长率＝本年度用户增加数÷上年度用户总数
		企业产品品类的销售增长率	企业产品所属的品类销售增长情况
	平台服务（6项）	团队服务	如为卖家提供入驻、选品、运营、物流对接等培训服务
		自主学习服务	是否方便企业自主学习平台使用、了解政策等
		提供跨境配送方式的数量	如海外仓、邮政小包、国际快递、专线物流等
		物流本地化程度	是否为当地人所接受

续表

一级指标	二级指标	三级指标	指标解释
企业对平台满意度	平台服务（6项）	提供跨境支付方式的数量	提供多少种支付方式
		支付方式本地化程度	是否涵盖当地人习惯的支付方式
	平台合作难度（2项）	平台政策严苛度	包括入驻条件、店铺布置要求、活动参与要求等
		店铺活动自由度	平台规则越多，店铺的自由度就越小
	系统质量（4项）	平台安全性	包括系统安全、交易安全、个人隐私保护等
		使用便捷性	平台响应用户服务请求的准确性和安全性，平台的良好链接比例
		资金回转效率	平台收到买家付款到返还卖家的时间效率，效率越高，对卖家越有利
		平台数据分析质量	平台提供的数据分析报告的质量水平，是否有助于企业选品、营销、竞争、改善服务等
	平台资源（3项）	提供国家站点的数量	考察在多少国家设立独立域名网站
		提供语言服务的数量	考察平台有多少语言版本
		网上信用贷款支持	考察平台提供的网上信贷服务的种类、额度、获取条件等
	开店成本（5项）	平台进驻成本	企业入驻平台时需提交的保证金、月租费等
		平台年服务费	平台为企业提供的功能的年服务费
		交易佣金	每笔交易扣点
		平台店铺维护成本	包括各种人员成本、管理成本等
		平台店铺活动成本	各类营销及推广活动费用

本书测试条目在 35 个左右，按照文献的建议和做法，预期以 210 份有效问卷进行分析，考虑到回收率和有效率，实际发放问卷数量为 250 份。

我们在 2017 年 8~10 月，以电话方式联系电商企业，采用网络问卷填写方式，填写对象为直接从事电商领域的管理人员、工作人员，请他们根据"某指标对于卖家选择某跨境 B2C（出口）平台的重要性程度"打分。电话邀约中小电商企业 197 家，它们主要分布于北京、上海、深圳、广东、浙江、福建、江苏、重庆等地。

在3个月的时间内,我们共收到239份反馈问卷,经整理,得到有效问卷229份,有效问卷比例达到95.8%。问卷作答者信息见表10-8、表10-9、表10-10、图10-6和图10-7。

表10-8 问卷作答者岗位情况

单位:份,%

选项	回复情况	比例
采购	24	10.48
营销	38	16.59
客户服务	58	25.33
技术	2	0.87
公司管理层	24	10.48
财务	28	12.23
仓储物流	24	10.48
其他	31	13.54
合计	229	100

表10-9 作答者职务级别

单位:份,%

选项	回复情况	比例
一线员工	91	39.74
中层管理者	102	44.54
高层管理者	28	12.23
基层管理者	8	3.49
合计	229	100

表10-10 作答者电商和跨境电商从业时间

单位:份,%

选项	电商从业时间		跨境电商从业时间	
	回复情况	比例	回复情况	比例
1年以内	36	15.72	49	21.40

续表

选项	电商从业时间 回复情况	比例	跨境电商从业时间 回复情况	比例
1~3年	65	28.38	63	27.51
3~5年	89	38.86	58	25.33
5年以上	39	17.03	30	13.10
无	0	0.00	29	12.66
回答人数	229	100	229	100

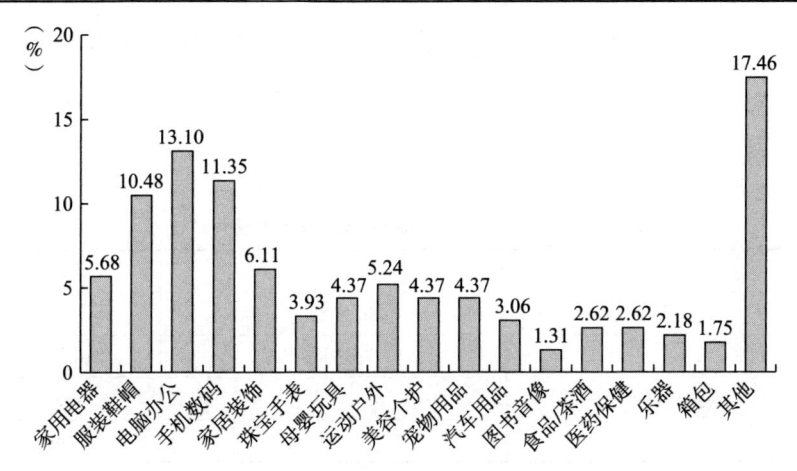

图 10-6 受访企业经营品类分布

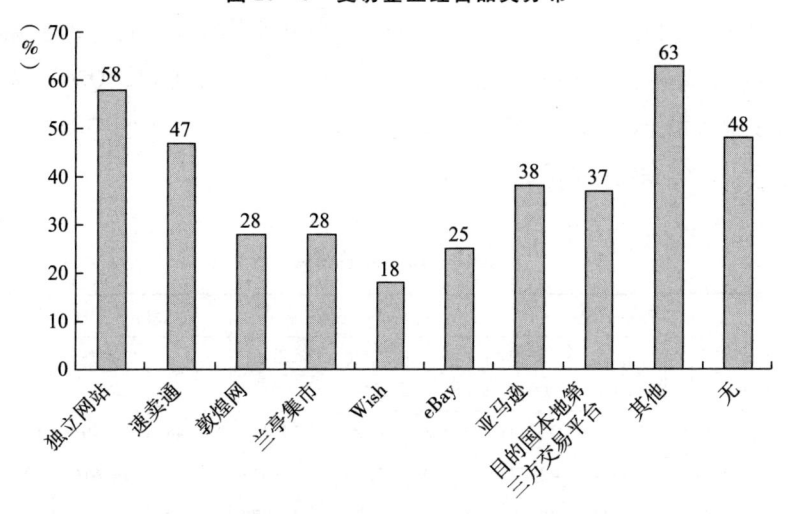

图 10-7 已使用的跨境 B2C（出口）交易平台情况

二 第三方交易平台评价的检验

(一) 指标优化

我们使用 SPSS19 中的"箱图",对 229 份样本值进行描绘,识别其中是否存在异常值。在剔除存在异常值的 23 个样本之后,剩余 206 份有效样本。

将 206 份有效数据随机分成两组,两组样本各包括 103 份数据。样本被用来进行探索性因子分析。首先计算 KMO 值和进行 Bartlett 球形度检验,结果显示 KMO 值为 0.904,显著性概率为 0.000,表明适合进行因子分析(见表 10-11)。

表 10-11 KMO 和 Bartlett 检验

指标		结果
取样足够度的 Kaiser-Meyer-Olkin 度量		0.904
Bartlett 球形度检验	近似卡方	2661.170
	df	435
	Sig.	0.000

应用最大方差法旋转进行因子分析,以 0.5 的因子载荷标准删除指标,经过 3 轮因子分析,删除了 Q8、Q11、Q12、Q13、Q26、Q28、Q29 共 7 个指标。剩余指标中,强行萃取 5 个因子,5 个因子共解释变异方差的 59.149% (见表 10-12)。

表 10-12 方差解释

成分	初始特征值			提取平方和载入			旋转平方和载入		
	合计	方差(%)	累积(%)	合计	方差(%)	累积(%)	合计	方差(%)	累积(%)
1	7.928	34.471	34.471	7.928	34.471	34.471	3.544	15.408	15.408
2	1.740	7.564	42.035	1.740	7.564	42.035	3.362	14.616	30.024
3	1.551	6.744	48.779	1.551	6.744	48.779	3.108	13.514	43.538

续表

成分	初始特征值			提取平方和载入			旋转平方和载入		
	合计	方差(%)	累积(%)	合计	方差(%)	累积(%)	合计	方差(%)	累积(%)
4	1.330	5.781	54.560	1.330	5.781	54.560	1.856	8.070	51.508
5	1.055	4.589	59.149	1.055	4.589	59.149	1.734	7.541	59.149

探索性因子分析结果见表 10-13。

表 10-13 探索性因子分析结果

序号	因子名称	指标名称及编码	因子载荷
1		平台归属（PC1）	0.697
2		第三方信用认证（PC2）	0.684
3		平台客户黏度（PC3）	0.634
4	平台特点（PC） Platform Characteristics	平台信用保证（PC4）	0.621
5		平台网络可见度（PC5）	0.595
6		用户转化率（PC6）	0.589
7		平台年促销活动数（PC7）	0.563
8		物流本地化程度（PS1）	0.757
9		提供跨境支付方式的数量（PS2）	0.698
10	平台服务（PS） Platform Service	提供跨境配送方式的数量（PS3）	0.686
11		支付方式本地化程度（PS4）	0.678
12		卖家培训服务（PS5）	0.585
13		资金回转效率（PS6）	0.517
14		平台数据分析质量（SQ1）	0.700
15	系统质量（SQ） System Quality	交易可靠性（SQ2）	0.685
16		平台界面设计（SQ3）	0.633
17		平台安全性（SQ4）	0.566
18		交易佣金（SC1）	0.780
19	开店成本（SC） Shop Costs	平台年服务费（SC2）	0.753
20		平台店铺维护成本（SC3）	0.539

续表

序号	因子名称	指标名称及编码	因子载荷
21	平台资源（PR）Platform Resources	网上信用贷款支持（PR1）	0.792
22		提供国家站点的数量（PR2）	0.593
23		提供语言服务的数量（PR3）	0.558

第一个因素共有 7 个题项，该因素的特征值为 7.928，经最大旋转后，解释 34.471% 的变异量，因子载荷范围为 0.563~0.697，包括平台信用保证、第三方信用认证、平台归属、平台网络可见度、平台客户黏度、平台年促销活动数、用户转化率共 7 个指标，因此命名为平台特点。

第二个因素共有 6 个题项，该因素的特征值为 1.740，经最大旋转后，解释 7.564% 的变异量，因子载荷范围为 0.517~0.757，包括资金回转效率、卖家培训服务、提供跨境配送方式的数量、物流本地化程度、提供跨境支付方式的数量、支付方式本地化程度共 6 个指标，因此命名为平台服务。

第三个因素共有 4 个题项，该因素的特征值为 1.551，经最大旋转后，解释 6.744% 的变异量，因子载荷范围为 0.566~0.700，包括交易可靠性、平台安全性、平台界面设计、平台数据分析质量共 4 个指标，因此命名为系统质量。

第四个因素共有 3 个题项，该因素的特征值为 1.330，经最大旋转后，解释 5.781% 的变异量，因子载荷范围为 0.539~0.780，包括平台年服务费、平台店铺维护成本、交易佣金共 3 个指标，因此命名为开店成本。

第五个因素共有 3 个题项，该因素的特征值为 1.059，经最大旋转后，解释 4.589% 的变异量，因子载荷范围为 0.558~0.792，包括提供国家站点的数量、提供语言服务的数量、网上信用贷款支持共 3 个指标，因此命名为平台资源。

（二）信度、效度检验

使用 SPSS19，通过计算 Crobach's α 系数对表 10-13 中的指标做信度检验。检验结果见表10-14。计算结果表明5个维度的Crobach's α系数分别为0.818、0.838、0.774、0.696、0.670,均大于0.6。总问卷信度达到0.911。

表 10-14 Crobach's α 系数

测量变量	Crobach's α 系数	项数	总体 Crobach's α 系数
平台特点	0.818	7	0.911
平台服务	0.838	6	
系统质量	0.774	4	
开店成本	0.696	3	
平台资源	0.670	3	

由于Crobach's α系数受量表长度的影响较大,并且本问卷分量表有23个项目,出于严谨考虑,我们对测量量表项目间的相关矩阵系数,进行了分析。5个维度中的相关系数最大值分别为0.514、0.552、0.505、0.460、0.468,均未超过0.6,说明各变量测量项目间均不存在多重线性关系。

综上所述,各量表及量表下的指标设置较为合理。

这里我们使用另外103份数据来进一步进行效度检验。具体检验步骤如下。

(1) 对测量跨境B2C(出口)第三方交易平台评价因素23个指标计算 *KMO* 值和Bartlett球形度检验,得到 *KMO* 值为0.891 > 0.5,且Sig. = 0.000(见表10-15)。Bartlett球形度检验达到显著性水平,适合做因子分析。

表 10-15 KMO 和 Bartlett 检验

指标	结果
取样足够度的 Kaiser-Meyer-Olkin 度量	0.891

续表

指标		结果
Bartlett 球形度检验	近似卡方	1887.094
	df	253
	Sig.	0.000

（2）对问卷数据进行因子分析。采用主成分分析法，取特征值大于1的公共因子，进行正交旋转，得到特征值与方差贡献表旋转后的因子载荷矩阵（见表10-16）。可以看出，前5个因子的特征值均大于1，且方差贡献率为59.149%，可以解释原变量的大部分信息。所有测量变量的因子载荷都大于0.5，说明问卷整体具有较好的效度。

表10-16 解释的总方差

成分	初始特征值			提取平方和载入			旋转平方和载入		
	合计	方差(%)	累积(%)	合计	方差(%)	累积(%)	合计	方差(%)	累积(%)
1	7.928	34.471	34.471	7.928	34.471	34.471	5-544	15.408	15.408
2	1.740	7.564	42.035	1.740	7.564	42.035	5-362	14.616	30.024
3	1.551	6.744	48.779	1.551	6.744	48.779	5-108	15-514	45-538
4	1.330	5.781	54.560	1.330	5.781	54.560	1.856	8.070	51.608
5	1.055	4.589	59.149	1.055	4.589	59.149	1.734	7.541	59.149

（三）高阶验证性因子分析

结合前面的效度检验方法，我们使用另外的103份数据，进行结构方程建模，借助AMOS软件工具，构建跨境B2C（出口）第三方交易平台选择评价模型。我们利用AMOS20.0对问卷调查数据进行一阶验证性因素分析，再采用高阶因子分析方法确定各个指标的权重。最后利用结构方程进行验证性因子分析。我们在经过一阶模型的验证、模型优化的基础上，引入一个满意度二阶因子，模型中包括5个一阶潜变量和23个测量变量，再经模型计算，二阶验证性因子分析标准化估计值模型如图 10-8 所示。

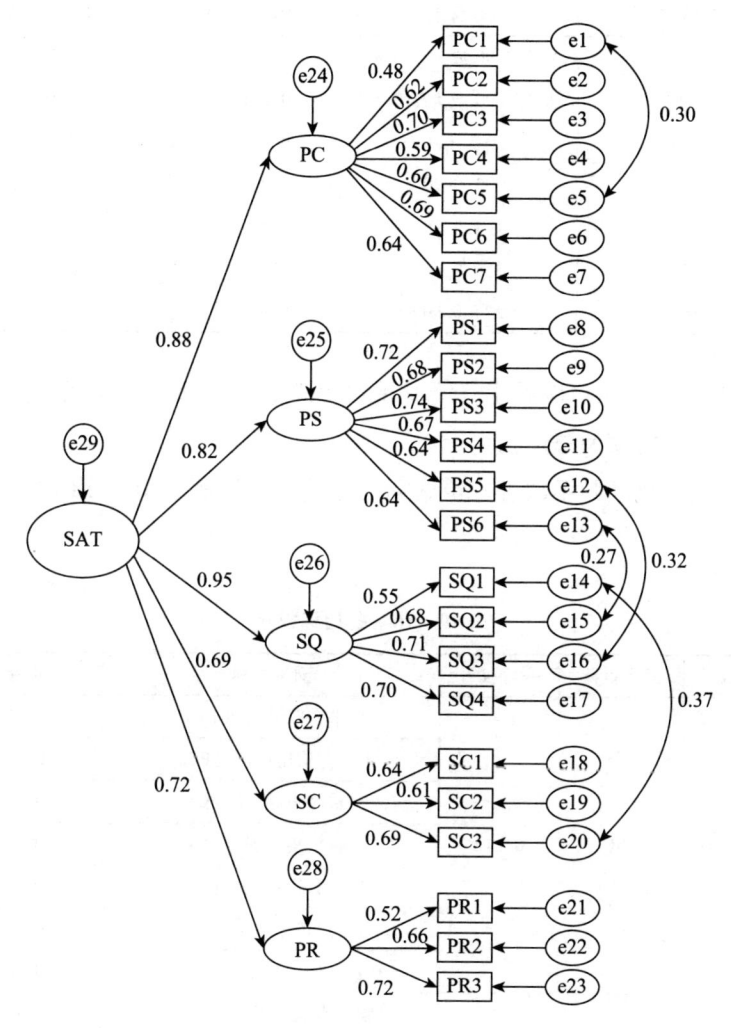

图 10-8 二阶验证性因子分析标准化估计值模型

基于 SEM 的二阶 CFA 模型拟合度分析见表 10-17。

表 10-17 基于 SEM 的二阶 CFA 模型拟合度分析

拟合度统计指标	判定标准	模型修正结果	是否符合标准
χ^2/df	小于 3	1.657	符合

续表

拟合度统计指标	判定标准	模型修正结果	是否符合标准
GFI	大于0.90或大于0.8	0.872	符合
AGFI	大于0.90或大于0.8	0.841	符合
RMSEA	小于等于0.1	0.057	符合
CFI	大于0.90	0.915	符合
NFI	大于0.90	0.814	基本符合
TLI	大于0.90	0.903	符合
IFI	大于0.90	0.917	符合

从表10-17可以看出，所有指数都满足判定标准，模型拟合程度较好，建立的模型总体上可行。

对标准化回归系数进一步做标准化处理，得到表10-18的标准化权重。

表10-18 各指标权重

一阶因子	因子负荷	一阶权重	测量指标	二阶指标权重
平台特点	0.857	0.212	平台归属（PC1）	0.11
			第三方信用认证（PC2）	0.14
			平台客户黏度（PC3）	0.16
			平台信用保证（PC4）	0.14
			平台网络可见度（PC5）	0.14
			用户转化率（PC6）	0.16
			平台年促销活动数（PC7）	0.15
平台服务	0.816	0.202	物流本地化程度（PS1）	0.18
			提供跨境支付方式的数量（PS2）	0.16
			提供跨境配送方式的数量（PS3）	0.18
			支付方式本地化程度（PS4）	0.16
			卖家培训服务（PS5）	0.16
			资金回转效率（PS6）	0.16

续表

一阶因子	因子负荷	一阶权重	测量指标	二阶指标权重
系统质量	0.945	0.234	平台数据分析质量（SQ1）	0.21
			交易可靠性（SQ2）	0.26
			平台界面设计（SQ3）	0.27
			平台安全性（SQ4）	0.26
开店成本	0.693	0.172	交易佣金（SC1）	0.33
			平台年服务费（SC2）	0.32
			平台店铺维护成本（SC3）	0.35
平台资源	0.722	0.179	网上信用贷款支持（PR1）	0.27
			提供国家站点的数量（PR2）	0.35
			提供语言服务的数量（PR3）	0.38

修正后结构方程标准回归模型的数据显示，增加 1 单位的企业对平台满意度，就可以增加 0.87 单元的平台特点。按照结构方程中的直接效果，对平台特点的二级变量的大小进行计算：

平台归属 = 二级指标路径系数 × 对应的一级指标路径系数 + 残差

$$= 0.48 \times 0.87 + e24 = 0.42 \text{ 单位的满意度} + 0.063$$

依次计算，得到表 10-19。

表 10-19　各指标综合路径系数

一级指标	一级指标路径系数	一级指标排名	二级指标	二级指标路径系数	指标综合路径系数	指标路径综合排名
平台特点	0.87	2	平台归属（PC1）	0.48	0.42	22
			第三方信用认证（PC2）	0.62	0.54	13
			平台客户黏度（PC3）	0.70	0.61	6
			平台信用保证（PC4）	0.59	0.51	16
			平台网络可见度（PC5）	0.59	0.51	16
			用户转化率（PC6）	0.70	0.61	5
			平台年促销活动数（PC7）	0.63	0.55	11

续表

一级指标	一级指标路径系数	一级指标排名	二级指标	二级指标路径系数	指标综合路径系数	指标路径综合排名
平台服务	0.83	3	物流本地化程度（PS1）	0.71	0.59	7
			提供跨境支付方式的数量（PS2）	0.67	0.56	10
			提供跨境配送方式的数量（PS3）	0.75	0.62	4
			支付方式本地化程度（PS4）	0.68	0.56	9
			卖家培训服务（PS5）	0.66	0.55	12
			资金回转效率（PS6）	0.64	0.53	14
系统质量	0.96	1	平台数据分析质量（SQ1）	0.55	0.53	15
			交易可靠性（SQ2）	0.69	0.66	3
			平台界面设计（SQ3）	0.71	0.68	1
			平台安全性（SQ4）	0.70	0.67	2
开店成本	0.69	5	交易佣金（SC1）	0.64	0.44	20
			平台年服务费（SC2）	0.61	0.42	21
			平台店铺维护成本（SC3）	0.69	0.48	18
平台资源	0.72	4	网上信用贷款支持（PR1）	0.47	0.34	23
			提供国家站点的数量（PR2）	0.62	0.45	19
			提供语言服务的数量（PR3）	0.80	0.58	8

（四）假设检验

模型中的数据以及模型修正后的拟合程度显示，设立的5个假设检验处于支持状态，2个假设检验处于不支持状态。结合所调查的数据有很好的信度和效度，说明最终模型修正后的结构具有较高的可靠性和有效性。各假设检验的结果如表10-20所示。

表10-20 假设检验

标号	研究假设	结果
H1	平台特点对企业满意度有显著的正向影响	支持
H2	平台服务对企业满意度有显著的正向影响	支持
H3	系统质量对企业满意度有显著的正向影响	支持

续表

标号	研究假设	结果
H4	平台资源对企业满意度有显著的正向影响	支持
H5	平台合作难度对企业满意度有显著的负向影响	不支持
H6	开店成本对企业满意度有显著的正向影响	支持
H7	店铺功能对企业满意度有显著的正向影响	不支持

三 研究结论

1. 系统质量对企业第三方交易平台选择的影响

查看模型运算结果显示，系统质量对跨境 B2C（出口）第三方交易平台评价一级指标的路径系数为 0.96，排名第一。这表示系统质量在企业选择跨境 B2C（出口）第三方交易平台时的影响最大。在评价指标中，系统质量是指平台系统为企业客户提供的功能保障能力，是一个硬性指标，显示出平台系统质量对企业评价选择的重要性。

在系统质量一级指标中，采用了四个二级指标进行测量，这些二级指标影响力从大到小排序，依次是平台界面设计（0.71）、平台安全性（0.70）、交易可靠性（0.69）、平台数据分析质量（0.55）。在二级指标的综合标准路径系数排名中分列第 1、第 2、第 3 和第 15。可见在系统质量中，平台界面设计在很大程度上决定了企业对第三方交易平台的选择可能性。因为平台界面设计是最直观展示给消费者的，界面的美观程度和体验效果对消费者的停留时间、购买决策等会产生直接影响，而消费者的喜好会在很大程度上影响企业的选择。平台安全性在系统质量中的影响力排名第 2，这也说明网络平台的安全性至关重要。平台安全性包括交易平台的系统安全性、交易数据的安全性、网上支付的安全性、隐私信息的保护等。这个指标不仅对企业有影响，也对企业的目标客户的选择产生影响。交易可靠性排名第 3，要求平台不仅交易是安全的，而且交易是可行的、高效的和可靠的，这反映了企业网络交易的诉求。平台数据分析质量排名第 4，但也非常重要，因为越来越多的交易前、中、后期的策略和服务依赖大数据的分析，尤其是面向不太容易接触到的国外市场和瞬息万变的需求，数据可能比经验更有说服力。

2. 平台特点对企业第三方交易平台选择的影响

根据模型运算结果，平台特点对跨境B2C（出口）第三方交易平台评价一级指标的路径系数为0.87，排名第2，表明平台特点在企业选择跨境B2C（出口）第三方交易平台时的影响仅次于系统质量。

在评价指标中，平台特点是一个综合性指标，主要包含7个指标（按照影响力大小排序），分别是：用户转化率（0.70）、平台客户黏度（0.70）、平台年促销活动数（0.63）、第三方信用认证（0.62）、平台信用保证（0.59）、平台网络可见度（0.59）、平台归属（0.48）。这表明在平台特点中，用户转化率和平台客户黏度的影响作用较大，首先在二级指标的综合路径系数排名中分列第5和第6；其次是平台年促销活动数，在二级指标的综合路径系数排名是第11，第三方信用认证在二级指标的综合路径系数排名是第13；再次是平台信用保证和平台网络可见度，在二级指标的综合路径系数中分列第16；最后是平台归属，在二级指标的综合路径系数排名是第22。

由于国外市场的物理距离较远，或障碍较大，企业对第三方交易平台的依赖性较高，消费者对平台的认可度、平台自身的营销能力和平台的信用保证都成为企业选择平台的重要依据。虽然平台归属排名较为靠后，但也显示出企业对平台选择的影响。根据调查，企业往往对国际知名平台和消费者往往对当地平台较为青睐。

3. 平台服务对企业第三方交易平台选择的影响

根据模型运算结果，平台服务对跨境B2C（出口）第三方交易平台评价一级指标的路径系数为0.83，排名第3，也较为重要。该一级指标反映了平台为企业提供的物流、支付及其他服务方面的能力。

平台服务包含6个二级指标，按照影响力从大到小排序，依次是提供跨境配送方式的数量（0.75）、物流本地化程度（0.71）、支付方式本地化程度（0.68）、提供跨境支付方式的数量（0.67）、卖家培训服务（0.66）、资金回转效率（0.64），分别在二级指标的综合路径系数中的排名为第4、第7、第9、第10、第12和第14，排名整体较为靠前。跨境支付和跨境物流本身就是跨境B2C的两个重要方面和难点。跨境支付方式众多，虽然PayPal等支付方式使用较多，但也有很多消费者较为偏好当地支付方式，如英国的WorldPay、加拿大的AlertPay、澳大利亚的eWAY等。首先，跨境B2C的物流方式主要有邮政小包、国际快递、专线物流、海外仓等，各有各的优劣，较多的物流方式有利于企业根据自身条件进行选择。其次，平台对卖家的培训服务也很重要，平台的服务越好越周到越及时，企业往往对平台的黏性就越大。最后，资金回转效率也是一个较为重要的指标，资金回转效率越低，对企业流动资金的影响越大。

4. 平台资源对企业第三方交易平台选择的影响

根据模型运算结果，平台资源对跨境B2C（出口）第三方交易平台评价一级指标的路径系数为0.72，排名第4，影响力略小。

平台资源包含3个二级指标，按照影响力从大到小排序，依次为提供语言服务的数量（0.80）、提供国家站点的数量（0.62）和网上信用贷款支持（0.47），分别在二级指标的综合路径系数中的排名为第8、第19和第23。世界各国语言千差万别，虽然英语在世界上较为通用，但各国母语在本土的使用仍然最为普遍。提供语言服务的数量在综合路径系数的排名较为靠前，说明语言仍然是企业提供跨境B2C业务的一个重要障碍，而平台在这方面的资源广泛程度对企业的选择产生较大影响。提供国家站点的数量和网上信用贷款支持对企业选择平台的影响较小。

5. 开店成本对企业第三方交易平台选择的影响

根据模型运算结果，开店成本对跨境B2C（出口）第三方交易平台评价一级指标的路径系数为0.69，排名第5，影响力最小。

开店成本包含3个二级指标，按照影响力从大到小排序，依次为平台店铺维护成本（0.69）、交易佣金（0.64）、平台年服务费（0.61），分别在二级指标的综合路径系数中的排名为第18、第20和第21。这表明，在开店成本中，平台店铺维护成本影响最大。平店店铺维护成本包括各种宣传成本、推广成本、人工成本、采购成本、仓储成本等，所需花费不少，且随着竞争的加剧，该成本还在不断上升。交易佣金和平台年服务费相对固定，且各个平台的差异不大，对企业选择平台的影响较小。

第三节 相关政策建议

综合以上研究结论，我们已经可以为电子商务企业选择第三方交易平台提出一些政策建议。同时，为了保证第三方交易平台建设更为有效，更具针对性，我们也对第三方交易平台提供者提出若干建议，以供其改进平台之用。除此之外，正如本章研究结论所提示的，无论是自建独立网站，还是利用第三方交易平台，对于从事跨境B2C出口的中国电子商务企业来说，"一带一路"市场的开拓都有赖于东道国良好的市场环境，就这点而言，加强中国与"一带一路"沿线国家电子商务议题的政策沟通和商贸对话同样不可或缺。

一 中小企业选择跨境B2C（出口）第三方交易平台的建议

（1）每个平台各具特点，企业要根据自身特点、目标市场定位等因素进行选择，适合自己的才是最好的。

（2）跨境B2C发展迅速，未来跨境电商企业要想做大做强，必须保证所有运营，至少是关键运营要尽可能本土化。可以通过海外仓、国外本土电商平台和主流销售渠道、主流媒体等来塑造企业或商品品牌，开拓国外市场。

（3）做跨境电商最好开始以一个国家为主，锁定目标销售地，通过更深入地研究目标市场需求和消费者购物习惯，实施具体细分策略和营销布局，提供购物体验。前端和后端相互合作、线上线下相互结合、国内国外相互联动，产业链不断外延，将跨境电商的辐射力和效果发挥到最大。

二 跨境 B2C（出口）第三方交易平台改进建议

（1）根据模型运算结果，企业在选择跨境 B2C（出口）第三方交易平台的因素中，系统质量排名第一，所以平台自身建设至关重要。

（2）平台特点排名第二，用户转化率和平台客户黏度在其中得分较高，平台的自身营销能力是企业非常关注的部分，因为消费者更多的是忠诚于平台而不是店铺。

（3）平台服务排名第三，平台资源排名第四，跨境支付和跨境物流的解决方案、语言服务、站点资源等都是影响企业本土化经营的重要因素，对当地消费者和企业卖家的用户体验影响至深，需要平台不断完善。

（4）开店成本虽然排名最后，但对中小企业来讲，经营费用毕竟有限，性价比高的平台通常更容易获得中小企业的青睐。

三 跨境电子商务政策沟通建议

随着我国将跨境电商纳入"一带一路"议题，"丝路电商"已经成为新亮点。中国政府通过不断开拓电子商务国际发展空间，扩大国际影响力，积极参与并推动建立多边、双边合作机制，寻求共同发展。仅 2017 年，我国就与爱沙尼亚、匈牙利、越南、柬埔寨、澳大利亚、巴西等国家建立了双边电子商务合作机制，并签署了相应的谅解备忘录，在政策沟通、公私对话、行业互动、人员培训、能力建设、联合研究等方面与这些国家进行电子商务领域的深入合作。此外，中国还积极推进 10 余个自贸协定电子商务议题谈判，完成了中国—格鲁吉亚、中国—智利自贸协定和中国—欧亚经济联盟经贸合作协议的电子商务议题谈判。在自由贸易协定中，承诺货物零关税比例在 90% 以上，简化通关流程，保障货物运输通畅。在多边领域，中国积极参与世贸组织、亚太经合组织、二十国集团、金砖国家、上合组织、澜湄合作等多边贸易机制和区域贸易安排框架下电子商务议题磋商；成立了金砖国家电子商务工作组，并共同发布《金砖国家电子商务合作倡议》，该倡议内容主要有：一是加强金砖国家电子商务合作机制建设，推动建立电子商务工作组，全面推进务实合作；二是加强金砖国家电子商务产业界互动，积极开展交流对话；三是开展电子商务联合研究，盘点金砖国家电子商务发展现状，推动拓展更深层次合作。

在我国跨境电商快速发展的过程中，各主要贸易伙伴为保护本国利益陆续出台了对跨境电商发展有所限制的政策。如 2017 年欧盟 VAT 新规定取消 22 欧元进口免税额度，还拓展了现有欧盟内网站的远程销售增值税登记范围；2017 年俄罗斯对《税法》和《信息法》做了修改，针对 1000 欧元、31 公斤以下的交易免征增值税和关税的商品，征收最终价格 15.25% 的增值税；2017 年底澳大利亚税务局发布通告，自 2018 年 7 月 1 日起，所有向澳大利亚出售的商品总额在 12 个月内达到 7.5 万澳币（约 37.5 万元人民币）的海外企业或电商平台，均需在澳税务局 GST 系统中进行注册，并每季度缴纳商品总价 10% 的增值税。针对这些国家的政策调整，一方面，中国政府要在双边及多边框架下加强与这些国家的政策沟通、协调和对话，争取为中国企业的市场开拓降低经营成本和风险；另一方面，对平台型或服务型跨境电商企业而言，应根据贸易国新政策的出台，对原有的经营模式进行改造，开展合规性审查，以促进跨境业务健康发展。

结　语

一　主要研究结论

零售业国际化是经济全球化的重要组成部分。从全球价值链的角度来看，零售业国际化是经济全球化的重要推动力量，这是由跨国零售企业在全球资源整合中所处的重要位置所决定的。这一特征在20世纪80年代以后，特别是21世纪初以来全球经济发展中体现得非常充分。

得益于改革开放，中国经济在40年的时间里，走过了非常不平凡的历程。中国既是经济全球化、贸易便利化的积极推动者，也是受益者。中国充分利用全球化的战略机遇，发展成为国内生产总值世界第二、进出口总量世界第一的国家，成为名副其实的经济大国、贸易大国。在这样的背景下，从全球价值链的角度来审视中国零售业"走出去"战略，具有重要的理论和现实意义。中国零售业"走出去"不仅可以加快转变国内零售业的发展方式，也是全球化时代充分利用"两个市场、两种资源"的需要，可以为"中国制造"创造更大的市场和发展空间，提升我国在全球价值链中的地位。所以，"走出去"也是增强中国零售业国际竞争力的必由之路。

"一带一路"倡议赋予中国零售业"走出去"这一选题更为重要的理论及现实意义。"一带一路"是我国为推进更高水平的对外开放、构建开放型经济新体制，在统筹对内深化改革、对外扩大开放的新形势下提出的。"一带一路"秉承共商、共享、共建原则，和平合作、开放包容、互学互鉴、互利共赢理念，为新时代的全球化提供了全新的视角和动力。为了充实和丰富"一带一路"建设内涵，尤其是"五通"中的贸易畅通，中国零售业"走出去"战略不仅可以利用"一带一路""五通"建设的机遇，其本身还可以成为"一带一路"建设，尤其是贸易畅通的重要内容。换言之，中国零售业"走出去"战略对接"一带一路"将有助于实现企业战略和国家倡议的联动发展，从而发挥国家倡议的最大效用。这是本书的基本观点，也是本书的前提假设。

本书的尝试是从对零售业国际化的理论框架的梳理开始的。在简单讨论了零售业国际化理论框架的基础上，重点围绕零售业国际化中目标市场选择的文献研究，结合中国零售业"走出去"的现状进行分析，把中国零售业"走出去"放在了"一带一路"这一更为宏大的全球化视野中，提出了中国零售业进入"一带一路"，通过构建"一带一路"零售贸易网络来推动中国全球价值链发展的重大命题。这一命题当然也是结合中国改革开放40年来参与全球价值链的理论和现实考量的背景提出的。有关这方面的论述主要体现在本书的绪论部分。

作为本书的主体部分，本书由三个不同层面且又呈紧密逻辑联系的部分组成，即中国零售业"走出去"对接"一带一路"的理论框架、实证研究以及政策建议。对这三个部分的讨论就是本书上、中、下篇的主要内容。

本书的上篇讨论了中国零售业"走出去"对接"一带一路"的理论框架。在这里，我们围绕零售业海外目标市场选择中地理距离、市场潜力、行业竞争、市场便利性等关键影响因素，全面讨论了"一带一路"作为中国零售业"走出去"的目标市场的必要性和可行性。这既是中国零售业"走出去"对接"一带一路"的逻辑起点，又是实现两者对接的途径。在充分论证了"一带一路"作为中国零售业"走出去"的目标市场的必要性和可行性之后，我们围绕零售业跨国经营中目标市场选择、市场进入、市场开发及竞争战略、营销策略组合等关键的决策

结 语

领域，以融入途径为起点，从融入模式、融入战略、融入策略，以及融入保障等方面构建了中国零售业"走出去"对接"一带一路"的理论模型。

　　本书的中篇是核心部分，在这里，我们以零售业国际化经营的理论为基础，运用国际贸易学、战略管理、产业经济学等学科的理论和方法，采用规范研究和实证研究相结合的方法，对中国零售业"走出去"对接"一带一路"的理论模型进行了实证研究。具体来说，我们在前期进行的市场观察和专家访谈等预调研的基础上，选择了41家具有代表性的样本企业，结合对45位专家的问卷调查，从融入途径、模式、战略、策略及保障等方面检验了中国零售业"走出去"对接"一带一路"的理论模型。在这一模型中，"融入途径"论证把"一带一路"沿线国家和地区作为中国零售业"走出去"的目标市场的必要性和可行性。"融入模式"则在中国零售业国际竞争力模型分析的基础上，讨论将零售业和关联产业集群式"走出去"作为市场进入、市场竞争的手段，研究这一融入模式的辐射和溢出效应，为发挥中国产业国际转移的整体优势提供依据。"融入战略"以零售业跨国经营中全球整体扩散与区域相对集中的市场开发战略为依托，研究把"一带一路"沿线主要国家和节点城市，特别是已经与中国商签投资保护协定、建设自由贸易区以及境外经济贸易合作区的国家和地区作为重点市场，为中国零售业确定整体布局、相互协调的市场布局和开发战略提供理论和方法。"融入策略"以"全球本土化"理论为依据，研究中国零售业在"一带一路"目标市场的经营战略及其营销策略的标准化和本土化问题，为中国零售业在目标市场获取竞争优势找到路径和方法。在"融入保障"中，考虑到中国零售业海外投资的风险与"一带一路"风险既有相似之处，也有不同地方，研究和设计中国零售业海外投资的风险评估指标体系。

　　应该说，对中国零售业"走出去"对接"一带一路"的理论模型进行实证研究，涉及面极其广泛，讨论的范畴除了理论论证上的繁复和困难之外，在政策和实践操作层面的讨论同样不应该被忽视，尤其是诸如零售业关联产业集群式"走出去",进行全球整体扩散与区域相对集中相结合的"一带一路"市场布局和开发,实现中国零售业零售专业技能的跨境转移、发挥"全球本土化"竞争优势、做好"一带一路"风险管理等都对推进中国零售业"走出去"对接"一带一路"具有政策工具价值和实践指导意义。

本书的下篇讨论中国零售业"走出去"对接"一带一路"的政策建议。由本书的范畴及其内容所决定,有关中国零售业"走出去"对接"一带一路"的政策建议,涵盖面同样非常广泛。为了保持层次性、连贯性,我们在提出政策建议体系的时候,设计了对外、对内两个方向的维度,而在对内方向上按照宏观、中观和微观三个层次构建了中国零售业"走出去"对接"一带一路"的支撑体系。首先,在对外方向上,我们讨论了政策沟通是前提,战略对接是关键,商贸对话是重点的政策建议。就服务对象来看,在对外方向上的政策建议不仅适用于国家和政府层面,也同样适用于除了国家和政府以外的所有利益相关方。在这里,我们讨论和分析了政策沟通、战略对接、商贸对话的理论基础,这样做的目的在于,"一带一路"倡议不仅描绘了一个宏大远景,它还是一个可以促进沿线国家和地区共同发展的国际合作计划,为了争取获得世界各国,特别是沿线国家和地区的理解、支持和共识,在对外方向上有关政策沟通、战略对接、商贸对话的理论基础同样是它们的内容本身。其次,中国零售业"走出去"对接"一带一路"对内方向上的政策建议,同样来自实证研究的结论。在这里,宏观层面的制度保障涉及中国零售业"走出去"对接"一带一路"的全国性支持政策,包括法律法规、制度和政策体系,统筹协调体制机制以及服务平台体系;中观层面的市场保障涉及中国零售业"走出去"对接"一带一路"的发展支持政策;微观层面的条件保障基于中国零售业"走出去"战略的实施主体,即中国零售企业的国际竞争力的发展支持政策等。需要指出的是,这一支撑体系的涉及面极其广泛,我们试图兼顾和延续之前的理论论证,但是其重点在于相应的政策工具设计和企业实践指导。第十章我们单独讨论了跨境 B2C 电子商务的问题，这不仅是因为最近几年中国跨境 B2C 发展，尤其是在"一带一路"市场的发展十分迅速，还因为"网上丝绸之路"建设可以作为我国零售业进入"一带一路"的优先渠道和路径。

二　研究局限与展望

本书表明，中国零售业"走出去"对接"一带一路"这一研究对象所涵盖的范围非常广泛，单从涉及的学科领域而言，包括宏观管理、产业经济、跨国经营、战略管理、零售营销等。要把这样繁复的理论体系融合到"一带一路"背景下中国零售业的海外投资这一研究对象当中，仅把其理论脉络梳理清楚就已经是一件极其困难的事情了，非研究者能力所能及。所以，现在呈现的只能说是我们尽了最大努力之后取得的一些研究成果。就此而言，对本书的理论是否严密、逻辑是否合理的问题，研究者不做定论。从研究方法论的角度来说，以下几点需要注意。

1. 纳入本书的中国零售企业以连锁百强为主，虽然数量不少，样本也具有较好的代表性，但是，作为一项验证性的实证研究，样本数量还是有限的。为了保证合并样本的数量，本书没有把涉及企业的控制变量纳入理论模型之中。此外，地理相近、文化相似的原则虽然已经被西方跨国零售企业的实践所突破，这也在本书中得到证实，但是这一突破是否同样适用于中国零售企业的跨国经营，仅靠本书下结论还为时尚早。原因在于，和西方发达国家的大型跨国零售企业相比，中国零售业的国际化经营起步晚，时间短，还处于初级阶段，可供深入剖析和研究的案例并不丰富。对此，不仅需要在理论上进行更为深入的分析，还需要通过当前和今后一段时间更多的中国零售企业的国际化经营实践来验证。

2. 地理相近、文化相似目标市场的选择原则已经被突破，但是，西方大型跨国零售企业国际化的实践表明，在确定目标市场的进入时间、进入方式、经营业态、市场拓展以及经营策略的时候,仍然需要企业进行精心谋划,做好风险控制。以"一带一路"沿线国家和地区为例,沿线国家和地区差异巨大,基础设施普遍落后,市场开放和贸易便利程度不一,政策稳定性差,经营风险普遍较大,对于中国零售企业而言,进入任何一个沿线国家和地区市场都不是一件轻而易举的事情。在这方面,同样还需要有大量的理论研究和企业实践。正是基于这样的背景,出于风险控制的需要,中国内地零售企业迄今为止从港澳地区、东南亚市场开始国际化进程不失为一种稳妥的选择,换言之,东南亚国家可以成为中国零售业进入"一带一路"的首选目标市场。

3. 本书指出,对于中国零售业对接"一带一路",我们是通过构建"一带一路"零售贸易网络作为中国发展全球价值链的前提而提出来的。基于本书的研究内容,我们没有对这一论点展开更多的论证,尽管已经有不少的证据可以从不同的方向来对此加以佐证。就此而言,针对这一话题的深入研究是有意义的。

4. 在本书行将结束的时候,由美国特朗普政府发起的,以关税单边加征起端,然后双边加征跟进的全球范围的贸易摩擦呈现愈演愈烈的态势,在这一过程中,中国成为美国发动的贸易摩擦的主要对象。在这样的背景下,必须审慎分析中美贸易摩擦对中国对外贸易以及中国企业"走出去"的影响。就中国跨境电商发展的应对措施来看,有效的途径之一是,尽快发展像 eWTP 这样的中国主导的跨境电子商务平台,以为全球的中小企业和消费者服务,推动中国在国际贸易中掌握更大的主动性和话语权,按照共享共赢、互惠互利的原则,参与制定国际贸易规则。中国的跨境电商平台和跨境电商卖家应直面美国对华贸易政策调整带来的挑战和机遇,依托"一带一路"倡议,发展灵活的跨境零售方式,大力开拓美国以外的出口市场,尤其是"一带一路"沿线市场,减少对美国的出口依赖。本书仅就我国跨境 B2C 电子商务企业的第三方交易平台选择问题进行讨论,就这一点而言,跨境 B2C 出口零售还有许多值得研究的问题。

附　录

《中国零售业"走出去"与"一带一路"》
企业调查问卷

本问卷是为研究"一带一路"倡议背景下中国零售业的海外投资经营而设计的,目的在于通过搜集来自企业决策层的一线数据,分析中国零售企业把"一带一路"沿线国家作为海外目标市场的必要性和可行性,研究成果可以为中国零售业"走出去"提供必要的政策支持和决策帮助。

本问卷所搜集的数据只用于科学研究,不会透露给第三方,也不用于商业目的。

问卷中所指的中国零售业"走出去"是指中国零售企业把海外市场作为目标市场,通过各种形式在海外开设实体店,或者通过"在线零售"的方式,向海外家庭和个人消费者提供商品销售服务的国际化经营战略。

本问卷的回答一共分三种情况:一是根据您的了解和判断,直接在被选答案中选择一个答案(单选),或者在特别注明的问题中同时选择多个答案(多选);二是在问卷按照五点量表设定的问题中,选择相应的赋值(1、2、3、4或5);三是在开放题中,请您给出简明扼要的意见和建议。在纸质问卷中,您可以直接在选择的答案选项或者赋值上打钩;在电子问卷的回答中,为便于您的回答以及之后的统计处理,请您把所有问题的答案选项或赋值填写在相应问题后面的括号内。

第一部分 中国零售业"走出去"

1. 总体而言,您认为在中国市场,中国本土零售企业应对跨国零售企业的竞争力如何?(　　)

　　竞争力很弱　①—②—③—④—⑤　竞争力很强

2. 根据您的了解和判断,中国零售企业在海外市场的影响力如何?(　　)

　　影响力很弱　①—②—③—④—⑤　影响力很强

3. 中国零售业有必要"走出去"开拓海外市场吗?(　　)

　　完全没有必要　①—②—③—④—⑤　完全有必要

4. 在"一带一路"倡议背景下,中国零售业是否更有必要"走出去"?(　　)

　　没有必要　①—②—③—④—⑤　更有必要

5. 面对今天的国内外环境,中国零售业实施"走出去"战略的条件是否已经成熟?(　　)

　　完全不成熟　①—②—③—④—⑤　完全成熟

6. 在"一带一路"倡议背景下,中国零售业"走出去"是否变得更为可行了?(　　)

　　没有可行性　①—②—③—④—⑤　更有可行性

7. "在国内市场具有较强竞争力的零售企业更容易在海外市场取得成功。"您同意这一观点吗?(　　)

完全反对　①—②—③—④—⑤　　完全同意

8. 为了支持中国零售业开拓"一带一路"沿线国家,更好地实施"走出去"战略,需要对"一带一路"对中国零售业"走出去"的影响进行评估。您是否同意下面的说法?请给出您的判断和选择。

	完全反对　　　　　　完全同意
"一带一路"倡议有利于推动中国企业"走出去"(　)	①—②—③—④—⑤
"一带一路"倡议有利于推动中国零售企业"走出去"(　)	①—②—③—④—⑤
共建"一带一路"中的"政策沟通"有利于推动中国零售企业"走出去"(　)	①—②—③—④—⑤
共建"一带一路"中的"设施联通"有利于推动中国零售企业"走出去"(　)	①—②—③—④—⑤
共建"一带一路"中的"贸易畅通"有利于推动中国零售企业"走出去"(　)	①—②—③—④—⑤
共建"一带一路"中的"资金融通"有利于推动中国零售企业"走出去"(　)	①—②—③—④—⑤
共建"一带一路"中的"民心相通"有利于推动中国零售企业"走出去"(　)	①—②—③—④—⑤
中国零售企业应该积极对接"一带一路"倡议(　)	①—②—③—④—⑤
中国零售企业应该积极"走向""一带一路"沿线国家(　)	①—②—③—④—⑤
"一带一路"沿线国家是中国零售业"走出去"的重要目标市场(　)	①—②—③—④—⑤
地理相邻国家(如东南亚国家)是中国零售业"走出去"的首选目标市场(　)	①—②—③—④—⑤
文化近似度是影响中国零售业海外目标市场选择的重要因素(　)	①—②—③—④—⑤
中国的制造业在"一带一路"沿线国家具有竞争优势(　)	①—②—③—④—⑤
中国的交通运输业在"一带一路"沿线国家具有竞争优势(　)	①—②—③—④—⑤

续表

	完全反对				完全同意
中国的金融业在"一带一路"沿线国家具有竞争优势（ ）	1	2	3	4	5
中国的物流业在"一带一路"沿线国家具有竞争优势（ ）	1	2	3	4	5
中国的电子商务产业在"一带一路"沿线国家具有竞争优势（ ）	1	2	3	4	5
中国的人力资源在"一带一路"沿线国家具有竞争优势（ ）	1	2	3	4	5
中国零售业应该和关联产业集群式"走向""一带一路"沿线国家（ ）	1	2	3	4	5
中国零售业应该优先开发"一带一路"沿线主要国家市场（ ）	1	2	3	4	5
中国零售业应该优先落脚"一带一路"沿线主要国家的节点城市（ ）	1	2	3	4	5
中国零售业应该优先开发与中国商签投资保护协定的"一带一路"沿线国家（ ）	1	2	3	4	5
中国零售业应该优先开发与中国签署自贸协定的"一带一路"沿线国家（ ）	1	2	3	4	5
中国零售业应该优先开发与中国建设经济贸易合作区的"一带一路"沿线国家（ ）	1	2	3	4	5

9. 您如何判断中国零售业在"一带一路"沿线国家的各类风险？

	很小				很大
中国零售业在"一带一路"沿线国家的政治风险（ ）	1	2	3	4	5
中国零售业在"一带一路"沿线国家的安全风险（ ）	1	2	3	4	5
中国零售业在"一带一路"沿线国家的财政金融风险（ ）	1	2	3	4	5
中国零售业在"一带一路"沿线国家的债务违约风险（ ）	1	2	3	4	5
中国零售业在"一带一路"沿线国家的法律风险（ ）	1	2	3	4	5

续表

	很小 很大
中国零售业在"一带一路"沿线国家的社会文化风险（　　）	①—②—③—④—⑤

第二部分 "全球本土化"战略

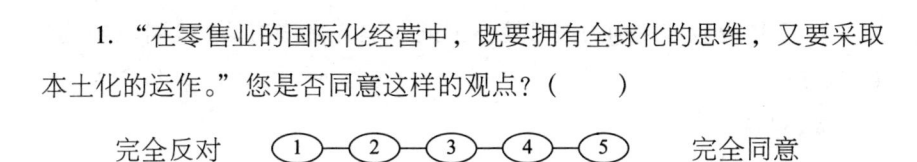

1. "在零售业的国际化经营中，既要拥有全球化的思维，又要采取本土化的运作。"您是否同意这样的观点？（　　）

    完全反对   ①—②—③—④—⑤   完全同意

2. 在零售业的国际化经营中，您如何看待处理好标准化和本土化之间关系的重要性？（　　）

    非常不重要   ①—②—③—④—⑤   非常重要

3. "零售业国际化要遵循'核心业务标准化，其他业务本土化'的原则。"您同意这一观点吗？（　　）

    完全反对   ①—②—③—④—⑤   完全同意

4. 您认为下列哪类战略更适合中国零售业"走出去"？（　　）

    A. 全球整体扩散   B. 区域相对集中

    C. 全球整体扩散＋区域相对集中   D. 其他_____

5. 在海外目标市场的选择和评估中，您是否同意对发达国家和发展中国家采取不同的标准？（　　）

    完全反对   ①—②—③—④—⑤   完全同意

6. 与欧美等发达国家相比，您是否认为"一带一路"沿线的发展中国家更适合作为中国零售业"走出去"的目标市场？（　　）

    完全反对   ①—②—③—④—⑤   完全同意

7. 在国际化经营中，零售企业跨境供应链应该如何定位？（　　）

A. 成本节约导向型　　　　　　B. 顾客响应速度型

C. 以上两者兼顾

8. 在零售业的国际化经营中，跨境供应链管理应该围绕哪类供应商展开？（可以多选）（　　）

A. 母国供应商　　　　　　　　B. 东道国供应商

C. 国际供应商　　　　　　　　D. 兼顾各类供应商

9. 零售商应该特别关注跨境供应链管理的哪些方面？（可以多选）（　　）

A. 设施

B. 库存管理

C. 供货价格、质量、运输、时间等交易条件

D. 成本管理

E. 信息管理

F. 第三方采购、配送管理

10. 在零售业的国际化经营中，您如何评价门店顾客的管理在供应链管理中的作用？（　　）

非常不重要　　①—②—③—④—⑤　　非常重要

11. 零售专业技能是指零售商所拥有的或者可以有效利用的，能够使其体现出超越竞争对手的差别化优势的核心技能。零售专业技能在国际化经营中的重要性如何？（　　）

非常不重要　　①—②—③—④—⑤　　非常重要

12. 您认为下列要素在零售业跨国经营中应该采取更加倾向于标准化、更加倾向于本土化，还是两者兼顾的做法？根据您的了解和判断，中国零售业在这些要素方面的国际竞争力如何？请把您的选项分别填入相关要素左边、右边的括号内。

标准化	本土化		竞争力弱	竞争力强
1—2—3—4—5	零售技术（　　）		1—2—3—4—5	
1—2—3—4—5	其中：(1) 信息技术（　　）		1—2—3—4—5	
1—2—3—4—5	(2) 供应链关系管理技术（　　）		1—2—3—4—5	
1—2—3—4—5	(3) 店铺选址与店铺发展技术（　　）		1—2—3—4—5	
1—2—3—4—5	(4) 现金流管理技术（　　）		1—2—3—4—5	
1—2—3—4—5	理念、惯例、规则、操作和经验等零售文化（　　）		1—2—3—4—5	
1—2—3—4—5	学习导向型的企业文化（　　）		1—2—3—4—5	
1—2—3—4—5	决策的集中或分散（　　）		1—2—3—4—5	
1—2—3—4—5	人力资源管理（　　）		1—2—3—4—5	
1—2—3—4—5	零售业态的选择策略（　　）		1—2—3—4—5	
1—2—3—4—5	店铺选址（　　）		1—2—3—4—5	
1—2—3—4—5	供应商的选择及管理（　　）		1—2—3—4—5	
1—2—3—4—5	商品组合及管理（　　）		1—2—3—4—5	
1—2—3—4—5	卖场布局及店铺氛围营造（　　）		1—2—3—4—5	
1—2—3—4—5	服务策略（　　）		1—2—3—4—5	

续表

	标准化				本土化		竞争力弱				竞争力强
价格策略（ ）	①	②	③	④	⑤		①	②	③	④	⑤
分销渠道策略（ ）	①	②	③	④	⑤		①	②	③	④	⑤
促销策略（ ）	①	②	③	④	⑤		①	②	③	④	⑤

13. 您认为下列要素在零售业跨国经营中应该采取更加倾向于标准化、更加倾向于本土化，还是两者兼顾的做法？

	标准化				本土化
母公司、海外子公司的价值观、战略、使命等（　）	①	②	③	④	⑤
母公司的管理制度（　）	①	②	③	④	⑤
海外子公司的管理制度（　）	①	②	③	④	⑤
海外子公司店长以上高层员工管理（　）	①	②	③	④	⑤
海外子公司店长及中层员工管理（　）	①	②	③	④	⑤
海外子公司店长以下基层员工管理（　）	①	②	③	④	⑤

第三部分　跨境出口电子商务

1. 有观点认为，在现阶段中国零售业国际化的过程中，相对于赴海外开设实体店而言，跨境出口电子商务（在线零售）更具优势和竞争力。您是否赞同这样的观点？（　　）

　　完全反对　　①—②—③—④—⑤　　完全同意

2. 在跨境出口电子商务中，哪一种途径更适合中国零售业"走出去"？（可以多选）（　　）

　　A. 独立网店　　　　　　　B. 国内、国外第三方平台

3. 在利用第三方平台开展跨境出口电子商务中，您更倾向于利用哪一类第三方平台？（可以多选）（　　）

　　A. 中国的第三方平台，如速卖通、敦煌网、兰亭集势等

　　B. 东道国本土的第三方平台

　　C. 国际上有影响力的第三方平台，如亚马逊、eBay 等

4. 在利用第三方平台开展跨境出口电子商务中，您如何判断以下选项的重要性？

	非常不重要				非常重要
第三方平台在东道国的知名度（　　）	1	2	3	4	5
产品定位与该平台的契合度（　　）	1	2	3	4	5
企业产品在第三方平台的竞争激烈程度（　　）	1	2	3	4	5
第三方平台面对的目标消费者群体层次（　　）	1	2	3	4	5
第三方平台对商家和东道国消费者的服务能力（　　）	1	2	3	4	5
第三方平台在跨境物流、跨境支付等方面的解决方案（　　）	1	2	3	4	5
第三方平台管理规则的严苛程度（　　）	1	2	3	4	5
第三方平台的营销能力（　　）	1	2	3	4	5
在第三方平台的运营成本（　　）	1	2	3	4	5

第四部分　企业国际化经营

1. 请问贵公司在中国连锁经营协会发布的"2015年中国连锁百强"中的位次如何？（　　）

　　A. 前10强　　　　　　　　　B. 11～20强

　　C. 21～50强　　　　　　　　D. 51～100强

　　E. 100强以外

2. 贵公司是否已经进行"走出去"的国际化经营？（　　）

　　A. 是的，其形式是：（　　）

（1）开设实体店。海外门店数为____，海外营业额占企业总营业额的比例约为____%。

（2）面向海外顾客的网上商店/在线零售。网络零售额占企业总营业额的比例约为____%。

（3）实体店和在线零售相结合。

　　B. 暂时还没有"走出去"（请跳答问题13）

3. 贵公司实施"走出去"战略的动机是什么？（可以多选）（   ）

   A. 国内市场竞争激烈，市场趋于饱和

   B. 国外市场前景广阔

   C. 政府倡导和优惠政策

   D. 学习国外先进的技术和管理经验

   E. 具有"走出去"的人力资源优势

   F. 其他（   ）

4. 贵公司选择的目标国市场/地区有哪些？（可以多选）（   ）

   A. 欧美发达经济体

   B. 港澳台地区

   C. 东亚及澳大利亚、新西兰市场

   D. 东南亚市场

   E. 中亚、中东市场

   F. 中东欧市场

   G. 非洲市场

   H. 中、南美洲市场

   I. 其他市场（   ）

5. 贵公司"走出去"的形式是什么？（可以多选）（   ）

   A. 全资新建公司

   B. 收购、兼并国外企业

   C. 参股国外企业/合资经营

   D. 许可证/特许经营

   E. 其他形式（   ）

6. 贵公司在海外市场的主要经营业态是什么？（可以多选）（   ）

   A. 购物中心

   B. 百货公司

   C. 大型综合性超级市场、仓储式超市

   D. 中小型超级市场

E. 便利店

F. 专卖店/专业店

G. 折扣店

H. 网上商店/在线零售

I. 其他（　　　）

7. 您认为贵公司在海外目标市场的竞争力如何？（　　　）

竞争力很弱　①—②—③—④—⑤　竞争力很强

8. 贵公司实施的"走出去"战略是否达到了预期效果？（　　　）

完全没有达到　①—②—③—④—⑤　完全达到

9. 贵公司在海外市场遇到的最大困难是什么？（可以多选）（　　　）

A. 政治、法律环境障碍

B. 社会、文化障碍

C. 东道国的政策限制和监管

D. 缺乏本土化经营能力

E. 专业人才匮乏

F. 跨境供应链整合能力不足

G. 经营成本问题

H. 风险高，控制难度大

I. 其他因素（　　　）

10. 您如何看待贵公司"走出去"战略的发展前景？（　　　）

毫无信心　①—②—③—④—⑤　充满信心

11. 如果贵公司通过网上商店/在线零售为境外消费者提供服务，则公司的跨境电子商务业务是通过什么途径开展的？（可以多选）（　　　）

A. 独立网店

B. 第三方平台。具体说来是：（　　　）

（1）国内第三方平台，如速卖通、敦煌网、兰亭集势等

（2）东道国本土的第三方平台

（3）国际上有影响力的第三方平台，如亚马逊、eBay 等

12. 在跨境电子商务经营中，贵公司选择独立网店或者第三方平台的理由是什么？（　　）

A. 独立网店，理由是：_____

B. 第三方平台，理由是：_____

13. 贵公司至今尚未实施"走出去"战略，未来 3 年内贵公司是否有跨出国门、开拓海外市场的计划？（　　）

A. 有。贵公司拟选择的海外市场有哪些？（可以多选）（　　）

（1）欧美发达经济体

（2）港澳台地区

（3）东亚及澳大利亚、新西兰市场

（4）东南亚市场

（5）中亚、中东市场

（6）中东欧市场

（7）非洲市场

（8）中、南美洲市场

（9）其他市场（　　）

选择这些国家/地区的理由是：_____

B. 暂时还没有"走出去"的计划，主要原因是：_____
_____

············ 问卷填写到此结束 ············

谢谢您的支持和配合！

《跨境B2C（出口）第三方交易平台评价指标选择》调查问卷

尊敬的先生/女士：

您好！非常感谢您参与此次问卷调查！

为了了解企业在从事跨境出口零售业务时如何评价并选择第三方交易平台，我们设计了本调查问卷。

问卷分为两部分，请根据实际情况填写相关信息。在第二部分，请根据您在选择第三方交易平台时考虑各影响因素的重要性，为每项指标的重要程度打分，"1表示非常不重要，2表示不重要，3表示一般，4表示重要，5表示非常重要"，请不要遗漏或错选，以免成为无效问卷。

所有信息保密，仅供研究使用。

您的选择非常重要，感谢您的参与！

第一部分 被调查企业基本信息

1. 您所在的企业部门（　　）

   A. 采购　　　　　　　B. 营销　　　　　　　C. 客户服务

   D. 公司管理层　　　　D. 财务　　　　　　　E. 仓储物流

   F. 其他

2. 您的职务级别是：一线职员 | 经理/主管 | 高层管理者

3. 您在电商行业的从业时间（　　）

   A. 1年以内　　　　　B. 1~2年　　　　　　C. 3~5年

   D. 5年以上

4. 您在跨境电商的从业时间（　　）

   A. 1年以内　　　　　B. 1~2年　　　　　　C. 3~5年

   D. 5年以上

5. 贵企业的经营商品属于（　　）

A. 家用电器　　　　B. 服装鞋帽　　　　C. 电脑/办公

D. 手机/数码产品　　E. 家居装饰　　　　F. 珠宝/手表

G. 母婴/玩具　　　　H. 运动/户外　　　　I. 美容个护

J. 宠物用品　　　　K. 汽车用品　　　　L. 图书音像

M. 食品/茶酒　　　　N. 医药保健　　　　O. 乐器

P. 箱包　　　　　　Q. 其他

6. 贵企业的员工数量（　　）

A. 10 人以下　　　　B. 10~49 人　　　　C. 50~299 人

D. 300 人及以上

7. 贵企业的出口业务年销售额（　　）

A. 100 万元以下

B. 100 万元及以上，500 万元以下

C. 500 万元及以上，20000 万元以下

D. 20000 万元及以上

8. 贵企业的产品主要销往哪些国家或组织（　　）（可多选）

A. 北美　　　　　　B. 欧盟　　　　　　C. 东盟

D. 日本　　　　　　E. 俄罗斯　　　　　F. 韩国

G. 巴西　　　　　　H. 印度　　　　　　I. 其他

9. 贵企业是否已在第三方跨境 B2C 平台上开展业务（　　）

A. 没有，请直接转入第二部分

B. 有，请回答下一题（第一部分的第 10 题）

10. 贵企业选择的跨境 B2C 平台是（　　）

A. 独立网站

B. 第三方交易平台（可多选）

□ 速卖通　□ 敦煌网　□ 兰亭集势　□ Wish　□ eBay

□ 亚马逊　□ 目的国本地第三方交易平台　□ 其他＿＿＿＿＿

第二部分 跨境 B2C 第三方交易平台调查

当贵企业需要通过跨境 B2C 第三方交易平台开展出口零售业务时，有多个平台可供选择，但只能选择其中的一个或少数几个，请根据您的选择标准，为以下指标的重要程度打分，请勿漏选或错选。

序号	指标	指标解释	1	2	3	4	5
1	平台信用保证	以书面形式发布的有关信用保证的数量和质量，为定性指标					
2	第三方信用认证	由第三方认证机构经过信誉评估之后授予的，并以一定标识展示在商家的网站上，以其数目衡量					
3	平台归属	平台站点在国内还是国外					
4	平台网络可见度	以被当地主要搜索引擎收录的网页数量衡量，可通过 Alexa 网站获取					
5	平台流量	以网站月均流量和相应产品频道访问比例的乘积表示，可通过 Alexa 网站获取					
6	平台的注册用户数量	平台总注册用户数					
7	平台客户黏度	以产品频道人均页面浏览量衡量，通过 Alexa 网站获取					
8	平台经营的产品品类数量	平台经营所涉及的产品大类					
9	平台年促销活动数	平台 1 年内举办的大型促销活动数量					
10	用户转化率	某一购物环节的用户数量占网站总访问用户数量的比重					
11	订单转化率	成交用户实际成交的订单数量与用户在网站上下订单的数量之间的比值					
12	平台政策严苛度	定性指标，如入驻条件、店铺布置要求、活动参与要求等					
13	店铺活动自由度	定性指标，平台规则越多，店铺的自由度就越小					
14	交易可靠性	平台响应用户服务请求的准确性和安全性，拟用平台的良好链接比例来衡量					

续表

序号	指标	指标解释	1	2	3	4	5
15	资金回转效率	平台收到买家付款到返还卖家的时间效率,效率越高,对卖家越有利					
16	提供国家站点的数量	考察在多少国家设立独立域名网站					
17	提供语言种类服务的数量	考察平台有多少语言版本					
18	网上信用贷款服务	为企业提供融资等服务					
19	平台安全性及个人隐私保护	平台的技术安全性、政策安全性等					
20	团队服务	平台是否提供专业团队帮助企业使用当地语言进行产品描述、搜索词设定、营销推广等					
21	自主学习服务	是否方便企业自主学习平台使用方法、了解政策等					
22	提供跨境配送方式的数量和质量	如海外仓、邮政小包、国际快递、专线物流等					
23	物流本地化程度	是否为当地人所接受					
24	提供跨境支付方式的数量	提供多少种支付方式					
25	支付方式本地化程度	是否涵盖当地人习惯的支付方式					
26	平台市场占有率	平台在销售目的地的市场占有率					
27	平台的销售增长率	销售增长率=本年销售增长额÷上年销售总额					
28	平台的用户增长率	用户增长率=本年用户增加数÷上年度用户总数					
29	企业产品品类的销售增长率	企业产品所属的品类销售增长情况					
30	平台进驻成本	企业入驻平台时需提交的保证金、月租费等					
31	平台年服务费	平台为企业提供的功能的年服务费					
32	交易佣金	每笔交易扣点					
33	平台店铺维护成本	各种人员成本、管理成本等					

续表

序号	指标	指标解释	1	2	3	4	5
34	平台店铺活动成本	各类营销、推广、节庆活动费用等					
35	行业/店铺数据分析质量	—					

再次感谢您的参与！

参考文献

1 外文文献

Akhlaq A., Ahmed E., "Digital Commerce in Emerging Economies: Factors Associated with Online Shopping Intentions in Pakistan," *International Journal of Emerging Markets*, 2015, 10 (4): 634 – 647.

Alexander N., *International Retailing* (Oxford: Blackwell Business, 1997).

Alexander N., "Retailers and International Markets: Motives for Expansion," *International Marketing Review*, 1990, 7 (4): 75 – 85.

Alexander N., "Retailing in International Markets, 1900 – 2010," *Business History*, 2013, 55 (2): 302 – 312.

Anderson J. C., Gerbing D. W., "Structural Equation Modeling in Practice: A Review and Recommended Two – step Approach," *Psychological Bulletin*, 1988, 3 (3): 411 – 423.

Au – Yeung A. Y. S., "International Transfer of Retail Know – How through Foreign Direct Investment from Europe to China," in Dawson M., Mukoyama C. C., Sang R., *The Internationalisation of Retailing in Asia* (London: Routledge Curzon, 2003): 136 – 154.

Baron R. M., Kenny D. A., *The Moderator – Mediator Variable Distinction in Social Psychological Research: Conceptual, Strategic, and Statistical Considerations* (Chapman and Hall, 1986): 1173 – 1182.

Bianchi C. , "The Growth and International Expansion of an Emerging Market Retailer in Latin America," *Journal of Global Marketing*, 2011 (24): 357 - 379.

Burt S. , Dawson J. , Sparks L. , "Failure in International Retailing: Research Propositions," *International Review of Retail, Distribution and Consumer Research*, 2003, 13 (4): 355 - 373.

Burt S. , Mavrommatis A. , "The International Transfer of Store Brand Image," *The International Review of Retail, Distribution and Consumer Research*, 2006, 16 (4): 395 - 413.

Burt S. , "Temporal Trends in the Internationalisation of British Retailing," *International Review of Retail, Distribution and Consumer Research*, 1993, 3 (4): 391 - 410.

Cho Young - Sang, "The Knowledge Transfer of Tesco UK into Korea, in Terms of Retailer Brand Development and Handling Processes," *Journal of Distribution Science*, 2011, 9 (2): 13 - 24.

Christopherson S. , "Barriers to US Style Lean Retailing: The Case of Wal - Mart's Failure in Germany," *Journal of Economic Geography*, 2007, 7 (4): 451 - 469.

Coe N. M. , Dicken P. , Hess M. , "Global Production Networks: Realizing the Potential," *Journal of Economic Geography*, 2008, 8 (3): 271 - 295.

Coe N. M. , Lee Y. - S. , "We've Learnt How to Be Local: The Deepening Territorial Embeddedness of Samsung - Tesco in South Korea," *Journal of Economic Geography*, 2013, 13: 327 - 356.

Coe N. M. , Lee Y. , "The Strategic Localization of Transnational Retailers: The Case of Samsung - Tesco in south Korea," *Economic Geography*, 2006, 82 (1): 61 - 93.

Colla E. , Dupuis M. , "Research and Managerial Issues on Global Retail Competition: Carrefour/Wal - Mart," *International Journal of Retail and*

Distribution Management, 2002, 30 (2/3): 103 – 111.

Currah A., Wrigley N., "Networks of Organizational Learning and Adaptation in Retail TNCs," *Global Networks*, 2004, 4 (1): 1 – 23.

Dawson J., "Towards a Model of the Impacts of Retail Internationalisation," in Dawson M., Mukoyama C. C., Sang R., *The Internationalisation of Retailing in Asia* (London: Routledge Curzon, 2003): 189 – 209.

DTTL, *Global Powers of Consumer Products 2014*, London, 2015.

DTTL, *Global Powers of Retailing 2017*, New York, 2017.

DTTL, *Global Powers of Retailing 2018*, London, 2018.

Dunn S. C., Seaker R. F., Waller M. A., "Latent Variables in Business Logistics Research: Scale Development and Validation," *Journal of Business Logistics*, 1994 (2): 145 – 172.

Dupuis M., Prime N., "Business Distance and Global Retailing: A Model for Analysis of Key Success/Failure Factors," *International Journal of Retail and Distribution Management*, 1996, 24 (11): 30 – 38.

Durand C., Wrigley N., "Institutional and Economic Determinants of Transnational Retailer Expansion and Performance: A Comparative Analysis of Wal – Mart and Carrefour," *Environment and Planning A*, 2009, 41: 1534 – 1555.

Duval Yann, "Cost and Benefits of Implementing Trade Facilitation Measures under Negotiation at the WTO: An Exploratory Survey," *Asia – Pacific Research and Training Network on Trade Working Paper Series*, 2006, 3.

Elsner S., "Study 1 – Effects of Institutionalized Entry Modes on Entry Mode Choices, Retail Internationalization," *Retailing and International Marketing*, 2014, (1): 35 – 50.

Evans J., Bridson K., "Explaining Retail Offer Adaptation through Psychic Distance," *International Journal of Retail and Distribution Management*, 2005, 33 (1): 69 – 78.

Foglio A., Stanevicius V., "Scenario of Glocal Marketing as an Answer to the Market Globalization and Localization," Vadyba/Management, http://www.leidykla.vu.lt/fileadmin/Vadyba/16-17/40-55.pdf, 2007.

Friedman T. L., *The Lexus and the Olive Tree* (NY: Farraar, Straus and Giroux, 1999).

Goncalves R., Martins J., Branco F., Perez-Cota M., Au-Yong Oliveira M., "Increasing the Reach of Enterprises through Electronic Commerce: A Focus Group Study Aimed at the Cases of Portugal and Spain," *Computer Science and Information Systems*, 2016, 13 (3): 927-955.

Hinkin T. R., "A Review of Scale Development Practices in the Study of Organizations," *Journal of Management*, 1995, 21 (5): 967-988.

Hitoshi T., "The Development of Foreign Retailing in Taiwan: The Impacts of Carrefour," in J. Dawson, ed., *The Internationalisation of Retail in Asia* (Routledge Curzon, 2003): 35-48.

Hurt M., Hurt S., "Transfer of Managerial Practices by French Food Retailers to Operations in Poland," *Academy of Management Executive*, 2005, 19 (2): 36-49.

Hutchinson K., Quinn B., Alexander N., "The Internationalization of Small to Medium-Sized Retail Companies: Towards a Conceptual Framework," *Journal of Marketing Management*, 2005, 21: 149-179.

IHS Markit, New Trends in Global Sourcing, London, 2017.

Kacker M. P., "International Flow of Retailing Know-How: Bridging the Technology Gap in Distribution," *Journal of Retailing*, 1988, 64 (1): 41-67.

Kacker M. P., *Transatlantic Trends in Retailing: Takeovers and Flow of Know-how* (London: Quorum, 1985).

Kearney, *The 2014 Global Retail Development Index*, New York, 2014.

Kearney, *The 2017 Global Retail Development Index*, New York, 2017.

Khondker H. H. , "Glocalization as Globalization: Evolution of a Sociological Concept," Bangladesh e - Journal of Sociology, http://www. bangladeshsociology. org/Habib%20 - %20ejournal%20Paper%20GlobalizationHHK%20PDF. pdf, 2004.

Klein N. , *No Logo* (London: Harper Perennial, 2005).

Kotler Phillip, *Marketing Management - European Edition* (Harlow: Pearson Prentice Hall Publishing, 2009).

Laulajainen R. , "Chain Store Expansion in National Space," *Geografiska Annaler Series B*, *Human Geography*, 1988, 70 (2): 293 - 299.

Leknes H. M. , Carr C. , "Globalisation, International Configurations and Strategic Implications: The Case of Retailing," *Long Range Planning*, 2004, 37: 29 - 49.

Lenartowicz T. , Balasubramanian S. , "Practices and Performance of Small Retail Stores in Developing Economies," *Journal of International Marketing*, 2009, 17 (1): 58 - 90.

Levitt T. , "The Globalization of Markets," *Harvard Business Review*, 1983, 61: 92 - 102.

Li & Fung, *Creating the Supply Chain of the Future*, Hong Kong, 2016.

Li & Fung, *Global Retail Development*, Hong Kong, 2012.

Lin C. , Marshall D. , Dawson J. , "Consumer Attitudes towards a European Retailer's Private Brand Food Products: An Integrated Model of Taiwanese Consumers," *Journal of Marketing Management*, 2009, 25 (9/10): 875 - 891.

Lingenfelder M. , *Die Internationalisierung im Europaeischen Einzelhandel - Ursachen, Formen und Wirkungen im Lichte Einer Theoretischen Analyse und Empirischen Bestandsaufnahme* (Berlin: Duncker & Humblot, 1996).

Maharajh L. , Heitmeyer J. , "Factors That Impact United States Retailers'

Expansion into the International Marketplace," *Journal of Fashion Marketing and Management*, 2005, 9 (2): 144 – 160.

O'Grady S., Lane H., "The Psychic Distance Paradox," *Journal of International Business Studies*, 1996, 27 (2): 309 – 333.

Palmer M., Quinn B., "An Exploratory Framework of Analyzing International Retail Learning," *International Review of Retail, Distribution and Consumer Research*, 2005, 15 (1): 27 – 52.

Palmer M., "Retail Multinational Learning: A Case Study of Tesco," *International Journal of Retail and Distribution Management*, 2005, 33 (1): 23 – 48.

Perlmutter H. V., "The Tortuous Evolution of the Multinational Corporation," *Columbia Journal of World Business*, 1969: 9 – 18.

Poyhonen P., "A Tentative Model for Volume of Trade between Countries," *Weltwirtschafiliches Archive*, 1963, 90: 93 – 100.

Quelch J. A., "The Return of the Global Brand," *Boston: Harvard Business Review*, 2003, August Issue.

Sakarya S., Eckman M., Hyllegard K. H., "Market Selection for International Expansion," *International Marketing Review*, 2007, 24 (2): 208 – 220.

Salmon W. J., Tordjman A., "The Internationalisation of Retailing," *International Journal of Retailing*, 1989, 4 (2): 3 – 16.

SAP, *"One Belt & One Road" and Global Value Chain*, Beijing, 2017.

Schiffman L., Lazar K. L., *Consumer Behavior – 9th Edition* (New Jersey: Pearson Prentice Hall Publishing, 2009): 471 – 472.

Schumacker R. E., Lomax R. G., *A Beginner's Guide to Structural Equation Modeling* (LEA, 1996), 12 (1): 1 – 77.

Shackleton R., "Exploring Corporate Culture and Strategy: Sainsbury at Home and abroad during the Early to Mid 1990s," *Environment and Planning*

A, 1998, 30: 921 -940.

Stegar M. , *Globalization: A Very Short Introduction* (Oxford: Oxford University Press, 2003).

Sternquist B. , "International Expansion of U. S. Retailers," *International Journal of Retail and Distribution Management*, 1997, 25 (8): 262 -268.

Swoboda B. , Zentes J. , Elsner S. , "Internationalisation of Retail Firms: State of the Art after 20 Years of Research," *Marketing Journal of Research and Management*, 2009, 5 (2): 105 -126.

Tacconelli W. , Wrigley N. , "Organizational Challenges and Strategic Responses of Retail TNCs in Post - WTO - entry China," *Economic Geography*, 2009, 85 (1): 49 -73.

Theodosiou M. , Leonidou L. C. , "Standardization Versus Adaptation of International Marketing Strategy: An Integrative Assessment of the Empirical Research," *International Business Review*, 2003, 12 (2): 141 -171.

Tinbergergen J. , "Shaping the World Economy: Suggestion for an International Economic Policy," *The Economic Journal*, 1962, 301: 92 -95.

Tiplady R. , "World of Difference: Global Mission at the Pic'n' Mix Counter, Paternoster Press," http://www. tiplady. org. uk/pdfs/bookTiplady. pdf, 2013.

Tokatli N. , "Global Sourcing: Insights from the Global Clothing Industry - The Case of Zara, a Fast Fashion Retailer," *Journal of Economic Geography*, 2008, 8 (1): 21 -38.

Tolstoy D. , Jonsson A. , Sharma D. , "The Influence of a Retail Firm's Geographic Scope of Operations on Its International Online Sales," *International Journal of Electronic Commerce*, 2016, 20 (3): 293 -318.

Tong X. , "A Cross - national Investigation of an Extended Technology Acceptance Model in the Online Shopping Context," *International Journal of Retail and Distribution Management*, 2010, 38 (10): 742 -759.

Treadgold A., "Retailing without Frontiers," *Retail and Distribution Management*, 1988, 16 (6): 31 – 37.

Vida I., Fairhurst A., "International Expansion of Firms in the Retail Industry: Theoretical Approach for Future Investigations," *International Journal of Retail and Consumer Services*, 1998, 5 (3): 143 – 151.

Vida I., Reardon J., Fairhurst A., "Determinants of International Retail Involvement: The Case of Large U. S. Retail Chains," *Journal of International Marketing*, 2000, 8 (4): 37 – 60.

Vignali C., "Tesco's Adaptation to the Irish Market," *British Food Journal*, 2001, 103 (2): 146 – 163.

World Bank, *Doing Business 2017*, Washington, 2017.

World Economic Forum, *Global Alliance for Trade Facilitation 2014*, Davos, 2014.

World Economic Forum, *Global Alliance for Trade Facilitation 2016*, Davos, 2016.

Wrigley S., Moore C., Birtwistle G., "Product and Brand: Critical Success Factors in the Internationalization of a Fashion Retailer," *International Journal of Retail and Distribution Management*, 2005, 33 (7): 531 – 544.

Yu Xinding, Wang Run, Yang Jun, Wang Zhi, "Policy Options on Intermediate Goods Trade under the Era of Global Value Chain," University of International Business and Economics, Beijing, 2016.

2 中文文献

《2013 零售业全球化进程》，世邦魏理仕（CBRE），2013。

《2015 – 2016 年中国出口跨境电子商务发展报告》，中国"互联网 + 产业"智库、中国电子商务研究中心，北京，2016。

《2016 年度中国对外直接投资统计公报》，中华人民共和国商务部、中华人民共和国国家统计局、国家外汇管理局，北京，2017。

《2017年世界电子商务报告》，中国国际电子商务中心研究院，北京，2018。

《2018"一带一路"国家基础设施发展指数报告》，中国对外承包工程商会，北京，2018。

北京大学"一带一路"五通指数研究课题组：《"一带一路"沿线国家五通指数报告》，经济日报出版社，2016。

毕克贵：《我国大型零售企业国际化经营及其政策保障研究》，东北财经大学博士学位论文，2011。

毕克贵：《我国零售企业国际化经营：特殊意义背景下的必要性与可行性分析》，《宏观经济研究》2013年第11期。

《博鳌亚洲论坛亚洲经济一体化进程2018年度报告》，对外经济贸易大学出版社，2018。

《博鳌亚洲论坛亚洲竞争力2018年度报告》，对外经济贸易大学出版社，2018。

常健聪、朱瑞庭：《"全球本土化"战略对零售业海外投资的影响分析》，《商业经济研究》2016年第24期。

陈砺、黄晓玲：《中国与"一带一路"沿线国家双向投资与依存度分析》，《国际贸易》2017年第7期。

陈三林、付铁山：《零售企业竞争优势国际转移本土化研究》，《商业研究》2012年第10期。

程大为：《全球经贸博弈 中国优势在哪?》，《人民日报》（海外版）2018年8月16日第3版。

程大中、郑乐凯、魏如青：《全球价值链视角下的中国服务贸易竞争力再评估》，《世界经济研究》2017年第5期。

丛聪、徐枞巍：《跨国公司母子公司关系研究——基于知识的视角》，《科研管理》2010年第5期。

丁俊发：《美国全球供应链安全国家战略与中国对策》，《中国流通经济》2016年第9期。

〔美〕杜大伟、〔巴西〕若泽·吉勒尔梅·莱斯、〔美〕王直主编《全球价值链发展报告（2017）》，董涵、郑休休译，社会科学文献出版社，2017。

《关于积极推进供应链创新与应用的指导意见》。

《关于推动实体零售创新转型的意见》。

《关于推进国际产能和装备制造合作的指导意见》。

《关于中美经贸关系的研究报告》，中华人民共和国商务部，北京，2017。

郭薇：《基于因子分析的B2C电子商务客户体验模糊评价》，《统计与决策》2018年第7期。

郭薇、朱瑞庭：《我国跨境B2C电子商务的制约因素及对策研究》，《电子商务》2015年第8期。

国务院发展研究中心"一带一路"课题组：《构建"一带一路"设施联通大网络》，中国发展出版社，2017。

和佳：《促进资源优化整合，16家"一带一路"境外合作区结盟》，《21世纪经济报道》2017年4月1日第1版。

贺爱忠：《论入世后零售商业企业的"走出去"战略》，《北京工商大学学报》（社会科学版）2002年第3期。

洪涛：《中国流通产业的MSCP分析》，经济管理出版社，2011。

胡祖光、伍争荣、孔庆江：《中国零售业竞争与发展的制度设计》，经济管理出版社，2006。

黄先海、陈航宇：《"一带一路"的实施效应研究——基于GTAP的模拟分析》，《社会科学战线》2016年第5期。

黄先海、余骁：《以"一带一路"建设重塑全球价值链》，《经济学家》2017年第3期。

姜业宏：《投资"一带一路"面临三大反垄断风险》，《中国贸易报》2018年2月6日第006版。

金文超：《基于第三方电子商务平台的中小企业发展途径研究》，《商场现代化》2011 年第 11 期。

荆林波、王雪峰：《我国流通业发展现状、存在的问题及对策》，《中国流通经济》2012 年第 2 期。

荆林波：《中国流通理论前沿》，社会科学文献出版社，2011。

孔庆峰、董虹蔚：《"一带一路"国家的贸易便利化水平测算与贸易潜力研究》，《国际贸易问题》2015 年第 12 期。

李飞：《中国流通业变革关键问题研究》，经济科学出版社，2012。

李红云、杨国利：《跨国零售企业在华经营战略及中国零售企业的战略选择》，《现代商业》2013 年第 16 期。

李慧娟、蔡伟宏：《中国服务业在全球价值链的国际分工地位评估》，《国际商务》（对外经济贸易大学学报）2016 年第 5 期。

李建军、孙慧：《全球价值链分工、制度质量与中国 ODI 的区位选择偏好——基于"一带一路"沿线主要国家的研究》，《经济问题探索》2017 年第 5 期。

李杨超、祝合良：《基于投入产出表的流通业产业关联与波及效应分析》，《统计与决策》2016 年第 6 期。

联合国贸易和发展会议：《2013 年世界投资报告》，日内瓦，2013。

林红菱、张德鹏：《中国零售企业跨国营销的风险评估及管理研究》，《国际经贸探索》2009 年第 6 期。

刘天祥：《中国流通业的产业关联效应及国别比较》，《商学研究》2017 年第 5 期。

刘玉芽：《跨国零售企业本土化实证研究》，《商业时代》2010 年第 4 期。

〔美〕迈克尔·波特：《竞争优势》，陈小悦译，华夏出版社，1997。

秦升：《"一带一路"：重构全球价值链的中国方案》，《国际经济合作》2017 年第 9 期。

秦亚青、魏玲：《新型全球治理观与"一带一路"合作实践》，《外交评论》（外交学院学报）2018 年第 2 期。

清华大学、青岛数据科学研究院、中国社会科学院、汤森路透：《"一带一路"跨境并购研究报告》，北京，2017。

茹莉：《中国零售业发展战略研究——加入 WTO 后的新视野》，郑州大学出版社，2007。

上海财经大学 500 强企业研究中心：《"一带一路"构建中国 500 强企业国际竞争新优势》，上海，2017。

邵朝对、苏丹妮：《全球价值链生产率效应的空间溢出》，《中国工业经济》2017 年第 4 期。

司增绰：《需求供给结构、产业链构成与传统流通业创新——以我国批发和零售业为例》，《经济管理》2015 年第 2 期。

宋则：《我国零售业发展中长期三大战略要点》，《中国流通经济》2012 年第 5 期。

苏杭：《"一带一路"战略下我国制造业海外转移问题研究》，《国际贸易》2015 年第 3 期。

孙婷：《中小企业第三方电子商务平台资本最优定价研究》，《商业时代》2011 年第 20 期。

孙元欣：《零售业国际化的动因和战略选择》，《商业研究》1999 年第 9 期。

汤定娜、万后芬：《零售业国际化营销》，清华大学出版社，2004。

唐铁球：《全球价值链下中国制造业国际分工地位研究》，《财经问题研究》2015 年第 S1 期。

唐宜红、张鹏杨：《美国特朗普政府对华贸易保护的新态势》，《国际贸易》2017 年第 10 期。

《推动共建丝绸之路经济带和 21 世纪海上丝绸之路的愿景与行动》。

汪旭晖：《国际零售商海外市场选择机理——基于市场临近模型与心理距离视角的解释》，《中国工业经济》2005 年第 7 期。

汪旭晖、黄睿：《FDI 溢出效应对我国流通服务业自主创新的影响研究》，《财经问题研究》2011 年第 9 期。

汪旭晖：《跨国零售企业母子公司知识转移机制——以沃尔玛为例》，《中国工业经济》2012年第5期。

汪旭晖：《零售国际化：动因、模式与行为研究》，东北财经大学出版社，2006。

汪旭晖：《零售国际化失败：以沃尔玛在德国为例》，《管理现代化》2007年第6期。

汪旭晖：《零售专业技能跨国转移：机制与策略》，中国财政经济出版社，2012。

汪旭晖、卢余、张其林：《零售商海外扩张中专业技能标准化与本土化的动态演进——基于大润发和麦德龙的案例分析》，《学习与实践》2014年第3期。

汪旭晖、翟丽华：《社会网络嵌入对零售专业技能本土化的影响——以家乐福在中国市场为例》，《国际经贸探索》2011年第6期。

汪旭晖、张其林、毕克贵：《零售专业技能本土化对零售企业海外市场绩效的影响》，《当代经济管理》2013年第6期。

王恕立、吴楚豪：《"一带一路"倡议下中国的国际分工地位——基于价值链视角的投入产出分析》，《财经研究》2018年第8期。

《网上丝绸之路大数据报告》，阿里研究院、DT财经，杭州，2017。

魏龙、王磊：《从嵌入全球价值链到主导区域价值链——"一带一路"战略的经济可行性分析》，《国际贸易问题》2016年第5期。

夏春玉：《零售商业的国际化及其原因分析》，《商业经济与管理》2003年第4期。

《新阶段，新机遇："一带一路"倡议纵深发展背景下，对外投资的趋势和解决方案》，德勤，北京，2018。

《"一带一路"贸易合作大数据报告》，国家信息中心，北京，2018。

《"一带一路"沿线国家信用风险分析与展望》，大公国际资信评估有限公司，北京，2016。

《"一带一路"沿线国家主权信用分析报告2016》，东方金城国际信用评估公司，北京，2017。

尹卫华、朱瑞庭：《中国零售业"走出去"的目标市场选择机制研究——基于"一带一路"的背景》，《商业经济与管理》2018年第5期。

于鑫、王菊、沈志渔：《"一带一路"战略下我国国际产业转移的机遇与挑战》，《现代管理科学》2017年第5期。

张德鹏、李双玫、林红菱：《零售企业跨国营销——理论与实践》，中国财政经济出版社，2008。

张茉楠：《"一带一路"引领中国未来开放大战略》，《上海证券报》2015年1月14日第A04版。

张松：《"一带一路"沿线国家营商环境》，《经济研究参考》2017年第15期。

赵东麒、桑百川：《"一带一路"倡议下的国际产能合作——基于产业国际竞争力的实证分析》，《国际贸易问题》2016年第10期。

赵霞：《基于投入产出模型的流通业对经济增长的贡献：2005–2013》，《广东财经大学学报》2015年第4期。

赵霞：《我国流通服务业与制造业互动的产业关联分析与动态比较》，《商业经济与管理》2012年第11期。

郑后建：《零售企业跨国经营战略》，中国市场出版社，2005。

郑后建：《零售企业全球化及其启示》，《湖南商学院学报》2016年第3期。

《中国成为全球供应链中心》，《人民日报》2017年2月10日第3版。

中国出口信用保险公司编著《2013国家风险分析报告》，中国财政经济出版社，2014。

中国出口信用保险公司编著《2016国家风险分析报告》，中国财政经济出版社，2017。

《中国对外投资环境风险管理倡议》，中国金融学会，北京，2017。

《中国海外投资国家风险评级（2018）》，中国社会科学院世界经济与政治研究所，北京，2018。

参考文献

《中国零售行业发展报告（2016/2017 年）》，中华人民共和国商务部，北京，2017。

中国人民大学重阳金融研究院主编《"一带一路"国际贸易支点城市研究》，中信出版集团，2015。

中华人民共和国国家发展改革委员会编《中国对外投资报告》，人民出版社，2017。

周江：《第三方交易平台在中小企业电子商务中的应用》，《中国商贸》2010 年第 6 期。

周升起、兰珍先、付华：《中国制造业在全球价值链国际分工地位再考察——基于 Koopman 等的"GVC 地位指数"》，《国际贸易问题》2014 年第 2 期。

周英芬、朱瑞庭：《我国零售业"走出去"背景下内外贸一体化发展的路径及对策研究》，《江苏商论》2015 年第 7 期。

朱瑞庭：《"一带一路"背景下中国零售业"走出去"战略的联动发展》，《经济体制改革》2016 年第 2 期（a）。

朱瑞庭：《中国零售业"走出去"如何对接"一带一路"——一个理论模型》，《商业经济与管理》2016 年第 12 期（b）。

朱瑞庭、尹卫华：《全球价值链视阈下中国零售业国际竞争力及政策支撑研究》，《商业经济与管理》2014 年第 9 期（a）。

朱瑞庭、尹卫华：《我国零售业"走出去"战略的支撑体系》，《中国流通经济》2014 年第 12 期（b）。

朱瑞庭：《中国零售业"走出去"对接"一带一路"的目标市场选择》，《中国流通经济》2017 年第 7 期（a）。

朱瑞庭：《中国零售业"走出去"对接"一带一路"的途径分析——基于目标市场选择的视角》，《经济研究参考》2017 年第 64 期（b）。

朱瑞庭：《中国零售业"走出去"如何对接"一带一路"？——对"五通"的经济学分析》，《商业研究》2017 年第 4 期（c）。

朱瑞庭：《中国零售业"走出去"战略的支撑体系——理论及实证分

析》,经济科学出版社,2015。

祝合良、石娜娜:《"一带一路"背景下中国流通企业"走出去"的比较优势分析》,《扬州大学学报》(人文社会科学版)2017年第3期。

祝合良、王明雁:《基于投入产出表的流通业产业关联与波及效应的演化分析》,《中国流通经济》2018年第1期。

图书在版编目（CIP）数据

中国零售业"走出去"对接"一带一路"/朱瑞庭著. -- 北京：社会科学文献出版社，2020.1
ISBN 978 - 7 - 5201 - 6117 - 6

Ⅰ.①中… Ⅱ.①朱… Ⅲ.①零售业 - 对外投资 - 研究 - 中国 Ⅳ.①F724.2

中国版本图书馆 CIP 数据核字（2020）第 026167 号

中国零售业"走出去"对接"一带一路"

著　　者 / 朱瑞庭

出 版 人 / 谢寿光
组稿编辑 / 高　雁
责任编辑 / 高　雁
文稿编辑 / 王春梅

出　　版 / 社会科学文献出版社・经济与管理分社（010）59367226
　　　　　地址：北京市北三环中路甲29号院华龙大厦　邮编：100029
　　　　　网址：www.ssap.com.cn
发　　行 / 市场营销中心（010）59367081　59367083
印　　装 / 三河市龙林印务有限公司

规　　格 / 开　本：787mm × 1092mm　1/16
　　　　　印　张：21.25　字　数：290千字
版　　次 / 2020年1月第1版　2020年1月第1次印刷
书　　号 / ISBN 978 - 7 - 5201 - 6117 - 6
定　　价 / 148.00元

本书如有印装质量问题，请与读者服务中心（010 - 59367028）联系
版权所有 翻印必究